新时代大学生红色基因教育研究

朱 彤 著

知识产权出版社
全国百佳图书出版单位
—北京—

图书在版编目（CIP）数据

新时代大学生红色基因教育研究 / 朱彤著 . — 北京：知识产权出版社，2023.12
ISBN 978-7-5130-9078-0

Ⅰ.①新… Ⅱ.①朱… Ⅲ.①大学生—革命传统教育—研究—中国 Ⅳ.① G641.2

中国国家版本馆 CIP 数据核字（2023）第 245669 号

内容提要

新时代大学生红色基因教育关系着培育社会主义建设者和接班人的问题，关系到中华民族伟大复兴征程上后继有人的问题。因此，新时代大学生红色基因教育理应成为思想政治教育研究的重点。本书坚持与时俱进，突出问题导向和目标导向，注重实践操作，对于进一步拓宽大学生思想政治教育载体研究、丰富思想政治教育实践研究内容、提高新时代大学生红色基因教育水平等具有一定的学术价值和现实意义。期待本研究能够为提升大学生红色基因教育作出一定贡献。

责任编辑：郑涵语　　　　　　　　　责任印制：孙婷婷

新时代大学生红色基因教育研究
XINSHIDAI DAXUESHENG HONGSE JIYIN JIAOYU YANJIU

朱　彤　著

出版发行：知识产权出版社 有限责任公司	网　　址：http://www.ipph.cn
电　　话：010-82004826	http://www.laichushu.com
社　　址：北京市海淀区气象路 50 号院	邮　　编：100081
责编电话：010-82000860 转 8569	责编邮箱：laichushu@cnipr.com
发行电话：010-82000860 转 8101	发行传真：010-82000893
印　　刷：北京中献拓方科技发展有限公司	经　　销：新华书店、各大网上书店及相关专业书店
开　　本：720mm×1000mm　1/16	印　　张：14.5
版　　次：2023 年 12 月第 1 版	印　　次：2023 年 12 月第 1 次印刷
字　　数：200 千字	定　　价：65.00 元

ISBN 978-7-5130-9078-0

出版权专有　侵权必究
如有印装质量问题，本社负责调换。

前 言

红色基因是自1921年中国共产党成立以来,党带领全国各族人民在新民主主义革命时期、社会主义革命和建设时期、改革开放和社会主义现代化建设、中国特色社会主义新时代不同历史阶段所形成的理想信念、光荣传统与优良作风、精神谱系的内在核心,是中华优秀传统文化成果的延续,是革命文化和社会主义先进文化的精神内核因子。新时代大学生是堪当民族复兴大任的时代新人,是全面建设社会主义现代化国家、全面推进实现中华民族伟大复兴的中坚力量。新时代大学生红色基因教育关系着培育社会主义建设者和接班人的问题,关系到中华民族伟大复兴征程上后继有人的问题。因此,新时代大学生红色基因教育理应成为思想政治教育研究的重点。

本书立足"新时代大学生红色基因教育"这一主题,运用马克思主义基本立场、观点和方法,以习近平总书记关于传承红色基因的重要论述为指导,按照"是什么—为什么—怎么办"的逻辑理路,全面阐释了大学生红色基因教育的相关概述,追溯了大学生红色基因教育的思想理论渊源,探究了大学生红色基因教育的现实状态,剖析了大学生红色基因教育的原则、目标、内容与方法,建构了大学生红色基因教育的实践路径。全书主要包括以下六章。

第一章是绪论。主要对选题背景、研究意义、国内外研究现状、研究思路与研究方法、研究重点和难点、创新点进行了全面梳理。

第二章是新时代大学生红色基因教育的相关概述。主要是对"是什么"进行具体回应。从新时代大学生的特征、红色基因的内涵及其特征出发,通过对相关概念的解析,进一步界定红色基因、红色文化、红色资源三者间关系,进而阐释中国共产党红色基因的发展历程;分析红色基因的外显存在形式,主

 新时代大学生红色基因教育研究

要有红色档案、红色文物、红色地标、红色展馆、红色艺术（红色文学、红色音乐、红色影视、红色美术作品）；基于新时代背景从多个视角审视、比较、总结、探寻新时代大学生红色基因教育的重要意义、时代诉求及现实挑战。

第三章是新时代大学生红色基因教育的理论基础与思想资源。主要对新时代大学生红色基因教育的理论基础与思想资源进行梳理、提炼、分析、考察、反思。重点是分析习近平总书记关于传承红色基因的重要论述。主要包括理论阐释、信念精神、宗旨意识、传统作风、自我革命五个方面。习近平总书记对传承红色基因提出加强科学保护、开展系统研究、打造精品展陈、强化教育功能四个具体要求。阐释了什么是红色基因，为什么要传承红色基因，怎样传承红色基因，为新时代大学生红色基因教育提供了根本遵循和行动指南。

第四章是新时代大学生红色基因教育现状考察。这一章是对"为什么"的回答。在对我国20余所高校的2654名大学生展开问卷调查和高校部分教师展开深度访谈的基础上，通过问卷调查和深度访谈相关数据分析，对当前高校大学生红色基因教育的现状进行深入探讨。明晰大学生红色基因教育过程中已取得的成绩，对存在的问题深入剖析背后原因，为下一步研判提供实践依据。

第五章是新时代大学生红色基因教育的目标、原则、内容与方法。这一章是新时代大学生红色基因教育的综合分析、系统阐释部分，指出大学生红色基因教育要明确目标，即培养大学生成为堪当民族复兴大任的时代新人是总体目标，培养大学生成为红色基因的传承者和践行者是具体目标。遵循"三个相统一"基本原则，即党性与人民性相统一原则、继承性与创新性相统一原则、科学性与实效性相统一原则；明晰新时代大学生红色基因教育内容是蕴含红色基因的理想信念教育，蕴含红色基因的传统作风教育，蕴含红色基因的精神谱系教育；运用"四个相结合"的方法，即理论教育与实践教育相结合、榜样示范与体验感染相结合、隐性教育与显性教育相结合、线上教育与线下教育相结合。

第六章是新时代大学生红色基因教育的实践路径。这一章是对"怎么办"的具体考察。在对前五章进行分析研究的基础上，针对新时代大学生红色基因教育中大学生自身、红色基因的外显存在形式、环境三个方面，提出增强大学生红色基因教育中大学生内在驱动力，丰富大学生红色基因教育中红色基因的外显存在形式，营造大学生红色基因教育的适宜环境体系。增强大学生红色基因教育中大学生驱动力的路径是培养认同意识、提升自我教育、引导自觉践行；大学生红色基因教育中针对红色基因的外显存在形式通过围绕红色叙事主题、立足数字人文理念、探索多种方式运用来激发红色基因的表意潜力；大学生红色基因教育的环境体系主要有高校课堂教学、校园文化、社会大课堂、政府机制、家庭教育。通过分析阐释大学生红色基因教育的实践路径，本书认为新时代大学生红色基因教育需要运用科学技术对红色基因的多元表现形式进行开发利用，进而丰富教育教学形式，在大学生红色基因教育中形成大学生传承红色基因的行动自觉，达到大学生成为堪当民族复兴大任的时代新人的总体目标。

《中共中央关于党的百年奋斗重大成就和历史经验的决议》指出："党和人民事业发展需要一代代中国共产党人接续奋斗，必须抓好后继有人这个根本大计""培养造就大批堪当时代重任的接班人"。本研究将马克思主义基本立场、观点、方法贯穿于大学生红色基因教育研究全过程，坚持与时俱进，突出问题导向和目标导向，注重实践操作，这对于进一步拓宽大学生思想政治教育载体研究，丰富思想政治教育实践研究内容，提高新时代大学生红色基因教育水平等具有一定的学术价值和现实意义。期待本研究能够为提升大学生红色基因教育作出一定贡献。

目 录

第一章 绪　论 ·· 1
　　一、选题背景及研究意义 ·· 1
　　二、国内外研究现状 ·· 8
　　三、研究思路与研究方法 ·· 20
　　四、研究的重点、难点与创新点 ······································ 24

第二章 新时代大学生红色基因教育的相关概述 ················· **27**
　　一、新时代大学生红色基因教育的相关概念 ················· 27
　　二、红色基因的外显存在形式 ·· 39
　　三、新时代大学生红色基因教育的重要意义、时代诉求及现实挑战 ···· 52

第三章 新时代大学生红色基因教育的理论基础与思想资源 ·········· **63**
　　一、马克思主义理论为大学生红色基因教育提供丰富理论基础 ········· 63
　　二、中华优秀传统文化为大学生红色基因教育提供思想资源 ············ 82

第四章 新时代大学生红色基因教育现状考察 ····················· **90**
　　一、问卷调查与访谈概况 ·· 90
　　二、新时代大学生红色基因教育取得的成绩 ················· 98

三、新时代大学生红色基因教育存在的问题……………………107
　　四、新时代大学生红色基因教育存在问题的原因分析…………117

第五章　新时代大学生红色基因教育的目标、原则、内容与方法……**126**
　　一、新时代大学生红色基因教育的目标……………………………126
　　二、新时代大学生红色基因教育的原则……………………………134
　　三、新时代大学生红色基因教育的内容……………………………143
　　四、新时代大学生红色基因教育的方法……………………………155

第六章　新时代大学生红色基因教育的实践路径……………………**161**
　　一、增强新时代大学生红色基因教育中大学生内在驱动力………161
　　二、丰富新时代大学生红色基因教育中红色基因的外显存在形式……171
　　三、营造新时代大学生红色基因教育的适宜环境体系……………183

附　录
　　附录1　"新时代大学生红色基因教育"调查问卷………………200
　　附录2　"新时代大学生红色基因教育"访谈提纲………………206

参考文献………………………………………………………………208

后　记…………………………………………………………………221

第一章 绪 论

一、选题背景及研究意义

（一）选题背景

精神彰显风貌，血脉需要传承。1949 年毛泽东在开国大典后曾连连感叹胜利来之不易，之后又指出："我们要保持过去革命战争时期的那么一股劲，那么一股革命热情，那么一种拼命精神，把革命工作做到底。"❶红色基因是新时代青年的精神之"钙"。❷党的十八大以来，习近平总书记在多种场合强调要传承好红色基因，紧扣新时代治国理政重大主题，就红色基因教育的重大理论和现实问题，形成了一系列创新观点和论断，红色基因成为"高频词"。

习近平总书记曾指出，"传承红色基因是向革命先烈表示崇高敬意、怀念他们、牢记他们的重要途径。"❸"红色基因是共产党人永葆本色的生命密码，体现了共产党人的身份自信和使命担当。"❹2018 年，中央军委印发《传承红色基因实施纲要》，这是新时代关于传承红色基因的重要指导性文件。2019 年，中共中央、国务院先后印发了《新时代公民道德建设实施纲要》和《新时代

---

❶ 曲青山，高永中，陈夕，等.新中国口述史（1949—1978）[M].北京：中国人民大学出版社，2015：596.

❷ 黄元丰，夏欢.试论传承红色基因与培养新时代青年马克思主义者[J].知与行，2020（2）：112-117.

❸ 习近平春节前夕赴江西看望慰问广大干部群众——祝全国各族人民健康快乐吉祥，祝改革发展人民生活蒸蒸日上[N].人民日报，2016-02-04（001）.

❹ 习近平谈如何传承好红色基因[J].理论导报，2021（4）：51-52.

爱国主义教育实施纲要》，进一步明确了坚定理想信念、传承红色基因、弘扬传统作风，要结合新的时代特点赋予新的内涵，使之转化为激励中华儿女进行伟大斗争的强大动力。学界围绕中共中央、国务院印发的两个实施纲要进行了广泛而深入的研究，并聚焦红色基因在大学生思想政治教育中的作用机制这一议题，展开了对其实现路径的分析。习近平总书记强调，我们面临的新时代，既是近代以来中华民族发展的最好时代，也是实现中华民族伟大复兴的最关键时代。广大青年既拥有广阔发展空间，也承载着伟大时代使命。当代青年是同新时代共同前进的一代。每一个青年都应该成为社会主义建设者和接班人，不辱时代使命，不负人民期望。❶习近平总书记在庆祝中国共产党成立 100 周年大会上的讲话中专门对青年提出了希望："新时代的中国青年要以实现中华民族伟大复兴为己任，增强做中国人的志气、骨气、底气，不负时代，不负韶华，不负党和人民的殷切期望！"❷《中共中央关于党的百年奋斗重大成就和历史经验的决议》中提到："要源源不断把各方面先进分子特别是优秀青年吸收到党内来，教育引导青年党员永远以党的旗帜为旗帜、以党的方向为方向、以党的意志为意志，赓续党的红色血脉，弘扬党的优良传统，在斗争中经风雨、见世面、壮筋骨、长才干。"❸大学生是新时代发展的亲历者，作为中国青年中的先进代表，是与时代同频共振的中坚力量，是值得信赖大有可为的强国力量，是有本领敢创新的青春力量。习近平总书记在党的二十大报告中指出："推进文化自信自强，铸就社会主义文化新辉煌。"❹新时代大学生红色基因教育的过程是推动中华优秀传统文化的创造性转化；丰富社会主义先进文化载体，构筑中国力量、中国精神、中国效率，留存国家记忆、民族情怀、人民情感，增强自觉把个人理想追求融入国家和民族的事

---

❶ 习近平.在北京大学师生座谈会上的讲话[M].北京：人民出版社，2018：11.
❷ 习近平.在庆祝中国共产党成立100周年大会上的讲话[N].人民日报，2021-07-02（002）.
❸ 中共中央关于党的百年奋斗重大成就和历史经验的决议[M].北京：人民出版社，2021：74.
❹ 习近平.高举中国特色社会主义伟大旗帜　为全面建设社会主义现代化国家而团结奋斗——在中国共产党第二十次全国代表大会上的报告[M].北京：人民出版社，2022：42.

业中，勇做担当民族复兴大任的时代新人的过程。新时代大学生红色基因教育是一项系统工程，意义深远且影响重大。

红色基因教育是满足新时代高校立德树人根本任务和高校思想政治教育工作的现实需要。新时代大学生作为红色基因教育的主要人群，是红色基因教育主体，因此本书主要针对新时代大学生这一教育主体展开。红色基因教育是思想政治教育工作的重要方面，对新时代大学生进行红色基因教育既是现实所需，也是历史必然，更是理论使然。本书着眼于红色基因教育，探究将红色基因融入新时代大学生思想政治教育全过程，以构建新时代大学生红色基因教育的实践路径。

百年大党的红色基因是中国共产党领导人民群众在为实现中华民族伟大复兴的征程中形成的，是凝结着中国共产党和人民群众智慧和汗水的一种先进精神内核因子，是对中国共产党理想信念、光荣传统和优良作风、精神谱系的高度凝练和升华。从一定意义上讲，红色基因是在中华优秀传统文化、革命文化、社会主义先进文化的丰厚土壤中滋养出来的宝贵资源和精神财富。"请党放心，强国有我"的铮铮誓言，激励着青年一代。大学阶段，是人生发展的重要时期，是世界观、人生观、价值观形成的关键时期。大学生具备高知识、高素质、实践力强等特点，从近几年大学生红色基因教育的实际状况来看，大学生红色基因教育整体呈现积极向上、向好的发展态势，但随着社会进步，社会整体环境的复杂化及国外媒体嘈杂和多样化的价值观对大学生世界观、人生观、价值观的冲击，造成大学生中的一部分人缺乏传承红色基因意识，这一现象势必会影响高校整体红色基因教育的氛围，影响和谐社会的建设。

综合考量，本书聚焦新时代大学生红色基因教育，通过对红色基因科学内涵和基本特征的探析，准确把握红色基因外显存在形式，从而分析新时代大学生红色基因教育的重要意义、时代诉求及现实挑战。本书采用问卷调查法和深度访谈法，设计并发放调查问卷及访谈高校教师以了解当前大学生红色基因教育的基本情况。通过对现状的掌握，挖掘当代大学生红色基因教育先进做法，发现教育过程中存在的问题，并进一步剖析其背后原因，阐释大学生红色基因教育的目标、原则、内容和方法。针对问题提出大学生红色基因教育中大学生自身、红色基因外显存在形式和环境体系等实践路径。新时代大学生作为党和国家事业的接班人，在接过上一代人接力棒，赓续红色血脉的同时，要将上一代的理想信念、光荣传统和优良作风、精神谱系内化于心、外化于行，形成自己的价值品质、优秀品行、精神品格，从而成为堪当民族复兴大任的时代新人。研究大学生红色基因教育的问题，可以更好地满足新时代社会发展与青年学子成长的需要，促进青年学子成为"担当民族复兴大任的时代新人"。基于此，开展大学生红色基因教育的研究是实践和理论发展的必要体现，一方面为高校牢牢把握立德树人根本任务打下坚实基础，另一方面为回应中华民族伟大复兴征程上后继有人这一问题铺平道路。

（二）研究意义

新时代大学生是推动社会文明进步的先进群体，是向第二个百年奋进新征程上的中坚力量。红色基因是中国共产党领导人民群众在为实现中华民族伟大复兴的征程中所形成的，凝结着中国共产党和人民群众智慧及汗水的一种先进精神内核因子，是对中国共产党理想信念、光荣传统和优良作风、精神谱系的高度凝练和升华。新时代大学生红色基因教育是青年一代永葆红色基因的生命密码和增强文化自信及使命担当的历史选择。研究新时代大学生红色基因教育对坚定中国特色社会主义文化自信，更加自觉地传承、弘扬、发展中华优秀传统文化、革命文化、社会主义先进文化的文化自信具有重要意义。

1. 理论意义

第一，有利于丰富充实思想政治教育内容，扩大大学生思想政治教育载体研究范围。关于红色基因教育情况，目前从中央到地方，从军队系统到企事业单位都积极落实党中央关于红色基因的精神要求，主动探索各类红色基因教育形式，激发社会各界人士对于传承红色基因的热情，促进人们更多了解、认知、传承红色基因。教育界积极开展红色基因教育研究和探索并取得一定成果。但是，科学有效地开展红色基因教育必须建立在全面和深刻把握思想政治教育本质和规律的基础上，尤其要付诸实践活动，做到知行合一。本书基于思想政治教育视域系统分析研究并解决大学生红色基因教育中面临的问题，在丰富充实思想政治教育内容的基础上，为本学科在大学生红色基因教育领域注入新鲜血液，为思想政治教育理论提供更多可利用的教育素材，为社会实践提供更多的实践存在形式。例如，利用红色档案进行"四史"教育，利用红色文物进行意识形态教育，通过红色地标等进行爱国主义教育，将红色展馆中红色文化元素引入高校思想政治教育精品课程中，通过红色艺术作品进行党史学习教育，等等。相对于传统的思想政治教育课堂灌输模式，在探索红色基因教育的过程中，利用各类存在形式和多样载体开展思想政治教育，通过更加生动、立体、多样的内容和方法，大学生更易于接受。

第二，有利于丰富红色基因教育的理论内涵，增强大学生对马克思主义的信仰。当代大学生既是红色基因教育成果的践行者和受益者，也是红色基因教育的践行者和推动者。从本质上讲，红色基因的根源是马克思主义。中国共产党在艰苦卓绝和一往无前的百年奋斗历程中，始终坚持立足国情，运用马克思主义的根本立场、观点和方法去认识和改造世界，不断与时俱进和创新发展，形成了丰硕的中国化和时代化理论成果，积累了丰富的实践经验。本书从马克思主义经典作家革命精神思想，毛泽东关于革命精神的重要内容，邓小平、江泽民、胡锦涛关于精神文明建设的重要内容和习近平总书记关于传承红色基因的重要论述中汲取思想营养和理论指导，使大学生在理想信念、光荣传统、优良作风和精神谱系中增强对马克思主义的信仰。

第三,有利于坚定思想政治教育学科的价值立场,筑牢意识形态之基。思想政治教育学科的属性包含意识形态性,意识形态教育具有思想引导作用,是促进大学生全面发展的重要组成部分。大学生红色基因教育是随着时代的发展而出现的具有鲜明时代特征的思想政治教育课题,意识形态教育具有时代性与针对性,要针对大学生群体的思想变化,丰富红色基因的科学内涵,创新意识形态教育的方法路径,以更加符合大学生的话语体系,形式做到贴近实际、融入生活,将党的路线方针政策贯穿到日常工作中,开展更有针对性、实效性、亲和力、感染力的思想政治教育,牢固树立马克思主义在意识形态教育中的主导地位,发挥红色基因教育在意识形态教育中的基础作用。

2. 实践意义

第一,有助于大学生将爱国之心化为报国之行,增强思想政治教育应对现实问题的能力。解决现实思想问题是思想政治教育的实践价值所在。本书以大学生为研究对象,旨在通过提高大学生红色基因教育的内在驱动力和能动性以改善大学生精神状态,激发大学生将爱国之心化为报国之行,解决制约实现中华民族伟大复兴的中国梦的精神动力问题和行动自觉问题。红色基因教育对于培育担当民族复兴大任的时代新人具有重要的推动作用,通过分析红色基因教育中存在的问题并探寻在红色基因教育方面需要解决的问题,进而梳理出新时代大学生红色基因教育的路径,有助于大学生在社会实践过程中践行以实现中华民族伟大复兴为己任,提升大学生的使命感和责任感,增强做中国人的志气、骨气、底气。涵养大学生自身修养的同时,有助于使其成为推动红色基因教育建设和发展的先锋力量。本书致力于在实现中华民族伟大复兴的道路上教育引导新时代大学生,把红色江山世世代代传下去。

第二,有助于提升大学生红色基因教育的自驱力,增强其爱党、爱国、爱社会主义的信念。本书在理论分析和实践研究的基础上，对新时代大学生红色基因教育的大学生内在驱动力、红色基因外显存在形式和教育的外部环境等进行探究，通过分析其重要意义、时代诉求及现实挑战，增强大学生传承红色基因的自觉性和主动性，成为传承红色基因的传播者和践行者，从而成为新的历史、新的辉煌的书写者、创造者。大学生对红色基因传承的内在驱动力提升了，才能真正坚定爱党、爱国、爱社会主义，二者是相互促进、不可分割的。在现实社会中，大学生的主观能动性还有待提升，主流意识形态的导向作用还没有充分发挥，党的创新理论武装工作还有待加强。解决这些问题的一个重要前提是大学生对红色基因教育要有自驱力，对坚定马克思主义中国化道路要有自信，真正从"单个的人"的价值观变为"单位人"的价值观。这就需要我们不断深入研究红色基因，探索行之有效的教育方法和实质内容，增强红色基因对大学生的吸引力和感召力，促进大学生激发爱党、爱国、爱社会主义的思想自觉、政治自觉、行动自觉。

第三，有助于大学生树立正确的历史观，提升红色基因的传播力和影响力。历史是最好的教科书，也是最好的清醒剂。党的光辉历史、党的优良传统，留下了无数蕴含红色基因的可歌可泣的英雄事迹和人物故事。大学生作为当代青年群体的优秀分子，是实现社会主义现代化和中华民族伟大复兴的生力军，具有较高的文化知识和科学素养，是推动社会发展和文化繁荣进步的重要力量，应当自觉投身到红色基因的弘扬传播中，在实际行动中成为传承红色基因的榜样。红色基因具有历史性与时代性特征，在大学生群体中进行红色基因教育，有利于大学生树立正确的历史观，反对历史虚无主义和历史实用主义。学好历史，特别是学好百年大党的红色历史，既是大学生的社会责任，也是大学生的个人担当。在当前国际格局加速演变，中国与世界的关系发生了历史性变化，中国面临的外部环境呈现出前所未有的敏感化、复杂化的百年未有之大变局，用红色基因教育引导大学生清醒地认识到，党面临的形势越复杂，肩负的任务越艰巨，就越要传承红色基因，越要不断从历史中汲取前进的伟力。大学生在接受红色基因教育的过程中体悟和坚定理想信念、弘扬光荣传统和优良作风、继承精神谱系，用红色基因智慧之光观照现实、书写未来。

二、国内外研究现状

（一）国内研究现状

2013年2月，习近平总书记在视察原兰州军区时首次使用"红色基因"一词。2014年，习近平总书记在新疆军区视察时系统阐述了传承"红色基因"问题。新时代特别需要激活"红色基因"，只有激活"红色基因"，才能增强体内抗体，从根本上保证党的思想纯洁、组织纯洁、作风纯洁。基因最初作为生物学概念进入中国，直至21世纪才被赋予更多引申义并作为一种"文化基因"引入哲学社会科学的表达中。21世纪以来，在党的十八大以前提出并论述"红色基因"的相关文章极少，主要有以下几篇（表1-1）。

表1-1 文章汇总

时间	文章刊物	文章篇名
2007年8月4日	《人民日报》	《听党指挥　服务人民　英勇善战》
2009年11月22日	《人民日报》	《留给后世的红色基因》
2010年9月	《军事记者》	《传承红色基因　开创军媒未来——纪念〈战士报〉创刊80周年"新闻继承与创新"研讨会综述》
2011年6月20日	《人民日报》	《让"红色基因"代代相传》

近年来，教育界关于红色基因研究的文章数量逐渐增多。在中国知网（CNKI）数据库中，以"红色基因"为主题进行检索，可以发现从党的十八大召开至2023年3月，相关社科类学术期刊文献有7082篇，社科类硕博学位论文有333篇。从期刊文献的发表量来看，关于"红色基因"主题研究的发文量快速增长，单年发文量由2013年的全年5篇增至2022年的全年1601篇（图1-1）。

从期刊文献的学科分布来看，思想政治教育学科下的红色基因主题研究占比较高，有 1713 篇。在选中的 7082 篇期刊文献中检索"思想政治教育"主题，共有 470 篇文章。可见，学者多是从思想政治教育视角进行红色基因的相关研究。上述 333 篇硕博论文中，思想政治教育学科硕博学位论文有 108 篇，研究内容主要包括习近平总书记关于红色文化、红色精神、红色基因等重要论述研究；红色基因融入大中小学思想政治教育研究；红色人物传承红色基因研究；军队传承红色基因研究；某一地区传承红色基因研究。此外，还有基于传承红色基因与培育社会主义核心价值观、坚定文化自信、开展爱国教育及开展大学生意识形态安全教育等视角进行的综合性研究。

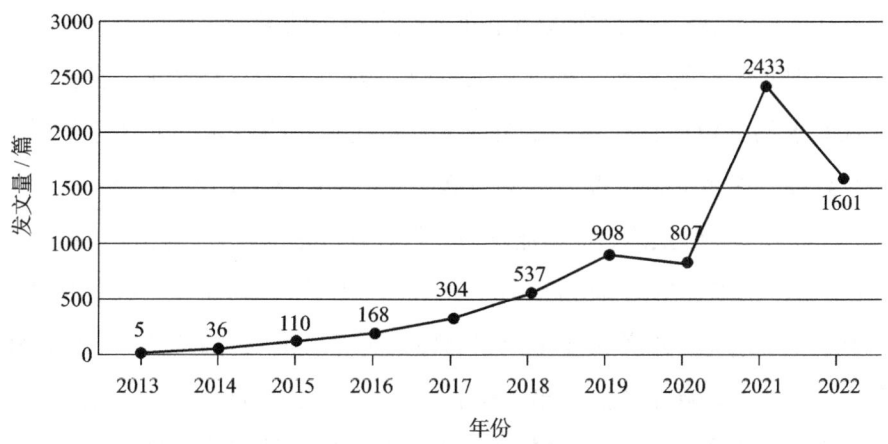

图 1-1　红色基因相关研究学术期刊论文发表量（党的十八大以来至 2022 年）

综合研究现状所述，目前国内外对传承红色基因方面的研究主要集中在内涵、外延和红色基因意义、功能论述及路径对策分析上，对新时代大学生红色基因教育大多围绕某一层面展开。总体上看，关于红色基因教育的研究，在学界开始呈现出多样化的特征，该主题研究的视野逐步拓展深化，整体上开始从红色基因教育的理论研究转向红色基因教育的实践研究，再由实践经验反过来指导理论研究。综上，目前国内对红色基因教育的研究已经取得了一定的成果。已有研究主要包括以下几方面。

1. 关于红色基因内涵与外延阐释的研究

习近平总书记十分重视红色基因的传承工作，指出要"把红色基因一代代传承下去"，社会各界开始更为关注"红色基因"及其传承。学界关于红色基因的相关研究随之兴起，研究视角不断拓展，研究成果数量显著增加。不同的学者从不同的角度解读红色基因传承工作，揭示红色基因的当代价值，推动红色基因教育实践。

学者们从不同视域开展研究，对红色基因概念的理解也有不同观点。强卫首先对红色基因的内涵进行了界定和阐述，认为"党的红色基因，就是党在长期奋斗中锤炼的先进本质、思想路线、光荣传统和优良作风"❶。田歧瑞、黄蓉生认为，"红色基因是在火热革命实践中锻造的无产阶级的思想性、政治性，是中国共产党的灵魂"，同时也赋予了"红色基因"是展示社会主义核心价值观要求的红色底色这一新的外延。❷张建宝、胡占君提出红色基因具有鲜明的党性、深邃的科学性、坚定的革命性、深厚的人民性、崇高的道德性、深远的民族性。❸彭正德、江桑榆认为，红色基因是中国共产党人的先进特质，是决定中国共产党政治本质和基本政治特性的因子。❹时玉柱将红色基因具体概括为：坚定信念，艰苦奋斗；奉献牺牲，实事求是；自力更生，团结协作；顾全大局，改革创新；廉洁自律，和平发展。❺谭伯乐认为，红色基因是中国共产党人在长期的革命斗争和奋斗中锤炼出来的精神特质，是我们党内在思想、特质的真实写照……❻周晓静认为，红色基因是指老一辈无产阶级革命家

---

❶ 强卫.激活红色基因　焕发生机活力——学习贯彻习近平总书记系列重要讲话精神 [J].求是，2014（18）：14-16.

❷ 田歧瑞，黄蓉生.社会主义核心价值观的红色基因论略 [J].西南大学学报（社会科学版），2015，41（3）：48-54.

❸ 张建宝，胡占君.红色基因的丰富内涵与新时代传承 [J].世界社会主义研究，2021，6（12）：12-18+113.

❹ 彭正德，江桑榆.论红色基因及其在新时代的传承 [J].湖南社会科学，2021（1）：12-20.

❺ 时玉柱.传承"红色基因"与大学生思想政治教育 [J].胜利油田党校学报，2015，28（3）：103-107.

❻ 谭伯乐.传承红色基因 做新时期合格共产党员 [J].中共南昌市委党校学报，2018，16（6）：34-36.

的革命精神及革命传统的继承和发扬。❶周琼指出红色和基因两者构成了中国共产党独有的精神内核和非凡特质，象征着中国共产党永葆生机和活力，是中国共产党在民主革命和社会主义建设中逐渐锤炼和凝结的优秀文化基因。❷刘建平等人认为，红色基因是中国共产党领导人民群众在伟大斗争实践中孕育的先进思想因子的结晶，中国共产党革命精神是其重要组成部分，优秀共产党人的先进品质是其生动体现。❸❹也有学者认为，红色基因在某种程度上是一种精神、优良传统的传承。黄三生等人认为，红色基因来源于先进的无产阶级思想，是由伟大的民族精神和革命精神凝练而形成的，包含了无产阶级的价值观、高尚的道德品质和优良的作风传统。❺王易、田雨晴认为，红色基因包含理想信念、优良传统、斗争精神、纪律作风、团结理念等核心内容。❻可见，红色基因是中国共产党在革命、建设和改革历程中保家卫国、无私奉献、敢于担当的精神内核。还有部分学者从信仰意志、思想观念、文化传承等视角对红色基因内涵的核心要素进行剖析，如万信、乔湘平认为红色基因应该包括坚定执着追理想、实事求是闯新路、艰苦奋斗闯难关和依靠群众攻难关四方面内容。❼李艺潇认为，红色基因内涵应该包括树立理想、坚定信念，一切为民、无私无畏，独立自主、自力更生，善于改革、敢闯新路四方面。❽黄细嘉、韩晶晶指出，红色基因具有信仰信念、价值取向、思维方式等本质内涵，

---

❶ 周晓静.习近平红色基因基本内涵论析[J].延边党校学报，2017，33（4）：7-10.

❷ 周琼.新时代下红色基因在高校中的传承与发展[J].宿州学院学报，2019，34（10）：10-13.

❸ 刘建平，王昕伟.传承红色基因 铸牢复兴之魂[J].红旗文稿，2019（13）：21-22.

❹ 刘建平，王昕伟，周蓓.习近平总书记关于红色基因的重要论述研究[J].湘潭大学学报（哲学社会科学版），2020，44（4）：172-178.

❺ 黄三生，王娟，卢擎华.高校思政教育红色基因传承：内涵、意义与对策[J].郑州师范教育，2020，9（2）：46-49.

❻ 王易，田雨晴.论红色基因的生成条件、核心内容及时代价值[J].南开学报（哲学社会科学版），2022（1）：9-16.

❼ 万信，乔湘平.红色基因融入高校思想政治理论课教学的策略研究[J].思想政治教育研究，2019，35（5）：102-106.

❽ 李艺潇.当代大学生红色基因传承研究[J].石家庄学院学报，2020，22（4）：50-54.

并从传承性、进化性、稳定性三方面探究其基本特征。❶

2. 关于大学生红色基因教育的研究

学术界在研究大学生红色基因教育的相关问题时，多将其与高校思想政治教育相结合。总的来说，此类研究主要围绕大学生红色基因教育的现实意义、大学生红色基因教育的现存问题和如何对大学生进行红色基因教育三个方面展开。

第一，关于红色基因教育的现实意义。研究者主要从高校立德树人视角出发，从高校学生的本体发展、社会主义核心价值观的培育及高校思想政治教育成效等方面阐述传承红色基因对于新时代大学生的教育意义。如刘晓伟、苏煜彤认为，红色基因为大学生社会主义核心价值观教育供给资源、开辟途径、创新方法，传承红色基因能够促进青年大学生坚定理想信念，增强理论转化和提高实践动力。❷徐静、林森认为，红色基因融入大学生思想政治教育有利于帮助大学生坚定理想信念，培育和践行社会主义核心价值观，树立正确的道德观念。❸孙喆等人认为，红色基因是高校加强大学生社会主义核心价值观教育的催化剂和新路径，对新时代大学生提升责任意识、铸就责任情怀、培植责任担当具有重要意义。❹黄恩华指出，红色基因教育是高校践行立德树人的重要途径，有助于青年大学生将社会主义核心价值观内化于心、外化于行，为其成长成才提供精神力量。❺

---

❶ 黄细嘉，韩晶晶. 中国共产党红色基因的概念、本质内涵与基本特征 [J]. 江西社会科学，2021，41（7）：186-194.

❷ 刘晓伟，苏煜彤. 红色基因融入大学生社会主义核心价值观教育的思考 [J]. 延安大学学报（社会科学版），2019，41（2）：118-121.

❸ 徐静，林森. 探析"红色基因"与大学生思想政治教育关系 [J]. 太原城市职业技术学院学报，2019（4）：81-82.

❹ 孙喆，邵奇，于春梅. "红色基因"：提升大学生社会主义核心价值观教育实效性策略探讨 [J]. 齐齐哈尔大学学报（哲学社会科学版），2019（7）：171-173.

❺ 黄恩华. 高校应成为红色基因传承的主阵地 [J]. 中国高等教育，2019（Z1）：43-45.

于润艳认为，红色基因教育为新时代大学生革命传统教育、理想信念教育、爱国主义教育提供了不竭动力，是高校大学生培育爱国主义精神的优质历史素材和教学资源。❶陈筱莉从培育大学生社会责任感角度探析红色基因传承的价值所在，指出传承红色基因能够培育大学生的民族责任感与爱国情怀，提升学生的道德素质教育水平。❷陈怀平指出，红色基因蕴含着培养时代新人的丰富教育资源，传承红色基因能够帮助广大青年坚定拥护支持中国共产党核心地位的信心，帮助其明确崇高理想、弘扬优良传统与作风。❸韩喜平、何柏岐认为，红色基因具有感人、化人、育人、培人的深厚价值，是滋养青年奋进的重要源泉，能够激发新时代青年持续奋进。❹

第二，关于高校红色基因教育的现状及其存在的问题研究。通过文献梳理发现，红色基因教育已经受到学界的广泛关注，学者们对于红色基因的概念、教育意义和教育实践等方面的研究也取得了一定的成果，在红色基因教育的理论认知与实践思考方面取得了进步。在研究过程中，有学者指出，红色基因教育的过程也存在一些问题，需要加以研究解决。目前，学者们大多围绕红色基因的教育意义、教育主体和教育成效等方面开展研究，关注高校学生对红色基因的认知和态度、教育的内外部环境、教育运行的组织机制及与课程的结合程度等情况，考察当前红色基因的教育现状。王渊认为，目前高校红色基因教育过程中面临着传承动力不足、传承渠道有限、传承效果不佳等挑战。❺张莉从思想政治教育视角出发，认为在大学生思想政治教育中传承红色基因欠缺整体性规划，高校思想政治教育对红色基因文化应用方式有待改进和完善。❻王莎调研了938名在校大学生红色基因教育的情况，认

---

❶ 于润艳.红色基因视阈下的大学生爱国主义精神培育[J].学校党建与思想教育，2020（20）：28-30.
❷ 陈筱莉.红色基因传承在大学生社会责任感培育中的价值与实现[J].传媒论坛，2020，3（18）：7-9.
❸ 陈怀平.传承红色基因　培育时代新人[J].红旗文稿，2020（16）：43-44.
❹ 韩喜平，何柏岐.用红色基因激发新时代青年的奋进力量[J].思想政治教育研究，2021，37（4）：140-143.
❺ 王渊.新时期高校对红色基因的传承与创新[J].老区建设，2018（10）：4-6.
❻ 张莉.大学生思想政治教育传承红色基因的现状及对策[J].文教资料，2018（11）：91-92.

为在校大学生的政治敏感度不高，关注时事政治的精力不足，进而折射出高校缺乏对开展红色教育活动的支持和引导，高校培养大学生政治素质的意识还有待加强。❶黄慧指出，在高校实践育人体系融入红色文化的过程中，存在研究不够深入、融入方法不规划、思想政治教育方式固化等问题。❷

第三，关于大学生红色基因教育的对策和路径研究。理论研究的落脚点在于推动教育实践活动的创新发展，学者们结合理论分析和实践调研，从不同角度提出了改进大学生红色基因教育的对策和路径，主要集中在课程育人、实践育人、网络育人及资源开发四个方面。温金英、张爱萍认为，高校开展大学生红色基因教育要在课堂教育中灌输、在网络教育中渗透、在社团形式教育中实践、在创业教育中传承。❸徐静、刘嵘提出由课堂教学、实践教学、网络教学构成的红色基因教育的三维路径，进而丰富红色基因理论教育内容、拓展红色基因治学基地、开发红色基因资源，最终实现传承红色基因。❹许桂芳提出，高校思想政治理论课应当通过阐述理论价值、构建立体表达形式、提升教师素养及整合实践教学项目来增强传承红色基因的引导力、生命力、影响力和践行力。❺何尊等人从"互联网+"红色基因教育角度出发，提出要调研和培育高校学生的互联网使用习惯，精准投放红色基因教育信息，提倡各高校学习共青团中央的"互联网+"红色基因教育范式。❻黄蜆、吉皓月指出，传承红色基因关键在于保护利用红色资源，应充分利用实践教学途径，加强红色资源保护与开发，既要有线上线下形式开展的系列性红色专题活动

---

❶ 王莎.在校大学生红色基因教育情况调查与分析[J].科教文汇（上旬刊），2019（10）：42-43.

❷ 黄慧.论红色文化融入高校实践育人体系的路径[J].学校党建与思想教育，2019（18）：72-74.

❸ 温金英，张爱萍.高校传承红色基因的路径探析[J].赣南医学院学报，2015，35（5）：809-811.

❹ 徐静，刘嵘.思政教育视域下高校"红色基因"传承路径探究[J].淮南职业技术学院学报，2019，19（5）：21-22.

❺ 许桂芳.新时代高校思想政治理论课传承红色基因的价值意蕴及其实现[J].教育理论与实践，2020，40（33）：33-35.

❻ 何尊，李少阳，黄维.高校"互联网+"红色基因教育发展对策刍议[J].菏泽学院学报，2020，42（4）：81-84.

的校内实践，也要有组织集体性研学活动的校外实践。❶李英林、赵双双提出高校在教育大学生红色基因教育方面，要加强校园环境建设、丰富教学内容和教学形式、创新教育媒介和传播手段、组织相关主题社会实践活动，让传承红色基因真正内化为大学生的内心品质。❷

陈怀平从实践入手，指出要鼓励大学生在实践中认识红色基因、认同红色基因，并提出充分运用现有的"互联网+"大赛、"青年红色筑梦之旅"等平台，鼓励学生运用专业技能参与革命老区扶贫实践活动等多项途径践行红色基因。❸王忠宝指出，价值取向引领是新时代大学生红色基因传承的基础，并从思想政治理论课、校园文化活动、社会实践活动三个方面提出建设路径。❹叶福林认为，强化党史学习教育是新时代大学生红色基因教育的关键支撑。❺周艳红提出了解革命历史、加强爱国主义教育、践行红色优秀传统、利用红色资源进行思想政治教育的过程，以及对此进行理性认识并升华至认可和实践的过程，就是进行大学生红色基因教育的过程。❻黄志兴从教育主体、客体、介体和环体四个方面进行多维分析，强调高校在推进大学生红色基因教育的过程中，要加强红色理论研究队伍和教师队伍建设，开发红色教育资源、创新红色教育方法、建设红色校园文化、养成大学生红色品德，引导大学生红色品德践行。❼王世娟、董小龙认为，高校传承和弘扬红色基因要构建红色文化育人新格局，打造红色品牌，拓展思政课红色育人主阵地。❽

---

❶ 黄蜺，吉皓月．红色基因传承：新时代高校立德树人的实践之维[J]．老区建设，2019（14）：43-48．
❷ 李英林，赵双双．"红色基因"融入高校思想政治教育中的路径研究[J]．太原城市职业技术学院学报，2019（1）：96-97．
❸ 陈怀平．传承红色基因 培育时代新人[J]．红旗文稿，2020（16）：43-44．
❹ 王忠宝．红色文化资源对新时代大学生价值取向引领研究[J]．辽宁教育行政学院学报，2020，37（6）：52-55．
❺ 叶福林．新时代强化大学生党史学习教育的若干思考[J]．思想理论教育，2021（3）：83-87．
❻ 周艳红．"90后"大学生红色文化认同路径探究[J]．毛泽东思想研究，2019，36（3）：140-145．
❼ 黄志兴．高校推进大学生红色基因教育的立体路径[J]．学理论，2021（2）：93-96．
❽ 王世娟，董小龙．新时代高校红色基因传承路径探析[J]．中国高等教育，2021（20）：25-27．

(二)国外研究现状

基于不同文化背景,国外学术著作中并没有出现专门或直接以"红色基因教育"一词开展的相关研究,但国外关于民族主义、爱国主义等内嵌于红色基因教育内涵中的相关研究仍能为本书提供启发。本书在查阅国外民族主义、爱国主义等教育方面相关文献时,以美国、俄罗斯、法国、日本、新加坡为代表,梳理和总结国外关于民族主义、爱国主义等教育方面的研究,对我国大学生红色基因教育具有借鉴意义。

第一,美国的爱国主义多体现于国家观念、民族主义等方面,格里斯等认为美国的爱国主义和民族主义是相似的。❶"美国精神"是美国爱国主义教育的核心,也正因此,美国国民普遍具有很强的国家观念,树立美国至上的思想,并以美国公民的身份为荣。美国开国元勋乔治·华盛顿曾提道:"不论出生或选择住在这个国家的公民,美国人这一名称必须永远凝聚应有的爱国主义自豪感。"❷亨廷顿在其著作中写道:"在爱国主义和忠于国家这一点上,美国人一向是出类拔萃的。"❸美国在形成"美国精神"意识形态方面,主要通过历史教育、宗教教育、国旗国歌教育、大众传媒、节日庆典等方式来进行,其核心目的就是凝聚起统一的民族国家意识。美国能够超过众多国家成为资本主义强国,离不开美国标榜的爱国主义和爱国主义情感铸就的"美国精神"。

第二,俄罗斯因其独特的历史背景,在经历艰难的意识形态转折期后,普京提出了"俄罗斯新思想",包含爱国主义、强国意识、国家作用和社会团结四个方面。在俄罗斯,实施爱国主义教育主要通过宗教教育和军事国防教育两

---

❶ PETER HAYS GRIES, QINGMIN ZHANG, H. MICHAEL CROWSON, HUAJIAN CAI. Patriotism, Nationalism and China's US Policy: Structures and Consequences of Chinese National Identity [J]. The China Quarterly, 2011, 205: 1-17.

❷ 乔治·华盛顿. 华盛顿选集 [M]. 聂崇信,吕德本,译. 北京:商务印书馆,1983:62.

❸ 亨廷顿. 我们是谁:美国国家特性面临的挑战 [M]. 程克雄,译. 北京:新华出版社,2005:125.

种手段，俄罗斯将卫国战争留下的历史遗迹作为对后人进行爱国主义教育的宝贵资源。尤里耶夫认为，在增强俄罗斯民族凝聚力方面，东正教发挥了巨大的力量。尤里耶维奇提出利用东正教来实施爱国主义教育是俄罗斯开展爱国教育的特色方式。瓦西里耶维奇认为，面对日新月异的国内外形势，俄罗斯的军事国防教育也被赋予了新的时代内涵，并提出了多样的军事国防教育形式。

第三，法国爱国主义有着悠远的历史，从1789年的法国大革命，到1870年的普法战争，以及两次世界大战，法国爱国主义的思潮经历了数次跌宕起伏，爱国主义支撑着法国在每个进程的复苏发展。莫娜尔·西格尔指出，在两次世界大战之间，法国爱国主义与和平主义相互交融，构成了共和教育的道德核心，在塑造法国价值观和信仰的过程中发挥了决定性的作用。[1]法国自普法战争结束后注重爱国主义教育，构建学校、家庭、社会联动的全方位爱国主义教育体系，除了在学校课堂进行爱国主义的显性教育，还通过参观博物馆、举办重大节日纪念活动等隐性教育方式开展爱国主义教育。

第四，近代以来，日本的经济腾飞离不开其爱国主义、民族主义等教育软实力的发展。作为一项基本公民教育的爱国主义教育在日本受到极大重视。藤田昌士在《学校教育和爱国心》一书中分析了日本在"二战"前后的爱国主义历史，并从法律法规、学校教育等多角度阐释了日本爱国主义教育的理论与实践。太内裕和的《爱国心和教育》中提出要对青年开展"爱国心教育"，树立正确的国家意识和社会责任意识。莫宇绯在《关于中国和日本的爱国心教育的比较研究》中也从中日两国在学校教育、道德教育、爱国主义开展情况等方面的对比，具体论述了日本的爱国主义教育。日本在改版的《中小学校学习指导要领》中，提出了许多关于爱国主义教育的内容，小学阶段培养学生不仅要爱国，还要具备作为国民应有的责任感。日本中学阶段提倡学生不仅要具备作为日本人的责任感，还要有更博大、宽广的人类情怀。

---

[1] MONA L.SIEGEL. The moral disarmament of France：education，pacifism，and patriotism 1914—1940 [M]. Cambridge：Cambridge University Press，2004：2.

第五，新加坡建国历史短暂且文化构成复杂，但新加坡政府注重培养人民的爱国主义精神，在多种场合提出培养年轻一代的爱国主义精神。其爱国主义教育研究成果较少，常被叫作"国家意识教育""道德教育""品德教育"等。例如，在《新加坡的国家认同：它的历史演进和发生》一文中从历史的角度阐述了新加坡的国家认同。新加坡是多民族、多种族国家，民族主义表现为多元民族主义；英国学者康斯坦丝·玛丽·藤布尔在《新加坡史》一书中对新加坡历史作了详尽的研究阐述，书中多次提及多元民族主义相关内容。新加坡与中国在地缘政治、历史文化传统等方面较为相似，新加坡的爱国主义教育也深受儒家传统文化的影响，新加坡政府利用多种途径将儒家传统文化融入其中对民众进行爱国主义教育。

虽然国外同中国具有不同的文化传承、社会制度和意识形态，但在培育国民爱国和民族认同等方面具有相似的目的导向和实践路径，能够为我国辩证借鉴国外爱国主义、民族主义的思想教育提供一定的启示。

（三）研究现状述评

党的十八大以来，学术界对红色基因的研究迅速升温，取得了较有特色的成绩。目前，与本选题相关的研究已经具有一定基础，取得了一些成果，表明这方面的研究具有较高价值，且形成了相对集中的主题，引起了学者们的普遍重视，其相关研究成果为本选题提供了一定的参考。从公开发表的论文来看，主要是从概念界定、研究内容、途径方法等某一特定视角来研究红色基因教育，不少认识和观点较为零星，缺少系统性研究。目前，尚未有针对新时代大学生红色基因教育研究的专著。总体而言，学者们对红色基因的研究使我国对红色基因的认识不断深化，但其中尚有一些问题未能辨明和厘清，特别是教育大学生如何传承红色基因仍然需要不断提升和加强，尤其是在中国特色社会主义进入新时代的背景下，迫切需要立足新时代对大学生红色基因教育进行更加系统、全面和深入的研究。

1. 研究视域略显偏狭

目前，广大研究者以开阔的多维视角论及红色基因的内涵、特征、功能作用、教育路径及红色基因嵌入军队建设、大中小学思想政治教育、企业文化等方面，这些研究成果为下一步深入研究红色基因提供了重要基础。但在关于大学生红色基因教育的研究中存在同质化现象，创新性研究视角有待进一步开阔。研究视角往往从单一视角切入，学者们的主要切入点是红色基因如何有机融入思想政治教育、发挥思想政治教育功能，对大学生红色基因教育问题的研究大多局限于学科自身特点进行，多学科研究尚未有深入的探索，如果从不同的视角切入能够更全面、更深入地把握大学生红色基因教育与思想政治教育的本质关系。大学生红色基因教育问题的研究未根植于本学科元理论研究的基础之上，缺少交叉研究，使其漂浮于大学生红色基因教育问题现有的特点及其面临的矛盾关系之上，这就无法真正解决大学生红色基因教育中面临的理论与实践方面的问题，就会狭义化大学生红色基因教育的固有内涵，致使教育过程的学术性和专业性淡化，教育活动浮于表面，陷入形式主义。

2. 研究的系统性不足

研究的系统性主要体现在研究的整体性、开放性和动态性。根据近十年我国学者对大学生红色基因教育的分析可以看出，学者们普遍认为大学生红色基因教育是相当重要的，研究大学生红色基因教育势在必行。以什么样的红色基因外显存在形式提升大学生传承的效果，大学生红色基因教育中用什么样的红色基因存在形式的问题是不容忽视的问题。对大学生教育要注重外在环境和内在个体状况，根据学生自身情况、高校文化生态、家庭背景情况、社会环境因素、政府机制及外部媒体大环境这些重要因素及时地找出应对大学生红色基因教育的新方法、新路径。找到新方法的决定因素要求我们必须看清时代背景，从概念入手，明确红色基因在教育中的概念问题，结合新时代的特点，围绕大学生在以往存在问题的基础上又出现了哪些不容忽视的新问题，都是我们当下研究的重中之重，只有以系统、开放、动态性地不断改变看问题的视角和方法才能找到大学生红色基因教育的关键。学者们的研究内容为本书着眼于新时代背景，以大学生为研究对象，为明晰相关基本概念的内涵、特征，归纳和概括新时代大学生红色基因教育的理论基础和思想资源，分析大学生红色基因教育在习近平新时代中国特色社会主义中的目标、原则、内容与方法，探究红色基因教育路径等诸多方面提供了基础。

三、研究思路与研究方法

（一）研究思路

本书坚持马克思主义世界观和方法论，以习近平总书记关于传承红色基因重要论述为指导，以新时代为背景，以大学生为研究对象。首先，从大学生红色基因教育的研究背景和研究意义及现状出发，吸收借鉴国内外研究成果，阐释新时代大学生红色基因教育取得的研究经验并展开现状述评。结合我国实际国情与新时代大学生红色基因教育的理论与实践，运用理论与实践相结合、文献研究、系统分析、多学科整合与借鉴、问卷调查、深度访谈等方法，探究本选题的研究重点和难点及创新点与不足之处。其次，通过明晰相关基本概念、内涵、特征和发展历程及外显存在形式，对新时代大学生红色基因教育的重要意义、时代诉求及现实挑战进行解析，把握其时代内涵和时代价值，阐析当前红色基因教育的时代应有之义。同时，归纳和概括新时代大学生红色基因教育的理论基础和思想资源，为开展红色基因教育活动奠定理论前提和思想基石。再次，通过调查问卷和问卷分析阐释分析和归纳总结新时代大学生红色基因教育的现状、问题和原因，掌握第一手的实践资料，为探究新时代大学生红色基因教育的内容和方法提供实践支持。最后，在理论分析与实践调研的综合研究基础上，针对新时代大学生红色基因教育中大学生自身，红色基因外显存在形式，高校、社会、政府、家庭等外部环境体系等提出相应的实践路径。

本书遵循"厘清基本概念—梳理理论基础与思想启迪—分析现实问题—探究目标、原则、基本内容与方法—提出实践路径"的基本逻辑理路，形成研究构架，如图1-2所示。

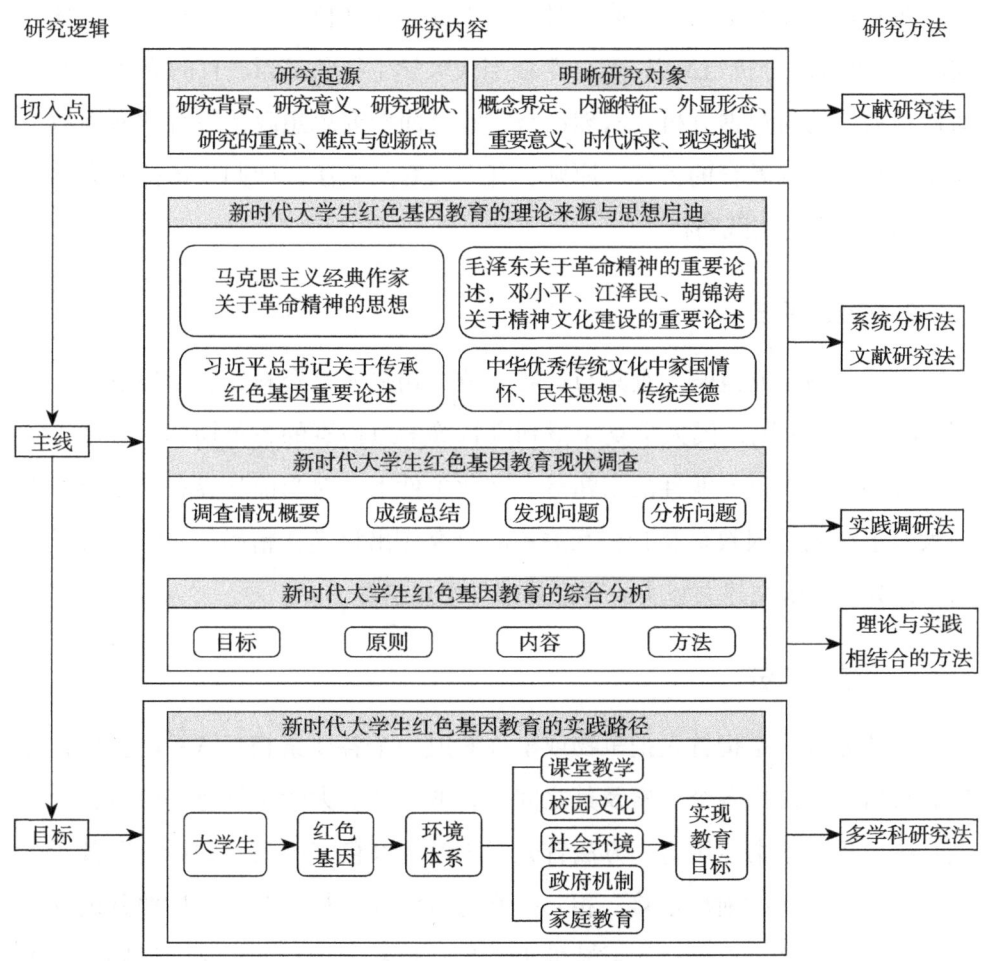

图1-2 全书结构

（二）研究方法

本书以马克思主义的指导思想和理论方法为主线，运用社会科学的研究方法，并具体运用了以下研究方法。

1. 理论与实践相结合的方法

在调查研究的基础上，通过对大学生群体在红色基因教育过程中出现的问题进行归纳、分析与反思，科学掌握当代大学生红色基因教育的成绩、问题，通过相关理论与数据分析，从理论与实践层面探究思想政治教育学科视域下大学生红色基因教育的目标、原则、基本内容与方法，回归主体探究大学生红色基因教育的实践路径。

2. 文献研究法

根据本书研究范畴，查阅与选题一致的相关文献资料，包括通过中国知网（CNKI）、中国人民大学复印报刊资料等渠道检索的各类期刊、报纸、学位论文和参阅大量专业性的书籍等。在此条件下，对当前学界关于红色基因和大学生红色基因教育及其相互关系的研究作出科学、精确的总结、反思与借鉴，为后续研究建立坚实的理论基础与思想借鉴。

3. 系统分析法

系统分析法是指首先把事物或事件看成一个各要素相互联系的整体，然后分析组成系统的各个要素及其之间关系的方法。大学生红色基因教育是一项系统工程，本书运用这一方法首先对大学生红色基因教育的系统及其子系统中各个要素间的前后承接、相互关联进行深入解析；其次，按照其内在规律性和内在联系，有机建构系统的大学生红色基因教育的目标、原则、基本内容及方法；最后，从学科视域下提出开展大学生红色基因教育的实现路径。

4. 实践调研法

本书通过问卷调查、深度访谈的方式开展大学生红色基因教育现状的研究。

问卷调查法：开展大学生红色基因教育研究，是为了更好地解决现实中存在的问题，构筑符合新时代大学生特点、满足新时代大学生需求的红色基因教育实现路径，实现对当前及未来大学生红色基因教育的本质性把握。而要更好地解决大学生红色基因教育实践的现存问题，就必须深入实践掌握大学生红色基因教育的现实状况，如大学生对红色基因教育的认知认同和践行状况，从中发现问题、探究原因，从而为本书研究提供素材，进而为提出有针对性的实践路径奠定基础。为此，基于论题研究的需要，作者采用发放电子问卷调查的方法，对多所不同性质高校、不同专业类型、不同年级的在校大学生进行随机抽样调查。问卷的问题设置主要针对高校大学生红色基因教育等关涉程度比较强的一系列普遍性、一般性问题展开。通过图表呈现、交叉分析、卡方分析、均值比较等统计方法，对新时代大学生红色基因教育的现状进行综合比较、研究分析。

深度访谈法：为了更全面深入掌握大学生红色基因教育的现状，作者通过设计面向教师群体的大学生红色基因教育访谈提纲，深入笔者所在高校的学院、学工团委部门、机关、后勤、教辅单位，对高校思政课教师、专业课教师、辅导员、学工干部、团委干部、学院领导、机关干部、后勤保障干部、实验员、教辅人员等围绕主题进行深度访谈，获取第一手资料。通过实践调研以期为大学生红色基因教育提供实践参考。

5. 多学科研究法

借鉴档案学、社会学等社会科学学科的实践经验、研究方法和理论依据，运用学科交叉与融合方法针对大学生红色基因教育研究中的研究对象、研究范畴、研究对象的载体等进行探究，在拓展学科研究领域、巩固学科研究成果的基础上，结合实践，构建大学生红色基因教育的实践路径。

四、研究的重点、难点与创新点

（一）研究的重点和难点

大学生红色基因教育是高校思想政治教育的重要内容之一，提升大学生红色基因教育中传承红色基因意识的终极目标指向是探究有效提升教育主体的思想政治素质和道德修养的有益途径，同时也有助于提升高校思想政治教育的教学科学化和指导规范化水平，为培育时代新人提供理论与智力支撑，这一切依赖于高质量的高校课堂教学，以及校园文化、社会、政府、家庭的多方联动。而目前我国高校大学生红色基因教育过程中实践层面的融入度，或者说是思想政治教育与红色基因教育融合程度有待深入研究，特别是如何运用红色基因的表现形式来为红色基因教育增加感召力、影响力、引领力是值得深入探究的。只有将红色基因教育的发展规律与大学生思想政治教育高度融合，才能使高校红色基因教育内化于心、外化于行，从而实现红色基因教育由自发到自觉。当前，影响高校大学生红色基因教育的因素是多元的，既有主体层面的，又有客体层面的，也有环境层面的。因此，深度挖掘大学生红色基因教育的实践路径，是题中应有之义，这也是本书研究的重点。

解决我国大学生红色基因教育问题，仅仅研究国内高校关于大学生红色基因教育方面的成果还远远不够。当今是全球化的世界，世界各国在大学生爱国主义领域的研究都有自己的独到之处，需要我们辩证看待国外的研究成果和经验。然而，由于对国外相关研究成果所知甚少、外文文献阅读量小等主客观原因，不能非常全面地吸收和借鉴国外成功经验，这是本书研究开展的一个难点。

（二）研究创新点

第一，本书从中国共产党历史的维度阐释红色基因的发展历程。红色基因作为中国共产党独有的本色特质，其发展是在历史中呈现的，每一个历史时期所包含的红色基因内容既是对上一个历史时期红色基因内容的连续传递，又为下一个历史时期红色基因内容提供前提底蕴。本书从历史维度揭示了红色基因见证着中国共产党团结带领人民所走过的革命、建设、改革的百年征程。

第二，本书从新时代高校思想政治教育的政治引领和责任使命出发，明确大学生红色基因教育的目标和内容。聚焦培养大学生成为堪当民族复兴大任的时代新人的总体目标，结合大学生群体特征，就大学生红色基因教育中如何引导大学生传承红色基因，在新征程中成就伟大事业，明晰大学生红色基因教育的具体目标是培养大学生成为红色基因的传承者和践行者，并围绕总体目标和具体目标选取有针对性和时代性的红色基因教育内容加以具体阐释，凸显教育立德树人的根本任务。

第三，本书运用档案学理论和方法、数字人文理念与技术等，赋能红色基因表现形式，助力开展红色基因教育。本书明确提出固化的、物质的、可看见的红色基因表现形式包括红色档案、红色文物、红色地标、红色展馆、红色艺术（红色文学、红色音乐、红色影视、红色美术作品）；围绕红色叙事主题，将蕴含红色基因的表现形式进行数字化、数据化、可视化，构建红色基因表现形式的元宇宙空间；立足数字人文理念，促进红色基因教育内容的科学化，为受众提供沉浸式的红色基因教育体验；探索多种方式运用，塑造红色基因教育手段的生动化。例如，本书提出依托数字人文理念赋能红色档案，使红色档案在大学生红色基因教育中提供档案之实、档案之据、档案之力，推动对红色档案的再开发、再利用、再传播。

本书主要围绕大学生红色基因教育中大学生传承红色基因的主题进行研究，本着理论与实践相结合的出发点和逻辑点进行分析和探讨，主要强调大学生红色基因教育过程中大学生和红色基因外显存在形式及环境体系。在研究中受关注视角的限制，针对新时代大学生红色基因教育实践中存在的问题及实现路径难免存在不全面之处,导致对大学生红色基因教育的研究出现不完整的地方。由于受新冠疫情影响,本次访谈的高校教师主要是针对作者所在学校的专任教师、辅导员、学院领导、行政机关干部、后勤保障干部、实验员教师、教辅人员展开。后续还应增加对兄弟高校教师队伍、管理人员队伍、后勤保障人员、教辅人员队伍等调查研究对象的覆盖面,为进一步跟踪、分析、评判大学生红色基因教育的效度提供有力支撑。

第二章　新时代大学生红色基因教育的相关概述

对核心概念的界定是学术研究的前提和起点，是进一步研究、解决问题的重要支点。本章主要解决的问题是解读新时代大学生群体和红色基因的内涵、特征及红色基因的发展历程，梳理红色基因与红色文化、红色资源的界定区分；阐释红色基因表现形式；揭示新时代大学生红色基因教育的重要意义与时代诉求，明晰新时代大学生红色基因教育的现实挑战。深化新时代大学生对红色基因教育的认识，有赖于认真梳理和总结中国共产党红色基因的发展历程和基本经验，从而夯实红色基因教育的理论基础，为探究实践路径奠定基础。

一、新时代大学生红色基因教育的相关概念

党的十八大以来，习近平总书记高度重视大学生群体的成长、成才和发展进步。2013年5月，习近平总书记在北京大学视察时，勉励同学们要"珍惜韶华、奋发有为，勇做走在时代前面的奋进者、开拓者、奉献者"[1]。习近平总书记在之后的多个场合使用"奋进者、开拓者、奉献者"的表述来激励大学生勇做时代的弄潮儿，始终走在时代前列。2017年，中共中央、国务院印发《中长期青年发展规划（2016—2025年）》，其中提到"青年是国家

---

[1] 中共中央文献研究室. 习近平关于青少年和共青团工作论述摘编[M]. 北京：中央文献出版社，2017：45.

的未来、民族的希望。青年兴则民族兴，青年强则国家强"。新时代大学生红色基因教育首先要明确概念，为进一步研究奠定基础。大学生是接受红色基因教育的主体，"大学生"一词在《现代汉语词典》的注解是指在高等学校读书的学生。本书研究的新时代大学生群体主要是指年龄集中在"95后""00后"的在校本科生、研究生，他们处在一个政治多极化、经济全球化、文化多元化的信息社会中，成长在中国改革开放快速发展的转型时期，在学校、社会、政府、家庭等多方面关注下成长起来。

（一）新时代大学生的特征

新时代大学生作为青年中的一支重要力量，随着时代的发展进步，外围环境的复杂多样，个人需求的不断增长，他们呈现如下特征。

1. 在心理表现上自我意识较强，集体意识有所缺失

新时代大学生大多是独生子女，从一出生就受到亲人的关爱关注，相较而言，物质条件较优越，教育资源较丰富，社会氛围和谐、民主、包容。这样的成长环境促使大部分大学生从小就自我意识较强；进入大学后，由于受到新环境的影响，也会出现以自我为中心、集体意识不明显的状况。大学期间，部分大学生会将原生环境带来的自我意识融入大学生活中，心理承受力不强，抗压能力有待提升；以自我舒适为重点，对大学生活缺少集体观念；以自我为中心，生活在自己的小圈子里，不愿意与外界接触，甚至出现社会交往恐惧症。

2. 在思想表现上积极健康向上，个人利益较为突出

教育部连续20余年对全国高校大学生思想政治状况进行滚动调查。调查结果表明，大学生的思想主流是积极、健康、向上、向好的。应把握教育对象的时代整体性，科学地认识当代青年特点，即"思想活跃、思维敏捷，观

念新颖、兴趣广泛，探索未知劲头足，接受新生事物快，主体意识、参与意识强，对实现人生发展有着强烈渴望"❶。新时代大学生肩负着实现中华民族伟大复兴的重任，高度认同中国特色社会主义道路、理论、制度、文化，对习近平新时代中国特色社会主义思想具有高度的认同感，应教育他们成为有理想、有本领、有担当，肩负民族复兴大任的时代新人。大学生思想活跃、思维敏捷，对实现人生发展有强烈渴望，但在涉及个人利益上，部分大学生往往会出现实用主义特征，过多看重个人利益、实现个人价值，实用主义明显。

3. 在行为方式上具有时代性，重任在肩有担当

新时代大学生作为一支朝气蓬勃、时代特点鲜明的青年力量，生活在一个网络发达的世界，海量的信息向他们冲击而来。他们通过网络获取更多的信息资源，在网络上消费娱乐、交友聊天、网游追剧、在线学习，网络世界成为他们重要的生活方式和学习方式。由于自身年龄的不成熟、阅历不广、思想观念不稳定，其在行为方式上更容易受到周围环境的影响。在当前国际国内环境复杂、西方文化渗透的社会大背景下，在重大问题上那些缺乏辩证分析和深层次思考能力的大学生是容易被迷惑、被利用的群体。

在党的十九大报告中，习近平总书记提到"培养担当民族复兴大任的时代新人"，勉励青年"有理想、有本领、有担当"，勇做"坚定者、奋进者、搏击者"。❷时代新人的提法体现了党对新时代大学生的殷切寄望，更为新时代大学生成长成才指明了目标，新时代是"时代新人"追逐梦想的时代。新时代大学生生逢盛世、肩负重任，教育大学生传承红色基因，是促使其成为担当民族复兴大任时代新人的有效途径之一。红色基因教育是新时代大学生胸怀家国天下、勇担时代责任、砥砺精神信念的重要基础。

---

❶ 习近平.在纪念五四运动100周年大会上的讲话[M].北京：人民出版社，2019：13.
❷ 习近平.决胜全面建成小康社会　夺取新时代中国特色社会主义伟大胜利——在中国共产党第十九次全国代表大会上的报告[M].北京：人民出版社，2017：42，69-70.

（二）红色基因的内涵及其特征

1. 红色基因的内涵

古人云："日为德，月为刑，月归而万物死，日至而万物生。"人们用太阳的颜色来描述红色，并崇尚红色，对红色有着特殊的感情。在中华传统文化中，红色代表着吉利、喜庆、尊贵、吉祥、成功、荣誉、热烈。在中国历史上，红色在中国人特定的审美意义下，塑造了中国人的热情、积极、向上的民族性格和追求光明、热爱生活的价值精神。"红色"在《现代汉语辞海》中解释为：一是红的颜色，二是象征革命或政治觉悟高。红色在政治上经常用来象征革命、无产阶级、社会主义和共产主义，在政党上往往代表信仰共产主义的共产党。❶ 由此可见，"红色"与中国的革命、政治紧密相连。"基因"概念起源于生物遗传学。1909 年，丹麦生物学家约翰逊提出了"基因"的概念：是遗传的物质基础，具有遗传效应的 DNA 分子片段。《现代汉语词典》（第 7 版）中对"基因"的概念阐释：是生物遗传的结构单位和功能单位，存在于细胞核内的染色体上，作直线排列。而抛开生物遗传学概念，将其含义运用到其他层面上，"基因"一词便泛指决定某一事物根本特质的存在，是构成这一事物的核心、精髓，是存在于事物中代代相传、生生不息的特性。"红色"与"基因"相结合，便转化为包含革命与信念、斗争与鲜血、精神与传统、奋斗与成就等象征意蕴在内的政治符号。

中国共产党通过百年来的艰苦岁月与艰辛历程，经历了从弱小到强大，不断成长发展直至成为一国执政党。中国共产党带领人民从贫困落后逐步走向富强壮大，在克服一个个艰难险阻与艰巨挑战下形成了特有的宝贵精神品质，对其进行提炼深化，便是中国共产党红色基因，在当前和平盛世下弥足珍贵。红色基因是历史发展的产物，是经过时代的积淀而形成的，但又体现在中国共产党百年党史的每一个历史阶段中。从具体内容来看，中国共产党

---

❶ 现代汉语辞海 [M]. 延吉：延边人民出版社，2002：1256.

第二章 新时代大学生红色基因教育的相关概述

红色基因是由多种元素搭配而成的组织构造，其政治属性是无产阶级先锋队的性质，其思想来源是马克思主义理论，其精神秉性是以人民为中心的立场，其信念坚守是共产主义的理想。❶

因此，在综合借鉴其他学者研究成果的基础上，本书认为"红色基因"是中国共产党独有的本色特质。红色基因是中华优秀传统文化、革命文化、社会主义先进文化在中国共产党长期革命、社会主义建设、改革开放、新时代建设实践中形成的理想信念、光荣传统与优良作风、精神谱系的内在核心，是中华优秀传统文化成果的精华、革命文化和社会主义先进文化的精神内核因子。

2. 红色基因的特征

红色基因伴随共产主义在中国的传播及中国共产党的诞生而产生，党从诞生，就将红色基因根植于血脉。无论是在战火纷飞的革命战争年代、艰苦创业的建设年代，还是在解放思想的改革年代及继往开来的新时代，红色基因蕴含着鲜明的政治立场、坚定的理想信念、崇高的精神价值，是我们新时代续写光荣、走向未来的宝贵精神财富。随着时代的发展，红色基因呈现以下六个方面的特征。

第一，政治性。红色基因的政治性是第一位的，也是最本质的特征。无论是在中国共产党带领人民进行艰苦奋斗的时期，还是在迎难而上的时期，再或是攻坚克难的时期，红色基因始终表现以马克思主义理论为指导，坚持中国共产党领导地位不动摇，坚定马克思主义的信仰和共产主义的信念。随着时代的发展，红色基因不断增添新内涵，汇聚各个时代的精神的精华，始终不变的是以马克思主义的立场、观点、方法在永续流传中彰显红色基因鲜明的政治特质。在风雨兼程的征途中，红色基因是亿万中国人民赓续着共同的红色血脉，传承着共同的精神价值，汲取着共同的政治滋养。

---

❶ 齐卫平. "四个伟大"与新时代中国共产党的历史使命 [M]. 北京：人民出版社，2019：124.

第二，先进性。红色基因是中华优秀传统文化和中国共产党的智慧相结合的文化结晶。红色基因的先进性是在中国共产党带领中国人民在取得翻天覆地的巨变中形成的，随着时代的发展彰显了中国共产党的先进性和社会主义的优越性。红色基因是引领时代前进的主流意识形态，是激励人们坚定马克思主义的动力和源泉，对于丰富人们的精神世界，传播正能量、弘扬主旋律、引领先进风尚具有基础性和决定性的作用。

第三，人民性。自中国共产党成立之日起，人民性是中国共产党永恒的主题。中国共产党来自人民、根植人民、服务人民。党的性质决定了维护好人民的根本利益就是共产党人终生矢志不渝的奋斗追求。人民至上、以人民为中心是百年来党带领人民取得重大成就的宝贵经验之一。在我国，人民至上、以人民为中心，是一切工作的出发点和立足点。红色基因根植于与人民群众的血肉联系中，之所以世代相传是因为人民性的价值选择。

第四，历史性。红色基因的历史发展是中国共产党百年大党的鲜亮底色，是科学开展红色基因教育的基础。在红色基因的历史脉络中涵养担当红色品格的同时，用红色基因的历史引导人们为实现中华民族伟大复兴中国梦贡献更多的智慧和力量。红色基因是各具历史特点的各种精神组成的精神谱系内核，彰显了红色基因的内容特质和精神实质。正因为历史的打磨与积淀，红色基因才更具有价值品质。在这一过程中，红色基因不仅以自身的深刻内涵融入中华民族的精神谱系中，而且将进一步汇入历史长河中，成为推动中华民族伟大复兴的精神动力。

第五，时代性。红色基因在马克思主义中国化、时代化的进程中是个动态的过程，具有鲜明的时代特征。红色基因以与时俱进的姿态，在革命、建设、改革和新时代的不同时期表现不同的内容。不同时期所表现出来的理想信念、光荣传统与优良作风、精神谱系都印刻着特有的时代符号，有着不同的时代记忆。一种种红色气质、一卷卷红色档案、一件件红色文物、一部部红色经典、一处处红色地标都代表了一个时代，因此有必要合理吸收每个时代的优秀成

第二章 新时代大学生红色基因教育的相关概述

果，从中凝练出精神内涵。

第六，实践性。红色基因是在中国共产党百余年的艰辛实践中孕育、成长、成熟、壮大起来的中国共产党独有的本色特质。红色基因有着实践的艰苦性与生动性。百余年来，中国共产党把红色基因转化成革命、建设、改革的强大力量，激励着一代又一代共产党人前赴后继、英勇向前、踔厉奋发。在新征程中要充分将红色基因作为最生动的教材和最佳的榜样示范，进一步应用于实践，在实践中将红色基因代代相传。

（三）红色基因、红色文化、红色资源的三者关联

1. 红色基因与红色文化

红色基因与红色文化在文化领域是内在与外在的关系。红色文化是中华优秀传统文化、革命文化和社会主义先进文化的特有产物，是中国共产党信念、意志、精神的体现。红色文化是红色基因在文化领域的外在表现形态。红色基因是红色文化的内在核心，具体是中华优秀传统文化成果的精华、革命文化和社会主义先进文化的内核因子。当红色基因外化为一定的形式时，就成为一种红色文化。红色基因形成的过程既包含着中华优秀传统文化对人的塑造过程，也包含着红色文化对人塑造的过程，是对红色文化的认同和内化的结果。

2. 红色基因与红色资源

红色基因与红色资源在现实中是被包含与包含的关系。红色基因是一种非物质层面的存在方式，作为非物质层面存在并涵养于人。红色基因作为理想信念、光荣传统与优良作风、精神谱系的内在核心，是红色资源中一种内在、无形的存在。红色资源是一种表现形式和内在形态的存在方式，承载并蕴含着红色基因，作为一种状态层面存在于现实中并深深厚植于人。红色

资源分为有形红色资源和无形红色资源,有形红色资源是一种外显的存在形式,如红色档案、红色文物、红色地标、红色展馆、红色艺术(红色文学、红色音乐、红色影视、红色美术作品)等;无形红色资源是一种内在形态,如红色基因、红色精神、红色意识、红色观念等。红色资源是红色基因外在的存在形式,承载着红色基因所要表达的思想精髓,是红色基因的重要载体。因此,我们传承红色基因,必须意识到红色资源的重要性,保护好、挖掘好、利用好红色资源。

3. 红色文化与红色资源

红色文化与红色资源是辩证互存,在精神形态上可以相互转化的关系。红色文化包括红色资源,红色资源是红色文化的重要组成部分,是红色文化中的物质文化和精神文化。红色文化依托红色资源而产生,又远远超越红色资源的范畴,比红色资源的所指更广泛、更抽象,而且是一种动态的、发展性的存在,而红色资源多指静态的存在形式。红色资源中蕴含着红色文化产生的因子,红色文化一旦被人们利用起来对推动人和社会发展产生效益,又成为一种社会发展的红色资源。弘扬红色文化精神,必须挖掘和利用好红色资源。对红色资源的利用及其产生的现象和结果就成为红色文化。

(四)中国共产党红色基因的发展历程

中国共产党走过百年辉煌岁月,但未来仍然需要翻山越岭、跋山涉水,若想使中国共产党在全面建设社会主义现代化国家的实践中继续走向成功,就必须借鉴好历史经验、传承好红色基因,用好红色资源、赓续红色血脉,使中国共产党在新时代面临新的风险挑战时临危不惧、勇往直前,永葆党的生机活力,团结带领全国各族人民实现中华民族伟大复兴中国梦。从红色基因萌芽产生和形成发展的过程来看,红色基因是伴随着中国共产党领导中国人民进行革命、建设而形成的。红色基因历经了中国共产党历史上不同时期，每个时期中的红色基因目标定位、价值取向有各自的特点。红色基因从生成、发展，再到传承是一个艰难曲折的过程。红色基因源于中国共产党的初心使命，践行于中国共产党的初心使命，经受了血与火的考验。中国共产党领导中国人民进行革命、建设和改革的过程，也正是红色基因逐渐丰富和发展的过程。

1. 新民主主义革命时期红色基因内容

五四运动的爆发，成为中国新民主主义革命的伟大开端。自五四运动以来，马克思主义开始在中国传播，培养了一大批先进的知识分子，工人阶级的壮大为红色基因的萌芽奠定了阶级基础，马克思主义奠定了红色基因的最初理论形态。1919—1949 年，中国共产党在马克思主义指引下坚持从实际出发，历经土地革命、全民族抗日战争和解放战争，领导中国人民最终取得了新民主主义革命的胜利。红色基因在这一时期生成、发展、壮大并广泛传承，指引并鼓舞广大人民群众在党的领导下夺取新民主主义革命的伟大胜利。红色基因内生于中国共产党人血脉之中，中国共产党成立之时就生成了红色基因，这源于中国共产党是以马克思主义为指导的无产阶级政党，具有彻底的革命性和鲜明的人民性。在建党之初与大革命时期，共产党人就展现出坚持真理、坚守理想，将革命斗争到底的精神气概，形成了伟大建党精神。在革命斗争时期，中国共产党几经生死存亡考验，从一次次挫折中昂首，在一次次求索中前进，在黑暗的、受压迫的旧社会中摸索出一条兴党兴国的道路，先后形成了"实事求是、敢闯新路""坚定信念、求真务实"的理想信念；"戒骄戒躁、艰苦奋斗""依靠群众和团结统一"的光荣传统与优良作风；"敢于斗争、敢于胜利""爱党爱军、开拓奋进，艰苦创业、无私奉献"的崇高精神等。红色基因渗入中国共产党人的骨髓，将血脉的力量、思想的力量转化为革命斗争的力量，共产党人在革命斗争中不断传承红色基因，以特有的信念、作风、精神成为革命胜利的中坚力量。红色基因的生成、发展与传承是可证的。1936年埃德加·斯诺在《西行漫记》中客观真实记录了中国共产党、中国工农红军、领袖人物的精神特质;英国记者詹姆斯·贝特兰在其第二部报道中国的书《华北前线》中对战斗在抗战一线的中国共产党人作了群像特写,对八路军抗日的战斗生活进行了生动而朴实的记录,在书中高度赞扬了中国人民不屈不挠的反法西斯精神。中华人民共和国成立前形成的红色基因正是彰显了中国共产党在领导中国革命的过程中对中华优秀传统文化的继承和发扬,是以马克思主义为坚定信仰,又是结合中国实际进行的时代化转化,是宝贵的精神财富。这些为新时代大学生红色基因教育奠定了重要的历史基础。

2. 社会主义革命和建设时期红色基因内容

中华人民共和国的成立标志着中华民族的历史进入了新纪元。中华人民共和国建设初期百废待兴,开展大规模建设面临重重困难。在中国共产党的领导下,完成社会主义革命和推进社会主义建设。如何由落后的农业国发展成为先进的工业国,成为摆在中国共产党面前的时代难题。中国共产党人带领全国各族人民上下齐心,以为社会主义建设服务的赤子情怀,继承和发扬革命精神,充分发挥社会主义制度优势,进行了长期艰苦卓绝的奋斗,为1978年后的改革开放和社会主义现代化建设奠定了支撑性基础。在薄弱的发展基础、严峻的政治环境的时代背景下,中华人民共和国建立起了较为全面的工业基础体系,初步完成了国防科技的重点攻关,实现了社会主义事业发展的良好开端。这一时期,以共产党员为代表的中国人民形成了主要包括"祖国和人民的利益高于一切""英勇顽强、舍生忘死""不畏艰难困苦、始终保持高昂士气"的理想信念;"服务人民、助人为乐""干一行爱一行、专一行精一行""艰苦奋斗、勤俭节约"的光荣传统与优良作风;"热爱祖国、无私奉献""自力更生、艰苦奋斗""大力协同、勇于登攀""亲民爱民、艰苦奋斗、科学求实、迎难而上、无私奉献"的高尚精神，等等。这些都是中国共产党从胜利走向胜利的制胜法宝，是中国社会发展的宝贵精神财富。中华人民共和国成立到改革开放前的红色基因是对新民主主义革命时期的红色基因的继承与发扬。这一时期形成的红色基因已经显示出地域特点和行业特点，全国人民、不同地区、不同职业上下齐心为了我国的建设而努力奋斗、为社会主义事业的繁荣发展添砖加瓦。中国共产党带领人民不断探索、不断尝试，最终找到一条适合中国社会主义建设的特色道路，虽然有国内外反动势力的接续阻碍，但始终不变的是中国共产党为人民谋幸福的初心使命。

3.改革开放和社会主义现代化建设新时期红色基因内容

1978年党的十一届三中全会召开，中国共产党实行改革开放，开启了社会主义现代化建设新的历史时期。改革开放后，西方文化的冲击影响着人们的精神追求和价值取向。这一时期解放了人们的思想，开阔了人们的视野，拓展了红色基因发展的实践舞台，丰富了红色基因库。这一阶段红色基因的表现形式受到西方思潮的影响，人们的价值观念发生变化，但在中国共产党领导下，在改革开放的过程中，广大中国人民继续推进社会主义现代化建设事业，走中国特色社会主义发展道路，进行了一系列富有创新性、时代性的理论与实践探索，凝练形成锐意进取、开放创新的伟大精神财富。改革开放以来，党领导全国各族人民以人为本，科学地推进经济社会发展，更加重视精神文明建设。在面对自然灾害过程中，继续发扬敢于斗争、英勇奋战的光荣传统，形成了抗洪精神、抗击"非典"精神、抗震救灾精神等时代精神，丰富了红色基因教育的内容。在这一时期，红色基因主要包括"无所畏惧、顽强拼搏""同甘共苦、团结战斗"的理想信念；"革故鼎新、披荆斩棘""敢闯敢试、脚踏实地"的光荣传统与优良作风；"特别能吃苦、特别能战斗、特别能攻关、特别能奉献""敢为人先、只争朝夕"的崇高精神，等等。这一时期的红色基因具有鲜明的时代特色，坚守了共产党人的理想信念，继承了革命斗争的光荣传统，激扬了艰苦奋斗、开拓创新的精神力量。

4. 新时代红色基因内容

新时代的中国取得了全方位、历史性的成就，实现了由中高速发展转向高质量发展的发展理念转变，更加重视创新在引领高质量发展中的关键作用，更加强调科技在引领高质量发展中的支撑地位。一切的发展成就和理论创新，都离不开习近平总书记"我将无我，不负人民"的人民情怀，离不开全党同志不忘初心、牢记使命的信念传承，离不开广大党员、干部"功成不必在我，功成必定有我"的历史担当。新发展阶段，更加需要全党全国人民学好党的红色历史，传承红色基因，赓续红色血脉，站在新的起点继续推进中华民族伟大复兴。党中央关于传承红色基因作出了一系列新的重要部署，为红色基因教育赋予更多的时代含义和当代价值，红色基因得到升华式的发展。习近平总书记关于传承红色基因的重要论述为红色基因的传承指明了发展方向，同时也赋予了红色基因新的历史使命。新时代的红色基因主要包括"胸怀大局、自信开放、迎难而上、追求卓越、共创未来"的务实精神；脱贫攻坚精神的光荣传统和优良作风；"生命至上、举国同心、舍生忘死、尊重科学、命运与共"的伟大抗疫精神，等等。中国特色社会主义进入新时代再到中国式现代化的发展，从中央到地方都重视利用丰富的红色资源传承红色基因，将红色基因融入人民群众血脉里。提升文化软实力，既要继承红色基因的精华，又要增加体现新时代特点的红色基因。

这些不同历史时期的红色基因内容，具有每一个时代红色基因的特点，但又是对上一个时代红色基因的连续传递，为下一个时代红色基因提供前提和基础。新时代大学生红色基因教育要做到历史与时代有机结合，致力于增强大学生做中国人的志气、骨气、底气。

二、红色基因的外显存在形式

红色基因作为一种上层建筑，其传播和发展需要外在的、显著的形态作为支撑，通过挖掘红色基因外在的、显著的形态，为大学生红色基因教育提供有力支撑，点亮新时代大学生红色基因教育的传承之光。本书认为作为与新时代同向同行、共同前进的大学生，依据现实特征在红色基因教育的过程中可以通过蕴含红色基因的红色档案、红色文物、红色地标、红色展馆、红色艺术（红色文学、红色音乐、红色影视、红色美术作品）等外在的、显著的、固化的、物质的、可视的存在形式，促进红色基因代代相传。

（一）红色档案

档案记录历史，具有存史、资政、育人的作用。2021年7月6日，习近平总书记在对档案工作作出的重要批示中指出，"特别是要把蕴含党的初心使命的红色档案保管好、利用好，把新时代党领导人民推进实现中华民族伟大复兴的奋斗历史记录好、留存好，更好地服务党和国家工作大局、服务人民群众"❶。红色档案是中国共产党带领人民革命、建设、改革的珍贵见证，是再现历史、保存记忆、启迪未来的原始记录，蕴含着丰富的红色基因。关于红色档案的内涵，学界普遍认为其是在一个特定时期，由中国共产党领导的机关、组织和个人在各种对敌斗争和政治活动中形成的具有保存价值的历史记录。❷本书认为红色档案是指中国共产党团结带领广大人民群众在革命战争时期、社会主义建设时期、改革开放时期和新时代形成的具有保存价值的各种文字、图表、声像等不同形式的历史记录。红色档案和红色基因两者是有机联系的，红色档案是传承红色基因的重要史实存在形式，利用红色档案资

---

❶ 伊部.国家档案局印发《通知》要求认真学习贯彻习近平对档案工作重要批示[N].中国档案报，2021-07-29（01）.

❷ 王娅，王向女.我国红色档案资源研究综述[J].兰台世界，2019（2）：34-37.

源传承红色基因既是新时代大学生全面发展的需要,也是做好思想政治教育工作的迫切要求。红色档案价值一般表现为原始记录性、客观性、绝对性和真实性的统一、唯一等。利用红色档案的这些价值性质进行红色基因教育具有不同于一般存在形式的价值意蕴。红色档案更有利于实现史料的可证、事实的可信、精神的可感,进而使传承红色基因的过程更生动也更形象,使结果更系统也更全面。开发利用红色档案进行红色基因教育,从宏观上说,有助于为建构大学生真实立体丰富的历史记忆提供档案之实;从中观上说,能为加强意识形态教育、破除历史虚无主义迷障提供档案之据;从微观上说,能为丰富高校思想政治教育手段提供档案之力。

如何利用红色档案,发挥红色档案的价值指导新时代大学生红色基因教育,成为当前急需解决的现实问题。在此之前,明确红色档案对于红色基因教育的价值意蕴显得尤为重要,通晓其价值之后才能更好地开展具体工作。简而言之,以红色档案为存在形式的红色基因内容具有以下三重价值意蕴。

1. 宏观上,以红色档案为存在形式的红色基因教育内容是中国共产党百年岁月的珍贵记录

红色档案是中国共产党历史研究的基础素材。宝贵的红色档案对激励全党不忘初心、牢记使命、砥砺前行具有不可替代的重要作用。红色档案是中国共产党百年大党光辉历程的有力见证,客观公正地还原了史实,再现了党一路走来的真实场景。2019年9月21日,中央档案馆公布了一批精选馆藏珍贵档案文献,其中最引人注目的便是开国大典影像档案。该档案由俄罗斯联邦档案部门提供,通过技术手段剪辑制作,画面更为清晰、声音更为响亮。长达12分钟的影像再现了中华人民共和国最为重要的历史时刻,让新时代的我们可以重温这一伟大场景。再次见证这一重大庄严的历史时刻,无疑具有重大的政治意义,有助于新时代社会公众更加认识到新中国来之不易,愈发自

第二章 新时代大学生红色基因教育的相关概述

觉地坚定政治立场,其对于传承红色基因的重要性不言而喻。2019年,甘肃省档案馆举办了"庆祝新中国七十华诞讲好甘肃记忆故事"爱国主义教育暨"档案开放日"系列活动。展览的档案中有无产阶级革命家、共产党先驱、爱国爱党志士、知名人士等的手稿、书信及入党申请书等珍贵资料。2021年,中国共产党成立100周年之际,中央档案馆对外公开了一批革命先烈的红色家书,生动再现了革命先烈当时内心的真实写照,使我们更好地感悟历史场景。这样的档案不胜枚举,对其进行保护与传承,以便更好地展示史实与承载历史记忆十分必要。

2. 中观上,以红色档案为存在形式的红色基因教育内容是破除历史虚无主义的有力证据

当前国内外意识形态斗争日趋激烈,需要我们正本清源,挖掘红色档案资源,与历史虚无主义等各种错误思潮作斗争。历史虚无主义不仅抛弃已有历史研究成果,鼓吹重新撰写所谓"真实""客观"的历史,而且以"碎片化"手段混淆历史逻辑,质疑社会历史共识。对此,习近平总书记曾指出:"统筹研究力量,强化研究规划,积极开展革命史料的抢救、征集和研究工作,加强革命历史研究,深入挖掘红色资源背后的思想内涵,准确把握党的历史发展的主题主线、主流本质,旗帜鲜明反对和抵制历史虚无主义。"❶因此,有必要通过红色档案这一宝贵资源增强历史主动。吴宝康先生认为,"档案是历史的原始记录,或说是原始的历史记录,这是档案的本质属性",但他同时又认为"档案则以兼具原始性和记录性于一体的突出特点,区别于其他资料"❷。正是档案的本质属性决定了档案的特殊历史地位,红色档案所具有的原始记录性正是对历史虚无主义最有力的批判,是还原真实历史的有力武器。如中央电视台的《国家记忆》栏目自2016年10月开播以

---

❶ 用好红色资源赓续红色血脉 努力创造无愧于历史和人民的新业绩[N].人民日报,2021-06-27(001).
❷ 吴宝康.档案学概论[M].北京:中国人民大学出版社,1998:41.

来，节目组利用大量红色档案正面回击历史虚无主义在互联网上肆意调侃、诋毁、抹黑英雄先烈的恶意言论，对于还原真实的党史、国史起到了重要作用。

3.微观上，以红色档案为存在形式的红色基因教育内容潜存着高校思想政治教育工作的生动案例

红色档案具有育人性，是高校思想政治教育工作的重要教育资源。红色档案在高校围绕"立德树人"根本任务方面，既可以为高校思想政治教育提供丰富素材、创新高校思想政治教学的新形式，又有助于开阔高校思想政治教育视野、激发学生学习的热情和兴趣，从而提高思想政治教育实效性。因此，需要进一步从档案中读懂百年大党的胜利密码，传承红色基因带来的精神光芒。如2021年7月由中央档案馆和国家档案局编辑出版的《100个档案故事讲述党的历史》一书，通过聚焦党史上的重大事件、重要会议、重要人物，深入挖掘中央档案馆馆藏档案资源，选取了100件从新民主主义革命时期到改革开放初期的珍贵历史档案。这些记载着中国共产党峥嵘岁月和光辉历程的红色档案，蕴含着红色基因，真正做到"让历史说话、用史实发言"。通过具有原始记录性的档案对大学生进行思想政治教育，更具有说服力、理解力、震撼力。又如2021年中央档案馆推出的百集微纪录片《红色档案——走进中央档案馆》，精选中央档案馆大量馆藏珍贵档案。该片分为10个主题系列，每个主题系列10集左右，生动讲述档案背后的人物和故事，真实还原了砥砺奋进的中国共产党的红色经典。这是高校思想政治教育的生动素材，相较于传统思想政治教育载体，通过纪录片的形式挖掘红色档案背后的教育价值，更易于大学生接受与吸收教育内容，有助于大学生破解百年大党的胜利密码，感受烈火淬金的精神锋芒，推动高校实现思想政治教育目标。

（二）红色文物

文物是历代遗留下来的在文化发展史上有价值的东西，其最直接的本质就是历史性。从革命战争年代保存下来的文物，具有重要的保存价值与研究价值，深深烙印着红色基因。以红色文物为存在形式，充分保护利用红色文物，有助于深度实现红色文物在开展爱国主义教育、培育社会主义核心价值观、实现中华民族伟大复兴中国梦中的重要作用，对于大学生在历史感与现实感交融的场域传承红色基因、激发信仰、获得启发、汲取力量具有积极意义。

1. 以红色文物为存在形式激发红色基因教育的震撼力与启迪性

保护好红色文物、让红色文物说话，体现对前辈先烈的敬仰，对历史的铭记，更体现一代人在走好一代人长征路上的不忘初心、牢记使命的责任与担当。在中国共产党历史展览馆展示着一件编号为 0001 的红色文物，是一个森然兀立的绞刑架。1927 年 4 月 28 日，在北京西交民巷京师看守所，38 岁的李大钊身着长袍、大义凛然、泰然自若走向这个绞刑架。今天在展览馆中仔细瞻仰这一文物，能够更加切身体会到历史的残酷与革命先烈们为了实现理想信念，不怕牺牲的大无畏精神。同样展览于中国共产党历史展览馆的红色文物还有《共产党宣言》最早中译本，这些宝贵文物无不述说着一段段真实的历史，讲述它们和一个政党、一个国家、一个民族之间的百年往事。今天，坚持和发展中国特色社会主义先进文化，就是向着最高理想不懈奋斗。红色文物除带给人们视觉冲击外，更带来思想上的洗礼、心灵上的震撼、精神上的启迪。

2. 以红色文物为存在形式提升红色基因教育的生动性与历史性

在井冈山革命博物馆有这样一组文物："红军的伙食尾子""熬盐的锅、缸和硝盐""张子清用的手杖""朱德的扁担"。"红军的伙食尾子"——井冈山时期红军实行经济民主制，官兵夫穿衣吃饭一律平等，从军长到伙夫，每人每天只有五分钱的油盐柴菜钱，还要节余一些做零用钱，称为"伙食尾子"；"熬盐的锅、缸和硝盐"——红军为农民打土豪缴获的盐并分发给老乡，其中一位老乡不想这罐宝贵的盐落入敌人手中，便将其埋藏起来，直至献给井冈山革命博物馆，而这罐盐已埋藏31年之久，对于这位老乡来说这个罐子里装的不仅是盐，更是一种信念和希望：只有共产党才是老百姓的救星，在共产党领导下革命一定会胜利；"张子清用的手杖"——红四军第11师师长张子清中弹伤病，因放弃去外地治疗的机会，病逝时年仅28岁，他生前使用过的手杖一直被保存下来；"朱德的扁担"——红军在井冈山时期，山上缺粮，全军官兵下山挑存粮，时年43岁担任红四军军长的朱德身先士卒，主动挑粮，井冈山革命博物馆曾展览扁担复制品，记录这一历史的回忆文章《朱德的扁担》多次被选入小学课本。这些珍贵文物，带有真切的历史痕迹，真实反映了井冈山军民的艰苦奋斗精神，而这些文物作为历史与现实的联结与纽带，便是对井冈山时期共产党人艰苦奋斗的光荣传统与优良作风和创业精神的最好见证。❶在全国许许多多的革命纪念馆中都展陈着像井冈山革命博物馆这样的文物，这些红色文物承载着中国共产党和人民英勇奋斗的光荣历史，是中国共产党红色基因和中华民族宝贵精神财富的重要组成部分。红色文物的生动性是其特有的，也是红色文物历史性的生动体现。

（三）红色地标

"地标"在《现代汉语词典》的注解是指地面上的显著标志。在1045多万平方公里的神州大地上，红色地标遍布祖国大地。红色地标主要包括党的历届代表大会会址、革命旧址、革命遗址等，红色地标串联起百年大党的光辉历程，是蕴含着红色基因的鲜明实物标识。2021年北大红楼与中国共产党

---

❶ 井冈山革命博物馆. 中国革命的摇篮[J]. 求是，2021（19）：22-26.

第二章 新时代大学生红色基因教育的相关概述

早期北京革命活动展览在北京走红，吸引着人们前往"打卡"，感悟革命真谛、洗礼精神、震撼灵魂。神州大地蕴含着丰富的红色资源，从首都北京到全国各省县（市、区），党的各重要历史时期的革命根据地、红色圣地不计其数。每一片土地，都是中国共产党峥嵘岁月和激情燃烧岁月及改革创新岁月的真实见证，一处处红色地标讲述着一段段中国共产党的光辉历史，蕴含着中国共产党的理想信念及蕴藏于精神血脉中的红色基因。以红色地标带动红色旅游，是近年来旅游业发展的新趋势，以红色旅游促进红色基因的弘扬与传承，有助于实现传承红色基因与旅游发展双收益。2016 年，中共中央办公厅、国务院办公厅联合发布的《2011—2015 年全国红色旅游发展规划纲要》指出："三期规划着力推动大中小学生社会实践活动与红色旅游相结合，深化青少年社会主义核心价值观教育。"通过红色地标开展的红色旅游生动地为读懂中国共产党红色基因内涵提供现实依据，对于大学生红色基因教育具有实践意义。

在国外以革命纪念地、标志物为表现形式，以其所承载的革命历史、革命精神和革命事迹为内涵的主题性旅游活动在各国旅游业中极为关键，对其国民开展爱国主义教育也极为重要。比如法国政府就曾专门制定政策鼓励诺曼底当地开发战事遗迹旅游，将与诺曼底登陆有关的遗址列为历史文物保护的范畴。❶ 巴黎公社革命作为无产阶级革命的第一次尝试，在国际共产主义运动上留下了光辉而悲壮的伟大印记。"巴黎公社社员墙"作为其极具代表意义的纪念遗址，是世界上最早的红色纪念地，可谓法国乃至全世界无产阶级革命的象征。墨西哥为了纪念 1947 年 9 月为保卫国旗而牺牲的六位小英雄，在查普尔特克山下建造祖国纪念碑。可见，无论是西方发达国家还是发展中国家都十分重视革命旧址及其纪念地的开发建设，以进一步拓宽爱国主义教育路径。

---

❶ 徐仁立. 国外红色旅游发展概况及其启示 [J]. 湖北经济学院学报（人文社会科学版），2009（9）：49.

（四）红色展馆

"展览馆"在《现代汉语词典》的注解是指专门用来举办展览的建筑物。红色展览馆包括爱国主义教育基地、烈士陵园、革命纪念馆、革命根据地历史博物馆、展览馆等。2021年从中央到地方，各地纷纷挖掘本地红色资源，相继举办红色展览，赓续红色血脉。2021年仲夏，一座庄重大气的中国共产党历史展览馆在首都北京正式开馆。这是一座综合性党史展览馆，全方位、全景式、史诗般展现了中国共产党筚路蓝缕的百年历程。2021年"七一"前夕，中国共产党第一次全国代表大会纪念馆正式落成。中共一大纪念馆形成"一馆三址"的特色格局，有助于深入、细致、全景式讲述建党历史。2021年"七一"前后，中国第一历史档案馆和中国第二历史档案馆为以档说史、弘扬伟大精神、赓续红色血脉，先后举办了"百年恰是风华正茂"主题档案文献展和"庆祝建党百年 弘扬革命精神——'新四军与南京'史迹展"。两个展览分别用上百件首次公开的档案、图片，清晰还原了丰富的历史细节。如钟南山院士年轻时为开展科研项目，曾在自己身上取血27次。这段记载出现在展览中首度公开的一篇钟南山文章中。这篇文章写于1980年，当时他是广州医学院的一名讲师。同时首次公开的档案还较完整地展示了新四军自成立伊始至抗战胜利在江南敌后战场——南京及周边地区的抗战史实。中国科学院档案馆依据馆藏，举办了"科学丰碑 档案基石——中国科学院著名科学家档案展"，以弘扬科学家精神为主题，精选并集中展示了中国科学院百位著名科学家的300余件珍贵红色档案。

在伟大祖国广袤的大地上，红色展馆星罗棋布，它们都是守护中国共产党红色根脉的地方。在许多红色展馆中，一件件静静安放的珍贵红色文物和珍贵红色档案，像一座座不朽的丰碑，永远彰显着红色基因的精神内核因子，闪耀着强大的信仰光芒。

国外在红色展馆中，狭义的红色元素是指无产阶级的革命元素，相比国内诸多的红色展馆，国外红色展馆的存在使得无产阶级革命的国际性得以显现。国外具有代表性的红色展馆受到了世界各地马克思主义信仰者和旅游者的关注，如德国特里尔的马克思故居纪念馆，俄罗斯的卫国战争纪念馆、莫斯科红场，越南的胡志明故居、胡志明纪念馆等。

（五）红色艺术

红色艺术来源于人民的现实生活，主要表现为红色文学、红色音乐、红色影视、红色美术作品等多种艺术形态。红色文艺形态多种多样，但都蕴含着共同的内涵，即始终以理想信念为价值定位，以光荣传统与优良作风为现实依据，以精神谱系为思想引领。在新时代大学生红色基因教育过程中，红色艺术作品作为日常生活中不可或缺的一部分，涵养和影响着大学生的思维方式、价值观念、行为方式等。为此，有必要运用艺术形式，以文化人、以情感人，生动传播伟大精神、唱响中国主旋律，让每一位新时代大学生在接受红色基因教育的过程中有坚定信念和精神依靠。

1. 红色文学

红色文学主要是指在中国共产党领导的新民主主义时期的苏区文学、抗战文学、延安文学及社会主义革命和建设时期的"十七年文学"、20世纪70年代以后的现当代文学。红色文学是在一定时代背景下产生，以特定时代生活为创作背景，紧密围绕人民群众爱党爱国爱人民的工作、学习、生活为主题的创作成果。1942年的延安文艺座谈会后，延安文艺界出现了一系列深受人民群众喜爱的诗歌、歌剧、小说、秧歌等，如《三里湾》《王贵与李香香》《白毛女》《东方红》《李家庄的变迁》《太阳照在桑干河上》《小二黑结婚》《活在新社会》《南泥湾》等经久不衰的作品。中华人民共和国成立后，大批红色经典文学出现，如《红岩》《红旗谱》《青春之歌》《保卫延安》《林海雪原》

《铁道游击队》《地球上的红飘带》《战斗的青春》《欧阳海之歌》等，成为红学文学史上的光辉典范。

这些富有强烈时代感、现实性的红色文学作品，已经成为人们现实生活的一部分。对于新时代大学生而言，要在重温历史中，感悟革命、建设时期的爱国精神、理想信念、奋斗精神的同时，传承好、践行好这些红色文学作品中表现出的红色基因。

2. 红色音乐

红色音乐主要是指中国共产党领导中国人民在新民主主义革命和社会主义革命、建设历程中沉淀而成的红色经典革命歌曲，包括红军歌曲、抗日歌曲、解放歌曲、中华人民共和国成立以来和改革开放以后的各类健康和进步歌曲。❶红色音乐弘扬主旋律、凝聚人心。中国共产党领导人民进行土地革命战争需要利用红色音乐这样的形式宣传革命思想，激发斗志、鼓舞士气、点燃热情，反映军民团结一心的鱼水情深，多以革命歌曲和民歌为主，如《毛委员和我们在一起》《十送红军》《映山红》等。在全民族抗日战争时期出现了大量抗日救亡歌曲作品，如《抗敌行军曲》《义勇军进行曲》《大刀进行曲》《保卫黄河》《黄河大合唱》《团结就是力量》。创作于苏北抗日根据地的歌曲《中华民族好儿女》是表现新四军抗日革命气概代表性歌曲之一，抒发了苏北根据地新四军在中国共产党的领导下，无畏艰难，不惧险阻，打赢一场又一场战役的生动史实。解放战争时期也产生了许多对唤醒解放民众、鼓舞军队斗志发挥积极作用的歌曲，如《拥护共产党》《新农会歌》《翻身不忘共产党》《穷人翻身谣》等。创作于东北黑土地的歌曲《咱们工人有力量》，生动形象地表现了当年在东北解放区工人兄弟支援全国解放战争而努力劳动的场面。这些在新民主主义革命时期创作的反映革命战争气概的红色歌曲传唱至今。

---

❶ 韩玲.红色文化涵育社会主义核心价值观研究[M].北京：人民出版社，2020：75.

第二章 新时代大学生红色基因教育的相关概述

中华人民共和国成立后,歌颂祖国、向往美好生活的红色歌曲传唱度极高,如《祖国颂》《唱支山歌给党听》《英雄赞歌》《我的祖国》《洪湖水,浪打浪》《歌唱祖国》《我们是共产主义接班人》等;反映新中国建设和敬业奉献的歌曲《我为祖国献石油》《我们走在大路上》《学习雷锋好榜样》等;反映改革开放的歌曲《春天的故事》《我的中国心》《爱我中华》《五星红旗》等;更有追梦新时代的歌曲《走在小康路上》《梦想阳光》《我们都是追梦人》等。

这些耳熟能详的红色歌曲承载了一代人的记忆,也是进行红色基因教育最具有表现力的形式之一。新时代大学生在这些经久不息、传唱不止的红色歌曲中感受着中国共产党的崇高信仰、坚定的理想信念、昂扬的精神状态,为红色基因教育提供了有力抓手。

3. 红色影视

电影作为文化产物,反映一个国家或地区的文化。在中华人民共和国成立前,自1905年中国拍摄第一部电影《定军山》开始,中国电影以海派文化为主。在革命战争年代,红色电影大多以纪录片的形式呈现。而电视走入中国百姓生活,还是从20世纪80年代以后。在此之前,红色戏剧是反映中国共产党领导中国人民进行革命斗争的主要艺术形式。红色戏剧是特定的历史时期产生的群众性艺术活动,以其独特的表演风格形式,深深地影响着在战争年代走来的一代代中国人,其中的经典之作有《庐山之雪》《白毛女》《龙须沟》《洪湖赤卫队》《江姐》《红色娘子军》《沙家浜》《红灯记》《智取威虎山》等人们耳熟能详的话剧、歌剧、舞剧。

红色影视主要是指反映中国共产党领导中国人民进行革命和建设时期的影视作品。中华人民共和国成立后,红色电影代表作品主要有《林海雪原》《烈火金钢》《红色娘子军》,以及由同名小说改编的电影《红岩》《青春之歌》《高山下的花环》等。伴着改革开放的春风,红色经典以主旋律电影的出现到

90年代史诗片、劳模片及21世纪红色商业电影的发展,特别是电视走入寻常百姓家中,红色影视作品日益丰富,如《历史的天空》《亮剑》《焦裕禄》《孔繁森》《古田军号》《烈火英雄》《钢铁是怎样炼成的》《恰同学少年》等。近年来,红色题材影视作品的数量呈现上升趋势,"建国三部曲"《建国大业》《建党大业》《建军大业》三部大制作电影蕴含着浓厚的爱国主义、集体主义精神;"我和我的系列电影"(《我和我的祖国》《我和我的家乡》《我和我的父辈》)更是通过将每一位人物贯穿于时代背景中,弘扬时代精神、传承红色基因。2021年热播的电视剧《觉醒年代》,以红色档案为依据,对中国共产党的创建历程进行了高度还原,有血有肉地再现了早期中国共产党人的伟大壮举,还原了中国共产党一路走来的艰辛路程,再次验证了艺术来源于生活,其中包含着大量红色基因元素。电影《长津湖》生动再现了中国人民志愿军在抗美援朝战争中长津湖战役时英勇战斗场面,展现了志愿军战士的英勇顽强、中国共产党的责任担当,同时很好地诠释了国际主义精神,体现了共产主义是我们的最高理想,传承抗美援朝精神的重点就是要以共产主义作为坚定信仰。传承抗美援朝精神所体现的红色基因,有助于当今世界树立人类命运共同体意识,体现和衷共济的大国担当、兼济天下的世界情怀,并将之发扬光大。本部电影让人们对扭转朝鲜战局的这次战役有了更深刻的认知,并对传承红色基因发挥了很好的隐性教育作用。

纪录片是中国共产党自成立以来,充分利用并表达爱国主义精神的一种文艺形式。中国人民新闻纪录电影事业,自1938年开始从延安起步。在延安,老一代电影人用简易的影视设备拍摄了大量的反映当时根据地军民共同生产的画面和老一代共产党人革命工作画面及中共七大等重要会议的场面等历史影像和图片。2021年清明时节,中央电视台《国家记忆》栏目6集纪录片《绝笔》,更是通过大量珍贵红色档案中一封封绝笔信再现革命先烈用热血和青春展现出的坚定的共产主义信仰。经央视频、央视网等新媒体推送后,仅新浪微博的话题阅读量就超2.7亿人次,并屡屡登上微博热搜榜。一部

《绝笔》，再次形成现象级传播。❶

无论是革命战争时期的纪录片、红色戏剧，还是中华人民共和国成立后的红色经典影视作品都反映了强烈的时代精神，代表着强大的精神力量，包含着强烈的红色基因，彰显着坚定的理想信念。新时代的大学生通过重温经典、再现历史的红色影视作品这种表现形式，有助于在传承红色基因的过程中增强为实现中华民族伟大复兴中国梦而努力奋斗的志气、骨气、底气。

4. 红色美术

红色美术作品作为历史和时代的精神产物，可以追溯到中国共产党的革命根据地和延安时期，包含革命战争年代到新中国成立以来的版画、国画、油画、雕塑和连环画等不同艺术形式，共同的特点是围绕不同历史时期的场景、人物、事迹进行美术创作。如油画《毛主席去安源》《革命理想高于天》，中国画《幸福渠》《毛泽东同志在广州农民运动讲习所》《毛主席在炼钢厂》《战地黄花分外香》《万山红遍》，大型木刻组画《一二〇师在华北》。雕塑如在中国共产党历史展览馆西侧广场上矗立的《信仰》《伟业》《攻坚》《追梦》四组大型雕塑，分别对应"四个伟大"主题，群雕中共有276个人物形象，讲述着中国共产党一百年来为人民谋幸福、为民族谋复兴、为世界谋大同的奋斗历程；在中共一大纪念馆，高3米、宽7米的巨幅油画《星火》再现了各地共产党早期组织的50余名成员昂首挺胸、意气风发向前行进。这些红色美术作品作为富有艺术感染力的精神文化表现形式，所蕴含的爱国情怀通过隐性教育的形式影响、感染着大学生，对于新时代大学生红色基因教育能够起到显性教育的效果。

2021年1月，《美术经典中的党史》以电视节目讲述的形式在央视播出，节目选取了从中国共产党成立以来，特别是党的十八大以来的100件美术经典作品，以每集讲述一件美术经典作品的方式，再现中国共产党成立100年

---

❶ 慎海雄. 甘将热血沃中华——我们为什么创作专题纪录片《绝笔》[J]. 求是，2021（19）：70-72.

来波澜壮阔的光辉历程。2021年6月，中国国家博物馆举办了节目《美术经典中的党史》同名主题展《无声诗里颂千秋——美术经典中的党史主题展》，100件反映中国共产党成立以来各个历史时期极具代表性的美术经典作品以生动的艺术形式让大众更加深刻地了解党史、新中国史、改革开放史、社会主义发展史，发挥美术作品以美育人、以美化人的独特作用。由此，借助蕴含红色基因的红色美术作品，有助于增强对大学生的吸引力和感染力，能够为针对其开展的红色基因教育过程提供艺术性、时代性的美育。

三、新时代大学生红色基因教育的重要意义、时代诉求及现实挑战

新时代大学生红色基因教育是一个重要的现实问题和具体的实践问题，对于实现中华民族伟大复兴具有积极的推动意义。当前大学生红色基因教育有着自身的重要意义与时代诉求，坚定的马克思主义信仰为大学生红色基因教育提供时代目标。中国特色社会主义理论体系为大学生红色基因教育提供时代追求。习近平新时代中国特色社会主义思想为大学生红色基因教育提供时代取向。大学生红色基因教育面临着信息时代传播多元化、错误思潮交汇及出现拜金主义、泛娱乐主义等现实挑战。挖掘红色基因内蕴的育人意义，引导大学生坚定理想信念、弘扬光荣传统和优良作风、承继中国共产党的精神之源至关重要。新时代大学生红色基因教育的核心思想是要把中国共产党创建、发展、壮大过程中生成、培育、形成的理想信念、光荣传统与优良作风、精神谱系继承好、赓续好，使之不断层、不失传、不变异。新时代大学生在继承中国共产党责任使命的基础上，结合新时代红色基因教育面临的新任务和新挑战，要肩负为实现中华民族伟大复兴中国梦而不懈奋斗的使命担当。

第二章　新时代大学生红色基因教育的相关概述

（一）新时代大学生红色基因教育的重要意义

新时代在大学生群体中研究和传承红色基因，进行红色基因教育，可以更好地满足新时代社会发展与大学生成长的需要。挖掘红色基因蕴含的育人意义，有利于引导大学生成为担当民族复兴大任的时代新人，回答好"为谁培养人、培养什么样的人、怎样培养人"的时代之问。新时代大学生红色基因教育的重要意义主要体现在坚定理想信念、弘扬光荣传统与优良作风、承继精神谱系三个方面。

1. 有助于坚定理想信念

党的十八大以来，习近平总书记特别重视理想信念教育，认为理想信念是中国共产党人"精神之钙"，要通过学习百年党史和传承红色基因来加强全党上下乃至全国人民的理想信念教育，在全社会形成人人学党史的热烈氛围。习近平总书记指出："广大党员要以学习党的历史为重点，做到知史爱党、知史爱国，在学习领悟中坚定理想信念，在奋发有为中践行初心使命。"❶百年党史蕴藏深刻的红色基因，红色基因蕴含着中国共产党的理想信念，党史学习可以立体化、形象化地展示红色基因，助推理想信念教育的开展。"坚持真理、坚守理想"是中国共产党跨越百年持续前进、持续胜利的思想根基。马克思主义信仰和共产主义理想，深深熔铸于共产党人的红色基因之中。百年来，一代又一代的共产党人学习先辈的红色精神接续传承红色基因的实践，是高校理想信念教育的生动教材。在高校教育中，特别是在思政课程和课程思政的教学中，一定要利用红色基因增强立德树人的鲜亮底色，结合学科教学回顾历史、观照现实、展望未来，运用红色基因的各类表现形式展示中国共产党不同历史时期的理想信念，进而将红色基因表现形式与思政元素在思想内容和价值导向上高度契合，助力新时代大学生筑牢信仰之基、熔铸信念

---

❶ 习近平. 在党史学习教育动员大会上的讲话 [M]. 北京：人民出版社，2021：4.

之魂、笃行理想之志。面对世界百年未有之大变局，奋斗在社会主义现代化建设的新征程上，进行红色基因教育对新时代大学生坚定马克思主义信仰和树立共产主义远大理想有着强烈的教育意义，既是社会发展的客观需要，也是高校育人育才的内在需要。

2. 有助于弘扬光荣传统

红色基因是中国共产党光荣传统与优良作风的集中体现。在党的百年历史实践中，中国共产党形成了区别于其他政党的光荣传统与优良作风，是社会主义制度优越性在中国政治生活中的集中体现。中国共产党带领中国人民筚路蓝缕，始终能够保持积极向上的光荣传统和艰苦奋斗的优良作风，在新中国成立初期内忧外患的形势下，取得了社会主义革命和建设的巨大成就。红色基因元素奠定了中国共产党人崇尚光荣传统与优良作风的基础，中国共产党人始终运用强大能量因子战胜了一个又一个艰难险阻。中国共产党的百年历史再次证明，党的光荣传统与优良作风，是砥砺前行的不竭动力，也是激励一代又一代青年学子将个人理想融入国家共同理想之中的强大能量因子。新时代大学生继承革命先辈的光荣传统与优良作风，是开展红色基因教育的关键所在。当今世界国际形势日益复杂，各类意识形态交织复杂，我们要高度警惕"黑天鹅"与"灰犀牛"事件，随时应对可能出现的风险挑战。新时代大学生是建设社会主义强国的中坚力量，能否发扬艰苦奋斗精神，以顽强拼搏的意志攻坚克难，担负起祖国与人民的重托，检验着高校思想政治教育的成败。我们党的光荣传统和优良作风，是中国共产党人的形象标识，更是新时代大学生红色基因教育的精神动力与榜样标杆。高校思想政治教育要紧紧围绕立德树人根本任务，引导大学生学习英雄人物的先进事迹，继承革命先辈的光荣传统与优良作风，为实现中华民族伟大复兴汇聚磅礴力量。在实现中华民族伟大复兴的壮阔征程中，征途漫漫，惟有奋斗，方能行远。

3.有助于承继精神谱系

建党以来，为中国人民谋幸福、为中华民族谋复兴一直是中国共产党一切工作的出发点和落脚点。鸦片战争以来，饱受帝国主义、封建主义、官僚资本主义摧残的中国，每前行一步都面临着巨大的困难与挑战。中国共产党艰苦奋斗、浴血奋战，战胜一个又一个挫折与阻碍，同一切反动势力斗争到底，最终取得辉煌胜利与伟大的成就。艰苦奋斗、锐意进取、顽强拼搏、奋勇前行，是红色基因中最为珍贵的精神价值。回首百年艰辛路，中国共产党以"为有牺牲多壮志，敢教日月换新天"的精神意志，创造了伟大成就，书写了属于中华民族的壮丽史诗。革命时期抛头颅、洒热血的革命先烈，建设时期冲在一线的工农阶级，改革时期为党和国家事业贡献的共产党员们，以及在新时代无数奋战在脱贫攻坚、抗疫一线的基层工作人员，他们身上反映出来的对党忠诚、不负人民的精神，都是红色基因中最为鲜明的精神品格。高校教师尤其是思想政治理论课教师要将中国共产党精神谱系作为红色基因教育的生动素材传授给学生，运用好红色基因表现形式，把每个历史时期叩击人心的中国故事讲给学生，让他们感悟故事背后的精神力量，引导其以党的旗帜为旗帜、以党的方向为方向、以党的意志为意志，在磨炼中经风浪、见世面、长才干，使学生通过生动形象的史实明智、明理，为实现中华民族伟大复兴中国梦贡献智慧和力量，努力成为堪当民族复兴大任的时代新人，在历史的大潮中绽放绚丽之花。

（二）新时代大学生红色基因教育的时代诉求

红色基因作为历史的产物，是由人民所创造的，折射出社会历史发展过程中各时期的时代精华。从根本上讲，红色基因不仅是一种文化的表达方式与表现形式，更是理想信念、光荣传统与优良作风、精神谱系的彰显。红色基因从诞生、发展到延伸，始终贯穿着坚定理想信念、弘扬光荣传统与优良作风、承继精神谱系。在新时代大学生红色基因教育的过程中,要以坚定马克思主义信仰为大学生红色基因教育提供时代目标,以中国特色社会主义理论体系为大学生红色基因教育提供时代追求,以习近平新时代中国特色社会主义思想为大学生红色基因教育提供时代取向。

1. 坚定马克思主义信仰是大学生红色基因教育的时代目标

中国共产党自成立起就确立以马克思主义为指导思想,并在长期的革命、建设、改革的不断探索中将其同中国具体实际相结合,不断对其进行丰富和发展,形成了具有中国特色的马克思主义中国化理论成果。可见,从建党到建国,到现在中国迈入新时代,中国共产党始终以马克思主义为指引,创造了一个又一个辉煌的历史,迈过了一个又一个不平坦之路。回首过往,中国共产党已走过了百年奋斗历程、经历了百年艰苦与光荣岁月,深深烙印于心里、熔铸于血液里的红色基因毋庸置疑蕴含着坚定的马克思主义信仰,而马克思主义由于其科学性与革命性的统一,以及鲜明的实践性和发展性,在当今世界不但没有过时,反而日益焕发出旺盛的生命力,未来在实现中华民族伟大复兴的新征程上,在新时代走好中国特色社会主义道路上,仍然需要在马克思主义中寻找智慧,仍然需要这与时俱进的科学真理的引领。红色基因教育便是对马克思主义信仰的坚定延续,只有不断传承红色基因,这一联结初心使命的红色基因纽带才不会断,中国共产党、中华民族,以及中国人民对于马克思主义的信仰才不会中止,中国共产党才能始终在马克思主义的科学理论指引下不断前进、开拓进取,继续推行马克思主义中国化、时代化的伟大实践。

2. 坚持中国特色社会主义理论体系思想是大学生红色基因教育的时代追求

红色基因是中国共产党成立以来在革命、建设、改革的实践中所形成的理想信念、光荣传统与优良作风、精神谱系的集中体现,是中华优秀传统文

第二章　新时代大学生红色基因教育的相关概述

化成果的精华，是革命文化和社会主义先进文化的精神内核因子。中国特色社会主义理论体系是在继承中华优秀传统文化、革命文化和社会主义先进文化的基础上结合中国具体实践与实际国情形成的适合我国发展道路的特色理论体系，因此，其也内在地包含了这些优秀文化的精髓，蕴含丰富的红色基因。中国特色社会主义理论体系中每一阶段的思想都有对红色基因的传承与延续，都对其进行丰富与发展，由此是具有鲜明红色基因的思想理论体系。如果不是每一个阶段都对红色基因的传承给予重视并付诸实践，那么红色基因的传承就会出现中断，甚至影响到中国特色社会主义理论体系的根基。因此教育大学生如何传承红色基因对于坚定理想信念、弘扬光荣传统与优良作风、承继精神谱系具有重要意义。大学生作为中华民族伟大复兴新征程上的主力军，自觉传承红色基因责无旁贷、义不容辞。

3. 学习习近平新时代中国特色社会主义思想是大学生红色基因教育的时代取向

2013年2月，习近平总书记在视察原兰州军区时首次使用"红色基因"一词，在此后多个场合中提出传承红色基因、弘扬红色文化的重要性。习近平总书记关于传承红色基因的重要论述激励新时代大学生从红色基因中体悟百年党史，深入学习并发扬中国共产党在百年奋斗历程中孕育形成的理想信念、光荣传统与优良作风、精神谱系，进一步深化爱党、爱国、爱社会主义教育，树立家国情怀。习近平总书记关于传承红色基因的重要论述强调以红色基因育人，鼓励大学生学习先进典型、勇担历史责任，有机统一传承红色基因与时代新人培育，助力培养堪当民族复兴大任的时代新人。红色基因是新时代坚持和发展中国特色社会主义的精神动力，也是落实立德树人根本任务、培养时代新人重要教育资源。关于传承红色基因的重要论述贯穿于习近平新时代中国特色社会主义思想中，涉及理想信念、干部建设、强军兴军、文化、青年工作、中国共产党历史等方方面面。因此，加强大学生红色基因教育，同时也是推进大学生对于习近平新时代中国特色社会主义思想的学习与运用，能够为大学生打下良好的思想基础与扎实的理论素养。

要而论之，新时代大学生红色基因教育意义重大，也肩负使命。新时代开展红色基因教育必须在党的领导下，贯彻习近平新时代中国特色社会主义思想，强化针对大学生群体的党史、新中国史、改革开放史、社会主义发展史的教育，通过实实在在的红色基因表现形式，使青年一代对"中国共产党为什么能""马克思主义为什么行""中国特色社会主义为什么好"的问题产生更加深刻的理解和体悟。

（三）新时代大学生红色基因教育的现实挑战

红色基因教育重在行动。新时代大学生思想活跃、创造力强，是实现中华民族伟大复兴的参与者和建设者。主动传承红色基因、涵养优秀品格，在风雨磨砺中书写青春之歌是时代赋予他们的使命。但随着错误社会思潮交汇日益复杂化、信息传播多元化，拜金主义和泛娱乐主义的熏染，新时代大学生的思想认知、价值取向、行为方式等方面都呈现出新的特征，给大学生对红色基因教育的思想认知、价值认同和实际效果带来诸多现实挑战。

1. 错误社会思潮交织冲击大学生对红色基因教育的认同

社会的不断发展催生思想的多元化，在多元多样的思想冲击下形成了形形色色的社会思潮，不可避免地对大学生群体产生影响。错误社会思潮的背后往往渗透着西方意识形态侵蚀和敌对势力的政治阴谋，他们借机炒作和宣扬错误的、腐朽的思想观念，混淆青年一代的思想认知和价值判断，企图颠覆我国社会主义制度。红色基因作为党的红色历史传承的内核因子，在对抗错误社会思潮方面发挥着重要作用。

一方面，在纷繁复杂的社会思潮冲击下，西方自由主义、宪政民主、历史虚无主义等错误思潮甚嚣尘上，挑战我国主流意识形态的领导地位，否定我们党的领导和中国特色社会主义建设的成就，破坏性极大且影响恶劣。大学生群体思想活跃且富有探索精神，处于世界观、人生观、价值观形成的关键时期，如果被错误思潮的伪装所蒙骗，极易误入思想歧途、动摇理想信念。红色基因教育本身就是具有强烈意识形态属性的教育实践活动，能够帮助大学生廓清错误社会思潮的本质，辨析错误社会思潮带来的危害。另一方面，社会主流意识形态与各类错误思潮长期共存并相互斗争，竭力争夺意识形态话语权，如何凝聚思想力量是开展意识形态领域工作的艰巨任务。在我国日益走近世界舞台中央的背景下，面临更加复杂的国际国内局势，青年群体作为其中的重要一环更要辨清社会思潮的真实面貌，积极投身于社会主义现代化建设中。

错误社会思潮能严重混淆大学生对红色基因的认知，削弱对红色基因的认同，极易导致大学生理想信念弱化。如历史虚无主义思潮肆意歪曲历史、抹杀历史真相，设置"理论陷阱"，使大学生对党史国史发展产生错误观点，冲击着大学生对红色基因的认知与道路自信，这极大地阻碍了大学生对红色基因的认可与传承。因此，必须"加强思想引导和理论辨析，澄清对党史上一些重大历史问题的模糊认识和片面理解，更好正本清源、固本培元"❶，树立起正确的历史观。

当前历史虚无主义还有一个突出表现，就是用一些所谓的"真相"迷障人，用反意识形态的话语诋毁和否定中国特色社会主义道路及其伟大成就。随着互联网技术的飞速发展，历史虚无主义者将目光对准了网络平台，在大众传媒领域高调造势，以诬蔑领袖、抹黑英雄、篡改历史等事端挑起纷争，吸引公众眼球、扭曲历史真相。面对历史虚无主义的侵蚀，新时代红色基因教育能够借助红色文物、红色档案、红色地标等形式，用事实说话，以理服人、以情感人，帮助大学生还原历史的真相，准确把握历史的主流主线和本质。以红色基因教育帮助大学生党员自觉落实党内政治生活的"十二条"准则，

---

❶ 习近平.在党史学习教育动员大会上的讲话[M].北京：人民出版社，2021：25.

能够使其自觉防止和反对错误思潮，坚定理想信念、维护党中央权威。必要时大学生还要挺身而出，在社交媒体上自发抵制历史虚无主义者的不当言论，以自身实际行动助力营造风清气正的网络环境。尤其要严防历史虚无主义在文艺形态和舆论领域的伪装，引导大学生认清其背后不可告人的政治目的，避免其利用大众传媒进一步传播和炒作。

2. 信息传播多元化冲击大学生红色基因教育的方式

新时代大学生是伴随着互联网的发展而成长起来的"网生一代"，网络已全时空和全方位地嵌入了他们的学习生活的每一方面，深深地影响着他们的思维方式、行为方式和价值观念。信息传播的形式由传统转向多样化，内容由单一转向多元化，互联网的虚拟性和隐蔽的不良信息都影响大学生红色基因教育的效果。大学生通过互联网获取关于红色基因的相关信息，而红色基因的时代话语权也因互联网时代的舆论自由化受到严重挑战。许多不良信息以互联网为温床不断发酵，成为众多错误舆情的策源地和"放大镜"，真实报道和虚假新闻相互交织，使大学生难辨真伪，受到错误信息诱导与蒙骗的概率增大，个别大学生对部分偏激言论听之信之。错误信息泛滥会对大学生的思想观念和价值取向产生深刻影响，同时在一定程度上给我国意识形态安全带来极大挑战。

置身信息时代，互联网带来的社会大环境变化潜在影响着大学生的思想观念，使高校育人面临诸多挑战。马克思认为，"环境的改变和人的活动或自我改变的一致，只能被看做是并合理地理解为革命的实践"❶。他对机械唯物主义将环境和教育割裂开来、对立起来进行了批判，强调人与环境在实践活动中的一致性。互联互动的时代特点对大学生的成长具有积极的推动作用，高校要善于利用信息时代优势，把握学生汲取知识的方式的特点，积极建设良好的思想政治教育环境，达到环境育人的目的。在信息时代，大学生获取

---

❶ 马克思恩格斯文集（第一卷）[M].北京：人民出版社，2009：500.

信息的方式更加快捷便利，对互联网的依赖性不断提高，课堂不再是学生获取知识的唯一渠道，课堂教育的权威性受到冲击。教师不再是课堂教学主角，学生可以充分发挥学习的主观能动性，主体地位凸显。师生双方是平等性的存在，以自愿、自由的方式进行开放式、交互式的对话，彼此拥有平等的话语权。因此，要准确把握新时代大学生思想行为的具体特点和发展规律，不断创新高校的教学方法和教育方式，做到因时而进、因势而新，使互联网的优势资源服务于教育教学，成为大学生红色基因教育的信息载体，增强红色基因话语权的感召力和影响力。

3. 拜金主义和泛娱乐主义挑战大学生对红色基因教育的信念

社会主义市场经济条件下，资本市场的开放性、自由性和逐利性对新时代大学生的思想意识造成一定的消极影响，最典型的就是拜金主义和泛娱乐主义对大学生群体影响明显。受西方消费主义思想影响，大学校园也不可避免地出现了盲目消费、奢侈消费、超前消费现象。在虚荣心的驱使下，一些学生陷入了校园贷的恶性循环，还有一些学生为得到自己想要的东西，不惜铤而走险，走上犯罪道路。崇尚拜金主义和泛娱乐主义与红色基因教育背道而驰。红色基因中的勤俭节约、艰苦奋斗受到了拜金主义与泛娱乐主义的冲击。

泛娱乐主义产生于虚拟与现实的交织碰撞，具有开放性、多元性等特征，极易与各类错误思潮相交融，使大学生在无声之中产生审美取向庸俗、道德取向虚无、价值取向错位。建党以来，中国共产党始终严格要求自己，告诫全体党员干部要保持艰苦朴素、勤俭节约的生活作风。百年来共产党人是这样说的，也是这样做的。从革命战争年代中央领导吃粗糙小米饭、住简陋窑洞，不拿群众一针一线，到新中国成立初期毛泽东要求全党同志务必继续保持谦虚谨慎、不骄不躁、艰苦奋斗的作风，再到党的十八大以来重拳出击治理"四风"，提出中央八项规定和"六项禁令"及停建楼堂馆所、清理办公用房等一系列雷霆措施，无一不体现出了共产党人对拜金主义与泛娱乐主义的深恶痛绝。拜金主义与泛娱乐主义具有严重的腐蚀作用与消极影响。作为新时代的大学生，就要树立新面貌、崇尚新风尚、展现新气象，要自觉抵制拜金主义和泛娱乐主义，在思想上和行动上始终同党中央保持高度一致。同时也需要高校对大学生加强理想信念教育，夯实其思想之基，促使他们从内心深处去认识、理解、接受红色基因教育的重要意义，并积极主动地以实际行动来传承红色基因。

第三章　新时代大学生红色基因教育的理论基础与思想资源

红色基因为大学生思想政治教育提供丰富的资源载体，具有深刻的内涵意蕴、理论说服力和情感感染力。加强新时代大学生红色基因教育迫切需要用红色基因蕴藏的强大精神力量影响大学生的思想和精神层面，满足他们精神生活共性与个性的全面发展，从而用红色基因蕴含的理想信念、光荣传统与优良作风、精神谱系来激励其为争做时代新人，以及为实现中华民族伟大复兴的中国梦而不懈奋斗。本章主要分为两个部分，一是夯实大学生红色基因教育的理论基础，二是为指导新时代大学生红色基因教育提供思想资源。

一、马克思主义理论为大学生红色基因教育提供丰富理论基础

围绕新时代大学生红色基因教育这个论题，应从相关基础理论进行全面分析，找寻红色基因背后所蕴含的深厚理论支撑。红色基因萌芽于伟大的五四运动前后，发端于中国共产党成立，历经建党之初与大革命时期、土地革命时期、全民族抗日战争时期、解放战争时期，以及社会主义革命和建设、新时代等多个历史时期逐渐形成，并在改革开放和新时代中丰富发展。马克思主义经典作家、马克思主义中国化时代化过程中所体现的相关论述为新时代大学生红色基因教育提供了丰富的理论基础。

（一）马克思主义经典作家关于革命精神的思想

红色基因孕育于革命精神之中，革命精神是红色基因产生的重要思想基础。马克思主义经典作家的理论与实践产生于资本主义时代，他们所面临的首要任务就是开展推翻资产阶级政权的革命，对于马克思主义经典作家而言，这一时期一切为了革命，并受革命精神支撑。马克思主义经典作家认为革命精神能够激起人们对革命战斗的热忱与意志，革命者在革命精神的鼓舞下前仆后继，创造可歌可泣的英雄事迹，革命精神是指引人们创造美好生活的强大动力。纵观马克思主义经典作家关于革命精神的思想，主要可以概括为以下三点。

1. 红色基因蕴含着无产阶级革命斗争精神

19世纪40年代，在亲自参与工人阶级的斗争实践中，马克思、恩格斯深刻体察斗争的价值与方式，结合实际考察工人运动的成效，总结斗争经验、丰富斗争理论，进而阐明了与资本主义斗争、与资产阶级斗争的必要性与可行性。马克思主义经典作家关于为共产主义奋斗、无产阶级的历史使命等思想理论，极大地丰富和发展了革命精神内涵，为革命精神的发展与传承指明了无产阶级斗争应持有的坚定方向、斗争立场和斗争方式。马克思、恩格斯于1844年合著的《神圣家族》一书中，从研究现实的人的生存境遇与社会关系出发，紧密结合人在历史演变进程中所处的社会地位及阶级属性，洞悉了资产阶级的剥削本质，充分说明了无产阶级要想彻底改变被剥削、被奴役的悲惨命运，就必须通过顽强的革命斗争，推翻现存的一切带有剥削性质的旧制度和旧社会，才能够挣脱枷锁，实现自身的解放，建立无产阶级社会。这进一步发展了无产阶级革命精神理论。马克思、恩格斯在《共产党宣言》一书中，深刻剖析了无产阶级诞生的条件、无产阶级能发展壮大的原因、无产阶级具有的先进性及特点，深刻指明了只有无产阶级才能担负起推翻资产阶

第三章 新时代大学生红色基因教育的理论基础与思想资源

级统治的职责和使命,深刻论证了无产阶级如何结合斗争的原则性与灵活性、战略性与策略性,来彻底埋葬资本主义制度,通过革命斗争实现共产主义,从而实现无产阶级的伟大历史使命。革命斗争中所产生的革命精神,为革命斗争提供了强大的支撑力量,对社会发展起到了重要作用。新事物只有不断地同旧事物进行斗争,新社会代替旧社会,才能持续向着实现人类最高理想迈进。无产阶级在革命斗争中要有集体主义精神,团结同志,发展革命精神,壮大革命力量,为共产主义理想而奋斗。马克思指出:"任何真正的哲学都是自己时代的精神上的精华。"❶马克思主义要求我们要顺应时代潮流,紧跟时代前进的步伐。

2. 红色基因蕴含着改造世界的崇高理想

马克思、恩格斯作为无产阶级革命指导思想的创立者,唤起全世界"为真理而斗争"的革命精神热情,吸引了全世界的无产矢志追随,将斗争进行到底,领悟真理并付诸实践,开启人类认识世界和改造世界的崭新阶段。同时从客观条件来看,共产主义远大理想的实现是一个漫长的过程,资本主义的灭亡和向社会主义的转变是历史演变的过程,社会主义社会的充分发展并走向共产主义,需要很长的历史时期,需要具有充分的革命精神。纵观马克思这位伟大的思想家和革命家,其一生无不在为人类解放、为实现人的自由而全面的发展矢志不渝地投入最伟大的革命事业。无论是他留下的光辉著作,还是他参与斗争实践的亲身经历,都极大弘扬了革命精神和革命信念,推动了人类历史特别是近现代历史的发展。马克思的一生为人类解放而执着奋斗,虽然饱经磨难,但矢志不渝,始终坚定共产主义信念,以崇高伟大的革命精神对共产主义事业会获得胜利充满信心。马克思从其投身革命直至逝世,将自己毕生的精力都献给了无产阶级革命事业,自始至终保持着极高的革命热情和青春活力。面对待遇丰厚的工作,他没有选择接受;面对

---

❶ 马克思恩格斯全集(第一卷)[M]. 北京:人民出版社,1995:220.

政府的迫害驱逐，他没有选择退缩；面对资产者的诽谤诅咒，他没有选择放弃，而是始终坚定投身于无产阶级革命及全人类的解放事业中。马克思、恩格斯将社会主义从空想变成科学，在于马克思主义科学体系是无产阶级的世界观，是一种价值观念体系，具有坚贞不屈、无所畏惧的革命精神，指引全世界无产者向共产主义远大目标前进。列宁的一生为革命事业不懈奋斗。列宁的革命精神是列宁践行革命事业的信条，即使是身陷囹圄、多年流放，列宁始终没有抛弃自己为之奋斗的革命事业，没有松懈为共产主义事业奋斗的无畏精神，常常超负荷工作，睡觉也不安宁，"最后即使睡着了，做梦也在谈工作"❶。

3. 红色基因蕴含着践行马克思主义的传承精神

无产阶级的革命斗争离不开马克思、恩格斯的正确理论指导，更离不开彻底坚决的革命精神。革命精神所指导下的斗争，进一步丰富了红色基因内涵。马克思致力于参与并领导无产阶级革命运动，在实践过程中不断完善革命精神，为丰富红色基因内涵奠定基础。马克思、恩格斯在其著作中多次提到"革命精神"。马克思在《法兰西内战》中赞颂了巴黎工人视死如归的革命精神。马克思去世后，恩格斯继续扛起革命大旗，义无反顾地肩负起继续为夺取无产阶级伟大胜利而不断斗争的使命任务。社会主义运动之所以从理论到实践成功，列宁领导苏联革命和建设的过程与经验在历史上留下了不容忽视的重要一笔。由此形成的列宁主义，极大丰富和发展了马克思主义理论体系。为了寻找适合俄国自身发展的道路，布尔什维克党在列宁的指引下进行了艰苦的探索、付出了艰辛的努力，列宁还因此被捕入狱、被流放国外等，遭受了前所未有的痛苦与牺牲，但即便如此，列宁也没有放弃，而是以英勇顽强的革命斗志与百折不挠的革命精神，最终找到了一条推翻沙皇俄国专政剥削的道路，并率先建立了第一个社会主义国家，实现了社会主义从理想到

---

❶ 上海外国语学院列宁著作翻译研究室. 回忆列宁（第一卷）[M]. 北京：人民出版社，1982：619.

第三章 新时代大学生红色基因教育的理论基础与思想资源

现实的伟大飞跃,俄国十月革命的伟大壮举证明了列宁提出的"一国胜利论",这也成为列宁对于马克思主义革命理论的重大发展与贡献。列宁在吸收、借鉴马克思和恩格斯关于革命精神内容的基础上,强调共产主义革命精神在革命斗争中的重要作用,通过加强对工人的革命精神教育来扩大无产阶级力量。1920年,列宁在《青年团的任务》中首次提到"共产主义道德",其揭示的是集体主义和全心全意为人民服务的革命精神。列宁认为,要把广大青年塑造成具有坚定理想信念的共产主义者,他要求青年首先应当把自己培养成共产主义者,鼓励用精神教育人们。因此,无产阶级在马克思主义指导下的实践斗争中极大丰富了红色基因内涵。

(二)毛泽东关于革命精神的重要内容

在中国共产党为践行初心使命而不懈奋斗的百余年历程中,中国共产党始终将马克思主义作为指导革命、建设、发展的强大思想武器,将弘扬革命精神贯穿在解决中国实际问题和现实状况的奋斗实践中。中国共产党在长期领导人民开展革命斗争历程中形成了闪烁着以共产主义信仰光辉为基础的红色基因。中国共产党从成立之初到现在建党百余年的不断发展壮大,新中国从成立之初到现在七十多年的不断富强振兴,靠的是对共产主义的坚定信仰及强大的精神支撑。一个国家、一个民族、一个政党没有"革命加拼命"的强大内在支撑,是难以生生不息、勇往直前的。正是因为对精神的坚守、传承与弘扬,我们党才在推进马克思主义同中国具体实际相结合的历史进程中,不断开辟出马克思主义新境界,谱写当代马克思主义中国化、时代化的新篇章。因此,新时代面对新形势,高校对大学生进行红色基因教育有着深厚的历史渊源。

以毛泽东为核心的党的第一代中央领导集体带领中国人民英勇进行革命实践,凝练形成了中华民族不怕牺牲、顽强拼搏的大无畏革命精神。伟大的革命实践造就不朽的革命精神，中国革命精神就源自中国共产党领导人民进行新民主主义革命的伟大实践中，形成于同反动势力一次次的革命斗争中，凝结于共产党人一次次的英勇战斗中。毛泽东思想内涵丰富，其中就包括有关革命精神弘扬与传承的重要内容。

1. 蕴含革命精神的红色基因指引革命

红色基因是在毛泽东思想的一点一滴中萌芽产生、形成并发展起来的。毛泽东领导秋收起义的部队走上井冈山，建立了中国革命的第一个红色根据地，把革命精神的红旗插到了井冈山，铸就了红色基因。党和人民在长期实践中形成了以艰苦奋斗、敢于胜利，革命理想高于天，一往无前、所向无敌的革命英雄主义，一不怕苦、二不怕死、战天斗地、百折不回的革命乐观主义精神和解放思想、实事求是的思想路线，以及党优良的民主作风等为彰显的红色基因。在革命战争年代形成的革命精神鼓舞着革命者的信心，坚定着革命者的信念，为中国革命取得胜利发挥了不可磨灭的重要作用。

2. 革命精神为革命取得胜利提供滋养

1945年，在抗日战争即将取得胜利的背景下，毛泽东与黄炎培曾开展最著名的"窑洞对话"。其中，毛泽东的回答展现了中国共产党坚韧不拔、气吞山河的英雄气概，更体现了中国共产党的革命精神是革命取得胜利的强大支撑。此后，黄炎培在重庆出版了其著述的《延安归来》，其中提到"我认为中共朋友最可贵的精神，倒是不断地要好，不断地追求进步。这种精神充分发挥出来，前途希望是无限的"。这种精神就是中国共产党生生不息的革命精神在革命沃土中形成、发展、壮大的顽强生命力，特别是通过红色中国的故事向全世界人民宣传中国共产党领导的抗战，将中国的革命精神对外宣传推广出去，扩大中国革命和中国共产党的国际影响，也正是蕴含红色基因的革命精神滋养着中国共产党取得一个又一个胜利。以长征精神为例，虽然毛泽东并未直接提出"长征精神"这一概念,但其在长征精神的形成与发展中起到了极其重要的作用。毛泽东在长征过程中便写诗歌颂长征精神,在长征结束后更是以各种方式宣传弘扬长征精神,如积极推进长征史料编辑工作,关心重用从长征中走来的干部战士。在全民族抗战时期、在总结历史经验及开展延安整风运动过程中、在解放战争即将取得全国胜利的时刻,以及中华人民共和国成立后都倡导长征精神,由此可见毛泽东对长征精神的高度重视,以及对革命精神升华弘扬的身体力行。

3. 社会主义革命和建设实践不断丰富红色基因内涵

党和人民在社会主义建设时期的光辉实践,以新的姿态展现革命精神新特点,以新的实践赋予革命精神新内涵。在社会主义建设时期从不同战线、不同角度铸就形成了以自力更生、艰苦奋斗、大力协同、勇于攀登、爱岗敬业、无私奉献等为彰显的红色基因。以建设国家、报效祖国为核心的革命精神和时代精神,这些精神所展示的英雄形象和精神风貌,为社会主义革命和建设时期增添了巨大动力,也正是由于党始终能够保持艰苦奋斗作风和积极向上的斗争精神,才能在新中国成立初期内忧外患的情况下,依然取得了社会主义革命与建设的巨大成就。毛泽东非常注重对革命过程中形成的精神进行提炼与升华,以此来带动党内同志学习传承革命精神品质,达到以革命精神鼓舞士气、凝聚人心、团结力量的作用。

(三)邓小平、江泽民、胡锦涛关于精神文明建设的重要内容

改革开放后,在各行各业和各条战线上,中国共产党带领亿万中国人民沿着红色基因的脉络,在时代精神指引下成就了百年大党的恢宏气象,创造了不负历史、不负时代、不负人民的伟大成就。邓小平、江泽民、胡锦涛等党和国家领导人关于精神文明建设的重要论述,既承继了马克思主义的思想精髓、传承红色基因,又结合历史潮流、时代条件、发展大势对红色基因做

出了进一步的发展与创新。只有结合当时的时代背景与社会发展特点，才能更好地理解与体悟邓小平、江泽民、胡锦涛关于精神文明建设的重要内容。

1. 邓小平同志关于精神文明建设的重要内容

在党的百年历史上，党的十一届三中全会实现了中华人民共和国成立后影响最为深远的伟大转折，以邓小平为主要代表的中国共产党人深刻总结正反两方面的历史经验，决定将党的工作重心转移到经济建设上来，开启了改革开放，以高超的政治智慧与巨大的政治勇气鲜明提出了"建设有中国特色的社会主义"的前进目标，指明了我国社会主义初级阶段的基本国情、路线方针，并立足四项基本原则，结合政府与市场两手抓，两手都要硬，强调建立社会主义市场经济及实行"一国两制"等重大历史命题，并对精神文明建设进行了全面深入的理论思考。这是对党一以贯之的鲜明品格与精神品质的一脉相承，集中体现了精神文明建设对社会发展和改革实践的推动作用。通过对邓小平理论的梳理、总结，不难发现其思想中关于精神文明建设的内容，可以概括为以下三点。

一是马克思主义指引精神文明建设。邓小平指出中国共产党一直有强大的战斗力，是"因为我们有马克思主义和共产主义的信念"❶。而在马克思主义指导下中国革命和建设中所形成的革命精神和时代精神必然蕴含着马克思主义思想的光辉。中国革命精神蕴含追求理想、坚定信念的初心，为精神文明建设提供了丰厚滋养与力量源泉。与此同时，社会主义建设的总体布局也鲜明彰显了精神文明建设的重要战略地位，强调在加强物质文明建设的同时，决不容忽视精神文明建设。因而，红色基因教育必须坚定马克思主义信仰，使精神文明建设在经济社会建设发展中发挥出应有作用。

二是精神文明为物质文明提供有力支撑。邓小平指出："所谓精神文明，不但是指教育、科学、文化（这是完全必要的），而且是指共产主义的思想、

---

❶ 邓小平. 邓小平文选（第三卷）[M]. 北京：人民出版社，1993：144.

理想、信念、道德、纪律，革命的立场和原则，人与人的同志式关系，等等。"❶改革开放以来，经济发展的重要地位越发凸显，越需要强大的精神文明给予支撑。精神的力量是无穷的。无论是立足当下还是规划未来，只有精神上立得住，才能强化精神内核，在人格上站得稳、在困难上不低头、在挑战上不畏惧、在名利面上无所扰、在诱惑上无所动。一个人没有精神就会无精打采，一个民族没有精神就会萎靡不振。因此，精神文明建设为物质文明建设和国家经济发展提供强大而有效的支持。只有物质文明和精神文明建设同时推进、协调发展，才能确保经济建设的持续健康发展。

三是以创新精神驱动经济发展。推动国家发展，挺立于世界潮头，是物质的较量，更是精神的对垒。谁有"舍我其谁"的精神状态和"奋勇向前"的姿态，谁就能最终胜出。国家的各项发展都离不开创新，创新精神是创新的前提，创新精神为经济发展工作提供内在驱动力。因此社会主义现代化建设要牢牢把握创新第一动力，在全社会大力弘扬创新精神，鼓励各行各业开发利用新技术，加大工作投入培养创新人才，助推创新精神在全社会各行各业充分涌动。

2.江泽民同志关于精神文明建设的重要内容

党的十三届四中全会后，以江泽民同志为主要代表的中国共产党人在对冷战结束后国际局势的科学判断的基础上，在总结历史经验和科学判断党所处的时代环境和面临的复杂形势的基础上，汲取中国特色社会主义建设已有的实践经验，提出了"三个代表"重要思想。深入探究江泽民关于精神文明建设的重要内容，不难发现其思想既是对马克思主义、毛泽东思想和邓小平理论的革命精神和精神文明建设重要内容的传承，也在时代发展下增添了新内容，更适用于中国特色社会主义建设发展要求。其思想内核主要包括以下方面。

---

❶ 邓小平. 邓小平文选（第二卷）[M]. 北京：人民出版社，1994：367.

一是中国共产党始终代表中国先进文化的前进方向。江泽民指出,"牢牢把握中国先进文化的发展趋势和要求"❶。发展壮大社会主义先进文化,做好精神弘扬工作是根据党情、国情和世情而提出的,对于丰富人民的精神世界、增强人民的精神力量具有不可替代的作用。新时代对大学生进行红色基因教育,就要始终坚持中国共产党的领导,挖掘党的百年发展历程中的红色资源。

二是弘扬和培育民族精神为精神文明建设指明方向。江泽民指出,"必须把弘扬和培育民族精神作为文化建设极为重要的任务"❷。民族精神弘扬的是人民在国家建设、改革中所形成的崇高精神和优秀品质,充分发挥人民群众首创精神与主动精神,用人民形成的崇高精神和优秀品质来宣传教育广大人民群众。弘扬和培育民族精神,让红色基因教育融入时代语境和鲜活实践的精神弘扬更能体现出当下精神风范、诠释时代价值,也更易于人民理解接受。此外,通过民族精神弘扬能为经济建设提供思想保证和舆论支撑,实现精神文明建设和经济建设齐头并进。

三是精神文明建设是社会主义现代化建设的重要内容。江泽民指出,"培养有理想、有道德、有文化、有纪律的社会主义公民"❸。精神文明建设对于引领广大人民群众形成积极、健康、向上的精神风貌发挥着不可替代的作用,能够为社会主义现代化建设提供思想文化基础和意识形态安全保障,为把中国特色社会主义成功推向21世纪保驾护航。

3.胡锦涛同志关于精神文明建设的重要内容

以胡锦涛为主要代表的中国共产党人深刻把握国际局势、抓住国家发展战略机遇,提出形成科学发展观等重大战略思想,继续带领人民朝着全面建成小康社会及社会主义现代化而奋进,中国特色社会主义迈入一个新的发展

---

❶ 江泽民.江泽民文选(第三卷)[M].北京:人民出版社,2006:276-277.
❷ 江泽民.江泽民文选(第三卷)[M].北京:人民出版社,2006:559-560.
❸ 江泽民.江泽民文选(第一卷)[M].北京:人民出版社,2006:571.

阶段。科学发展观的一项重要要求就是保证各个领域协调推进，精神文明建设同样包括在内。胡锦涛关于精神文明建设的重要内容主要有以下三方面。

一是做好精神文明建设的基础性工作。精神文明建设作为基础性的工作，发挥着重要的思想文化引领作用，传承精神和赓续血脉，要始终坚持艰苦奋斗、自觉奉献，使这种精神力量转化为现实的物质力量。胡锦涛指出"要深入开展群众性精神文明创建活动，在全社会形成知荣辱、讲正气、促和谐的良好风尚"❶。弘扬党在长期革命斗争和建设实践中形成的精神价值，是不断增强全体人民的理想信念、团结民众力量、深度融入社会主义现代化建设伟大事业的重要基础性工作。

二是弘扬时代精神。胡锦涛指出"大力弘扬社会正气和时代精神"❷。讴歌时代精神，在中国特色社会主义建设中更加充分地发挥精神力量的支撑和保障作用，中国共产党人以更加饱满的精神状态和更具活力的建设实践迎接时代挑战和人民检验，推进改革开放事业、现代化事业、中国特色社会主义事业迈上新的台阶。

三是发扬服务群众精神。科学发展观的核心立场是以人为本，体现了我们党的根本宗旨。顺应人民群众对美好生活新期待，竭诚为最广大人民谋利益，切实转变思想作风和工作作风，真正做到为人民服务，以人民的满意为工作的最终目标。精神的传承、传统的弘扬、品德的涵养是我们党克服各种艰难险阻的重要法宝，红色基因作为这个法宝的内在核心，是我们党艰苦奋斗起家、发展、壮大的不竭动力源泉，是我们党带领人民不断取得一个又一个胜利的重要保障。

（四）习近平总书记关于传承红色基因的重要论述

党的十八大以来，习近平总书记十分重视红色基因的代代相传与永久赓

---

❶ 胡锦涛. 胡锦涛文选（第三卷）[M]. 北京：人民出版社，2016：65.
❷ 胡锦涛. 胡锦涛文选（第一卷）[M]. 北京：人民出版社，2016：387.

续，形成了关于传承红色基因的重要论述。其中，习近平总书记明确提出把红色基因传承好、把红色文化阵地守护好的重要意义，为新时代大学生红色基因教育提供了深刻理论指导和实践启示。习近平总书记关于传承红色基因的重要论述，具有"深刻的辩证思维、深度的忧患意识和强烈的历史担当。同时，又有着独特的时代语境、浓郁的中国特色和鲜明的实践导向"❶。2021年6月25日，中共中央政治局进行了第三十一次集体学习，参观了北大红楼、丰泽园毛主席故居。这是中央政治局带头开展党史学习教育的一项重要安排。同年在《求是》杂志第19期上，习近平总书记发表《用好红色资源 赓续红色血脉 努力创造无愧于历史和人民的新业绩》文章，进一步就传承红色基因从"五个始终坚持"（即始终坚持科学理论指导、始终坚持理想信念、始终坚持初心使命、始终坚持光荣革命传统、始终坚持推进自我革命五个方面），对用好红色资源、赓续红色血脉提出明确要求。习近平总书记关于红色基因的重要论述为新时代大学生红色基因教育提供了理论依据和根本遵循。

1. 传承红色基因的时代价值

习近平总书记以百年大党何以继往开来、红色江山如何代代相传的领袖视野，基于对百年党史的深刻总结和对社会主义发展规律的准确把握，提出了传承红色基因，回答了新时代党如何始终成为坚强领导核心的时代之问，明确阐释了传承红色基因的价值论问题。

一是教育全党赓续共产党人精神血脉。红色基因产生于革命斗争，其内涵在社会主义发展的各历史阶段得以不断传承与丰富。新时代面临着错综复杂的国内外局势，如期推进伟大事业，必须用伟大精神感召，必须教育全党发扬革命精神、奋斗精神，以将"革命进行到底"的斗争精神攻坚克难。中国共产党人善于从历史中学习经验，善于在实践中总结经验。构建中国共产

---

❶ 刘建平，五昕伟，周蓓. 习近平总书记关于红色基因的重要论述研究[J]. 湘潭大学学报（哲学社会科学版），2021（7）：172-178.

第三章　新时代大学生红色基因教育的理论基础与思想资源

党人的精神谱系，凝结着革命、建设、改革、发展各时期伟大实践的优良作风和宝贵品质，也是指引全党全国全军在新征程中应对风险挑战稳中有进、面对惊涛骇浪破浪前行的精神财富。在中国共产党创立之时，共产党人聚星星之火，在一次次挫折中重生，形成了伟大建党精神；在革命战争时期，共产党人建设革命根据地，不惧压迫、英勇斗争、一心为民、奋发图强，勇于同"三座大山"作斗争，形成了井冈山精神、长征精神、延安精神……在社会主义革命建设和发展时期，共产党人领导全国人民自力更生、团结奋斗、迎难而上、开拓进取，形成了抗美援朝精神、大庆精神、"两弹一星"精神、改革开放精神……在面对民族灾难的生死时刻，共产党人以人为本、不怕牺牲、身先士卒，形成了抗洪精神、抗震救灾精神、伟大抗疫精神……传承红色基因正是把共产党人百年来饱受艰难险阻、历经生死考验所锤炼的风骨品质和强大精神延续下去，发扬红色传统、赓续红色血脉，教育全党以"革命者""建设者""奋进者"的姿态开拓进取。

二是引导全党涵养高尚的道德品质。红色基因内含着党的理想信念、光荣传统和优良作风，是中国共产党永葆生机活力的密码。中国共产党自成立以来，就以科学的真理为指导，以崇高的理想为使命，共产党人也始终坚持明大德、守公德、严私德的道德操守，始终保持党永不变质、不变色、不变味。2021年6月，习近平总书记在青海考察时指出要引导广大党员、干部传承红色基因，涵养高尚的道德品质，并提出三点要求，即"崇尚对党忠诚的大德""崇尚造福人民的公德""崇尚严于律己的品德"❶。对党忠诚是共产党人的政治本色和组织要求，是深入共产党人骨髓、融入共产党人血脉的红色基因。实现伟大梦想的道路并不会一帆风顺，历史实践证明，只有对党忠诚，才能坚信真理、坚守理想，保持"任凭风浪起，稳坐钓鱼船"的镇定气场。造福人民是共产党人的初心使命和宗旨要求，是中国共产党一切行动的出发点和落脚点。传承红色基因能够教育引导广大党员、干部站稳人民立场，深刻明

---

❶ 习近平．习近平谈治国理政（第四卷）[M]．北京：外文出版社，2022：520．

白红色政权来源于人民、红色血脉根植于人民，在同人民群众的紧密联系中将红色江山世代相传。严于律己是共产党人的政治品格和纪律要求，推进伟大事业必须要有一支纪律严明、作风优良、本领过硬的实干队伍。传承红色基因就是要号召全党学习先进模范的优秀品质，强化党性修养，使广大党员、干部清清白白做人、踏踏实实做事，使党始终保持先进性和纯洁性。

三是确保党始终成为坚强领导核心。党的领导是一切事业取得胜利的根本政治保障。党的历史上出现的生死攸关时刻，多是因弱化党的领导所造成的，伟大革命胜利和历史性发展成就，均是因全面加强党的领导而取得的。"中国革命历史是最好的营养剂，重温这部伟大历史能够受到党的初心使命、性质宗旨、理想信念的生动教育"❶，传承红色基因就是在教育引导广大党员在革命历史中汲取养分，始终不忘初心、牢记使命，在新的赶考路上牢记"三个务必"，使全党在党中央集中统一领导下踔厉奋发。党的领导是红色基因永葆红色和得以永续传承的保障，传承红色基因又以党百年发展所形成的理想信念、光荣传统与优良作风、精神谱系不断净化党的队伍，清醒党员意识，使党能够不变质、不变色、不变味，始终成为引领时代发展的坚强领导核心。

2. 传承红色基因的核心要义

习近平总书记关于传承红色基因的重要论述，是以马克思主义为指导，以理想信念、初心使命、光荣革命传统、自我革命为强大支撑，是中国共产党区别于其他政党的重要标志特征。"始终坚持科学理论指导、始终坚持理想信念、始终坚持初心使命、始终坚持光荣革命传统、始终坚持推进自我革命"，这"五个始终坚持"明确阐释了什么是红色基因、传承红色基因的基本原则的本体论问题。

一是始终坚持科学理论指导。理论所指，行为所向。中国共产党之所以能战胜一个又一个的挑战，夺取一个又一个的胜利，归根结底是马克思主义

---

❶ 习近平. 在党史学习教育动员大会上的讲话 [M]. 北京：人民出版社，2021：3-4.

第三章 新时代大学生红色基因教育的理论基础与思想资源

的指导。在长期革命、建设、改革过程中,中国共产党人不断丰富和发展这一精髓要义,形成了科学的理论,这是经过艰苦卓绝的革命斗争、奋发有为的建设摸索、攻坚克难的发展实践而逐渐形成的符合中国实际、贴近中国需要的基本指导思想和根本行动指南,是党的集体智慧结晶。红色是中国共产党最鲜亮的底色,对大学生进行红色基因教育,就要坚持马克思主义的指导地位,让中国化时代化的马克思主义放射出更加灿烂的真理光芒。实践证明,要以科学理论为指导,在进行红色基因教育的过程中,使党始终保持自身的先进性,才能探索出符合历史发展要求和自身规律的发展道路。习近平总书记关于传承红色基因的重要论述是把马克思主义基本原理同中国具体实际相结合、同中华优秀传统文化相结合,是对中华优秀传统文化、革命文化和社会主义先进文化精神内核的高度凝练,是理想信念、光荣传统与优良作风、精神谱系的高度集中呈现。

　　二是始终坚持理想信念。理想信念是进行红色基因教育的重要任务之一。中国共产党之所以能够经受一次次挫折而又一次次奋起,一个根本原因就是全党始终保持统一的思想、远大的理想和崇高的追求。中国特色社会主义进入新时代,面对错综复杂的国际形势,前途是光明的,道路是曲折的,面对千难万险,需要伟大精神作为强大支撑。功崇惟志,中国共产党要带领中国人民稳立时代潮头,引领中华民族屹立于世界民族之林,没有强大的精神力量、没有坚定的理想信念、没有高尚的意志品质是不可能实现目标并走向成功的。新时代对大学生进行红色基因教育不仅要着力于加大伟大精神弘扬宣传力度,振奋全民族精气神,实现"任凭风浪起,稳坐钓鱼船",还要着眼于新时代中国特色社会主义文化建设,守正创新,不断吸收中华民族伟大复兴道路上所形成的思想精髓、时代精华,赓续红色血脉、坚定理想信念,不断赋予红色基因新的时代寓意和当代话语表达体系,不断激活红色基因的强大生命力和坚强延展力,呈现红色基因的时代活力。

　　三是始终坚持初心使命。初心使命是为民情怀和宗旨意识的具体彰显和生动反映。习近平总书记始终关心着老百姓生活的方方面面，从生活冷暖到乐业安居、从教育医疗到公共服务，均体现了对人民群众的深厚情怀和坚定立场。早在2012年，当选中共中央总书记的习近平在人民大会堂郑重承诺，要"夙夜在公，勤勉工作，努力向历史、向人民交出一份合格的答卷"❶。党的十八大以来，每年的全国两会上都传递出以人民为中心的发展理念，彰显了为人民谋幸福的不变初心。习近平总书记的真挚话语，始终同人民想在一起、干在一起，与人民心心相印、与人民同甘共苦、与人民团结奋斗，让人民生活更加幸福、更有尊严。党的十八大以来，"我将无我，不负人民""夙夜在公、忘我工作"是习近平总书记最平常的状态；"风尘仆仆、马不停蹄"是他治国理政最真实的写照。肩负着人民的信任和重托，习近平总书记不知疲倦、兢兢业业，既是领路人，也是奋斗者。服务人民是习近平总书记治国理政的亮丽主线，传承红色基因是习近平总书记人民情怀的有力彰显。"我将无我，不负人民"的庄严承诺充分彰显了我们党执政的人民立场。

　　四是始终坚持光荣革命传统。光荣革命传统是保持昂扬精神状态的价值指引。习近平总书记的足迹遍布革命老区和红色文化地域，殷切嘱托"把红色资源利用好、把红色传统发扬好、把红色基因传承好"。让红色基因融入血脉代代相传，激活岁月沉淀的精神力量，把精神力量转化为承担中华民族伟大复兴中国梦的实际行动。党的十八大以来，习近平总书记在考察高校时，多次强调青年学子传承红色基因的重要性。2013年11月5日，习近平总书记视察国防科技大学时强调，要秉承学校前身"哈军工"所形成的红色基因，牢牢抓住培育优良校风这个基础工程。❷ 2017年5月3日，习近平总书记考察中国政法大学时强调，中华人民共和国成立以来，我们党和人民一路筚路蓝缕、艰苦奋斗走来，使国家越来越富强、民族越来越兴盛、人民越来越幸福，

---

❶ 习近平.论把握新发展阶段、贯彻新发展理念、构建新发展格局[M].北京：中央文献出版社，2021：23.
❷ 深入贯彻落实党在新形势下的强军目标　加快建设具有我军特色的世界一流大学[N].光明日报，2013-11-07（001）.

第三章　新时代大学生红色基因教育的理论基础与思想资源

其中很重要的一条就是有无数焦裕禄这样的优秀党员、干部为党和人民无私奉献。焦裕禄同志一生都在为党分忧、为党添彩。希望大家矢志不渝，用一生来践行跟党走的理想追求。共青团是党的助手和后备军，要始终保持先进性，广大团员青年坚定跟党走，就是初心。❶2020 年 7 月 23 日，习近平总书记视察中国人民解放军空军航空大学时强调，东北老航校是中国共产党创办的第一所航空学校，孕育出团结奋斗、艰苦创业、勇于献身、开拓新路的东北老航校精神。要铭记光荣历史，把东北老航校精神发扬光大。❷党的百年奋斗史再次证明，只有保持昂扬精神状态的政党才能领导人民赢得伟大斗争、开创伟大事业。2022 年 4 月 25 日，习近平总书记在考察中国人民大学时强调，"坚持为党和人民事业服务，落实立德树人根本任务，传承红色基因"❸。红色基因根植中国大地，从烽火岁月中诞生，与青年一代有着天然的血脉联系。红色基因的百年传承历经了艰苦卓绝的革命实践，见证了中国共产党红色政权制度建立的全过程；历经了波澜壮阔的改革开放，见证了中国特色社会主义事业的创新发展。红色基因正在踔厉奋发的新时代中传承延续，铸就共享国家富强、民族复兴的伟大荣光。红色基因是新时代坚持和发展中国特色社会主义的精神支撑，也是落实立德树人根本任务、培养时代新人的重要资源。党的十八大以来，激活红色基因、赓续红色血脉，正日益成为青年学子的行动自觉，在接续奋斗中继承光荣传统、在红色基因中注入时代精神、书写民族复兴的辉煌篇章。

五是始终坚持推进自我革命。自我革命是坚持真理、强大能力的前提基础。中国共产党保持先进性和纯洁性，勇于自我革命，是我们党永葆生机活力的动力源。党的十八大以来，以习近平同志为核心的党中央将全面从严治

---

❶ 立德树人德法兼修抓好法治人才培养　励志勤学刻苦磨炼促进青年成长进步[N]. 光明日报，2017-05-04（001）.
❷ 深化改革创新　不断提高办学育人水平[N]. 光明日报，2020-07-24（001）.
❸ 习近平在中国人民大学考察时强调　坚持党的领导传承红色基因扎根中国大地走出一条建设中国特色世界一流大学新路[N]. 人民日报，2022-04-26（001）.

党提升到历史新高度,"坚持以零容忍态度惩治腐败",党风廉政建设和反腐败斗争取得了历史性成就。廉洁自律是共产党人从政的底线。在克服困难中发展壮大,在应对挑战中超越自我,这样的史实贯穿于中国共产党百年奋斗历程。中华人民共和国从一穷二白的起点出发,遭遇了封锁和与遏制,在与困难斗争的过程中,我们不断探索、坚持真理,在困难面前具有自我净化、自我完善、自我革新、自我提高的强大能力。经过中国共产党百年的不懈奋斗,我们深信"幸福是奋斗出来的",胜利要通过斗争获得。正所谓,犯其至难,方能图其至远。今天,我们面对世界百年未有之大变局,要增强斗争本领、敢于直面矛盾、敢于尽责尽力,保持"涉深水者得蛟龙"的勇气和担当,在百年的坐标中接续奋斗,传承红色基因。

3. 传承红色基因的具体要求

习近平总书记对保护好、管理好、运用好红色资源提出了加强科学保护、开展系统研究、打造精品展陈、强化教育功能四个具体要求。这四个具体要求从实践论的角度为"如何传承红色基因"指明了方向。

一是加强科学保护。科学保护是进行红色基因教育、留存红色历史记忆的必要手段。对于蕴含红色基因的红色资源而言,红色资源具有不可再生、不可替代的特性,做好保护工作是首要任务。习近平总书记以马克思主义的立场、观点、方法就保护红色资源提出"统筹做好抢救性保护和预防性保护、本体保护和周边保护、单点保护和集群保护等"❶。这为红色资源的保护工作指明了方向,提出了更加明确的分类保护指南。保护红色资源是科学的问题,需要以科学的态度,利用科学的方法,进行科学的保护。只有保护好红色资源,才能进一步开发好红色资源,从而达到留存红色历史记忆、传承红色基因的目的。

二是开展系统研究。系统研究是进行红色基因教育、挖掘红色资源内在

---

❶ 习近平. 用好红色资源 赓续红色血脉 努力创造无愧于历史和人民的新业绩 [J]. 求是, 2021 (19):8.

第三章 新时代大学生红色基因教育的理论基础与思想资源

思想内涵、抵制历史虚无主义的重要武器。中华大地上蕴含着大量的红色资源，有已经开发的、有待开发的，还有没有开发的。需要对红色资源进一步研究、进一步挖掘、进一步抢救。对这些红色资源开展系统研究的前提是要坚持马克思主义。在做好系统研究的基础上，有必要用好红色资源，特别是红色资源中具有原始记录性的红色档案，利用红色档案旗帜鲜明地反对和抵制历史虚无主义，倡导意识形态正能量，引导社会公众自觉做红色资源的保护者、捍卫者，做红色基因的接续人、传承者。

三是打造精品展陈。精品展陈是进行红色基因教育、用史实讲好中国故事的生动表现形式。习近平总书记在对红色资源保护的指示精神中，提到打造精品展陈。这是习近平总书记人民情怀的有力彰显，是坚持人民共享的执政理路和发展理念的集中呈现。全心全意为人民服务，是我们党的根本宗旨，也是初心使命的生动体现。习近平总书记曾多次引用"履不必同，期于适足；治不必同，期于利民"这一经典语句，说明"只有能够持续造福人民的发展道路，才是最有生命力的"❶这一深刻的造福人民的理念。将其用在红色资源方面，就是强调通过红色文化精品展陈来吸引人、影响人、感染人，进而达到传承红色基因的效果。

四是强化教育功能。红色基因的教育功能主要是教育人如何传承红色基因，强调通过思想政治教育发挥显性教育和隐性教育同向同行的作用。习近平总书记提出："思政课的本质是讲道理，要注重方式方法，把道理讲深、讲透、讲活。"❷红色资源作为思政课上的重要素材，蕴含着丰富的红色基因。利用红色资源、用活红色资源、发挥思政课和课程思政的显性教育和隐性教育的同向同行作用，有赖于思政课教师和专业课教师紧密结合新的时代条件和实践要求，围绕党的故事、共和国的故事、革命英烈的故事、科学家的故事，

---

❶ 习近平.共倡开放包容 共促和平发展——在伦敦金融城市长晚宴上的演讲[N].人民日报，2015-10-23（002）.

❷ 习近平在中国人民大学考察时强调 坚持党的领导传承红色基因扎根中国大地走出一条建设中国特色世界一流大学新路[N].人民日报，2022-04-26（001）.

彰显时代特色，利用红色基因表现形式强化教育人、引导人、鼓舞人的作用，增强"拔节孕穗期"青年学子做中国人的志气、底气、骨气。

习近平总书记关于传承红色基因的重要论述运用了马克思主义基本立场、观点、方法，立足中国国情，在向第二个百年奋斗目标的新征程上开拓了马克思主义的新境界，标定了传承红色基因的基本原则和根本立场，规划了传承红色基因的方法路径，是习近平新时代中国特色社会主义思想的一部分，是扎根中国大地、符合中国实际的当代马克思主义。新时代大学生生逢伟大的时代，大学生红色基因教育是加强对"旗帜"与"道路"这个根本性和原则性问题的深刻认知和强烈认同，是成为堪当民族复兴大任的时代新人的必然要求。

二、中华优秀传统文化为大学生红色基因教育提供思想资源

"中华文明经历了5000多年的历史变迁，但始终一脉相承，积淀着中华民族最深层的精神追求，代表着中华民族独特的精神标识，为中华民族生生不息、发展壮大提供了丰厚滋养。"❶博大精深的中华优秀传统文化，是中华民族的独有优势。中华优秀传统文化是中华民族之灵魂，中华优秀传统文化中丰富的家国情怀、传统美德、民本思想等，为红色基因教育提供有益启迪。中华优秀传统文化对于中华民族的生存与发展构成了关乎根本的重要支撑，以无限的力量推动着中华民族历史车轮滚滚向前。"文化是一个国家、一个民族的灵魂。"❷中国共产党自成立之日起，就坚持继承和发扬中华优秀传统文化，在中华优秀传统文化丰富的家国情怀、传统美德、民本思想等基础上，将其结合新的时代特征并加以创造性转化和发展，成为中国共产党红色基因

---

❶ 习近平. 习近平谈治国理政（第一卷）[M]. 北京：外文出版社，2018：260.
❷ 习近平. 在中国文联十大、中国作协九大开幕式上的讲话 [J]. 党建，2016（12）：7-12.

的丰厚滋养，筑牢了我们文化自信的根基和底气。中华优秀传统文化是国家深厚的文化软实力，红色基因教育中传承的是一种伟大精神文化内核，研究红色基因教育离不开对中华优秀传统文化所孕育和形成的思想的承继与创新，中华优秀传统文化是对红色基因教育的滋养。

（一）中华民族家国情怀的建构和砥砺浸润红色基因教育

中华民族家国情怀历史悠久，其植根在中国人的骨髓中，润物细无声地影响着中国人的思维方式和实践行为。红色基因是中国共产党在百余年历史奋斗中独有的精神内核因子，扎根于中华优秀基因之中，体现着深厚的民族特征。红色基因深深植根于中华民族五千多年文化中，蕴含着中华民族最深层次的精神追求和行为准则，符合民族品格、体现民族特征，有其独特的价值体系。

1. 家国情怀已成为中华民族最纯朴的气质，中华儿女薪火相传

家国情怀是经过历史的演变而形成的。首先家国观念开始出现，古代家国情怀的雏形可以追溯至西周时期，在以血缘关系为中心的宗法伦理制度影响之下形成了"家国一体"的政治形态、"家国同构"的政治结构与"家国天下"的政治文化，继而形成的家国情怀主要表现为"去私行公""忠孝一体""以死见忠"和"不事二主"的忠君思想，其实质是对于封建君主的忠诚，是以忠君报国为集中体现的家国情怀。随后到近代，中国沦为半殖民地半封建社会，国家有难、民族危亡，此时的家国情怀的指向由单一君主转向中华民族，无数仁人志士投身于挽救民族危亡的行列中，这一阶段的家国情怀主要体现为"救国救民"。直至中华人民共和国成立，社会主义制度在我国建立，人民真正当家做主人，家国情怀由中华民族扩展到每一个人民身上，此时的家国情怀主要表现为"实现中华民族伟大复兴中国梦"。有国方有家，国存而家盛，

爱国者如屈原身投汨罗以死明志，如文天祥一片丹心光耀古今，有益国家之事，虽死弗避；有李大钊、夏明翰等革命先驱为革命事业献身，义无反顾、视死如归；有于敏、邓稼先等科学家们为了共和国核物理事业的发展而隐姓埋名、奉献一生；有钟南山、张伯礼等医护人员在疫情面前白衣擐甲、逆行出征。如此种种都是每一个时代中对家国情怀最好的诠释与表达。

2. "大道之行，天下为公"，具有浓厚的家国情怀和强烈的社会责任感

儒家提倡"正心、修身、齐家、治国、平天下"。在历史上，曾子表达了"士不可以不弘毅，任重而道远"的忧国为民的思想情操。孟子倡导"穷则独善其身，达则兼济天下"的思想，体现了他胸怀天下，心系国家的爱国情怀。孟子说："夫天未欲平治天下也；如欲平治天下，当今之世，舍我其谁也？"正是这份强烈的使命感，使他在不得志甚至种种困难挫折中，依然激情不退、志气不改、锐气不减。从"匈奴未灭，无以为家"的霍去病，到"苟利国家生死以，岂因祸福避趋之"的林则徐，这些先贤身上表现出一种强烈的社会责任感和历史使命感，正是中华民族使命担当、爱国情怀的真实写照。

3. "天下兴亡，匹夫有责"，责任和担当是家国情怀的精髓

从古至今，有屈原"亦余心之所善兮，虽九死其犹未悔"的爱国决心，为追求国泰民安，坚定高尚品行而不惧险阻、纵死也不悔的忠义之情。有像陆游一样"位卑未敢忘忧国"，虽身处低微之位却心怀祖国的仁人志士。还有范仲淹"处江湖之远"，即使屡次被贬，不受待见，仍心怀"先天下之忧而忧，后天下之乐而乐"的理想抱负。这种浓厚的爱国之情随时代变迁不断增添爱国的新内容。有"我以我血荐轩辕"的鲁迅，勇于为国尽忠、为国捐躯的爱国精神；有孙中山的"驱除鞑虏，恢复中华"复兴中华的宏大理想；有周恩来的"为中华崛起而读书"，从小就有振兴中华的远大志向和胸怀；有赵一曼

"未惜头颅新故国,甘将热血沃中华"坚定的抗日意识。中华优秀传统文化中的爱国精神涵养着革命先烈和中国共产党人的爱国情怀。

这些思想理念随着时间推移和时代变迁而不断与时俱进,新时代大学生红色基因教育根植于中华民族家国情怀之中。不论过去、现在还是未来,这些具有鲜明民族特色的家国情怀将为中华民族在实现伟大梦想的征程上注入源源不断的精神力量,也彰显其永不褪色的时代价值。

(二)中华民族民本思想的创造性发展拓展红色基因教育

中国传统文化中的民本思想源远流长。早在上古的"三王"(夏禹、商汤、周文王)已经形成了"天命顺民命"的重民理念。《尚书》中记载的"天视自我民视,天听自我民听"就是上古时期"民本主义"政治思想的经典表述。先秦诸子几乎皆认识到以民为本的重要性,《左传》强调"天生民而立之君",意思是统治者应为人民的利益为重,要和老百姓同呼吸共命运。《大学》中记载"得众者得国,失众者失国",强调了民众的重要性,认为人就是最大的财富,是战斗力和创造力的源泉。管子道出民心与执政相辅相成的关系,认为"政之所兴,在顺民心,政之所废,在逆民心"。习近平总书记强调,要深入挖掘和阐发中华优秀传统文化重民本的时代价值。❶

1. "民本"思想是源远流长的政治思想

荀子提出"君者,舟也;庶人者,水也。水则载舟,水则覆舟"的"君舟民水"论观点,君王好比是船、百姓好比是水,水可以使船行驶,也可以使船淹没。唐朝魏徵在《谏太宗十思疏》中提出了警告,"怨不在大,可畏惟人。载舟覆舟,所宜深慎",失德者会被人民推翻以致改朝换代。到明清之际,黄宗羲提出了"天下为主君为客"的民本论,他主张以"天下之法"取代皇

---

❶ 把培育和弘扬社会主义核心价值观作为凝魂聚气强基固本的基础工程 [N]. 人民日报,2014-02-26 (001).

帝的"一家之法",从而限制君权,保证人民的基本权利。无论是早期民本思想中孔子的"为政以德"、荀子的"君舟民水"论、孟子提出的"民贵君轻"说,还是黄宗羲的"民主君客"论,都体现出了人民的重要性,为后世提供了借鉴。了解民意,做到真正"心系民之忧",则本固邦宁,指日可待。红色基因的内涵充分挖掘了中华优秀传统文化中的"讲仁爱、重民本、守诚信、崇正义、尚和合、求大同"的时代价值意蕴,对其应有鉴别地加以继承,使中华优秀传统文化成为涵养红色基因的重要源泉。

2."民本"思想是亲民、利民、惠民的施政主张

"民本"思想提倡重视民意、与民同乐。古代"民本"思想为维护封建统治者长久统治地位而产生,历史上很多盛世之时,都是以民本思想为遵循而形成的王朝繁华。我国近代资产阶级改良派也继承了"民本主义"的传统,有孙中山的"三民主义",争取民族独立和人民解放,但他们并没有意识到人民群众的强大历史主动性。只有当马克思主义传入中国,中国共产党的红色基因将民本思想与中国实践相结合,赋予了民本思想之时代价值,树立了全心全意为人民服务的政治本色。在社会主义革命和建设时期,毛泽东提出"全心全意地为人民服务"❶,保障人民当家作主;在改革开放时期,邓小平提出建设"小康"社会,发展经济、解决人民温饱问题;江泽民认为党"始终代表中国最广大人民的根本利益"❷,培育四有公民;胡锦涛强调树立以"以人为本"为核心的科学发展观,构建社会主义和谐社会。进入中国特色社会主义新时代,习近平同志用"我将无我,不负人民"表达了他对人民的一腔赤诚和为人民的真挚情怀,树立了以人民为中心的理念,把中华传统文化中的"民本"思想融入中国特色社会主义现代化建设中。

---

❶ 毛泽东.毛泽东选集(第三卷)[M].北京:人民出版社,1991:1039.
❷ 江泽民.江泽民文选(第三卷)[M].北京:人民出版社,2006:279.

（三）中华民族传统美德的继承和弘扬助推红色基因教育

中华民族一直以"崇尚美德"著称于世界民族之林，其发展过程中培育了丰厚的美德资源。红色基因作为中华民族传统美德的精髓与富有生命力的部分，体现在中华民族和中华儿女身上，并随着时代变迁逐渐积淀。中华民族传统美德成果主要是以诸子百家的道德思想精华为主要优秀成果。中华民族所共同推崇的传统美德主要有：仁爱孝悌，天下大同；修己慎独，重义轻利；克己奉公，精忠报国。

1. "仁爱"是中华传统美德的核心力量，是最基础的道德准则

从孔子的三母德，到孟子的四母德，再到董仲舒的五母德，都把"仁"列为众德之首。儒家思想的核心是"仁"，孔子主张"仁者爱人"，就是说人与人之间要相互帮助、相亲相爱；孟子继承了孔子的仁爱思想，并淡化了等级意识，融入了平等的色彩；墨家倡导一种不分远近的"兼爱"。"仁爱"是一个由内到外的过程，首先，仁爱表现为"孝悌"之德，基本内容是父慈子孝、兄友弟恭、血浓于水，这是最基本的情义。其次，孝悌之情扩展到"忠恕"之道，基本要求是以诚待人，推己及人，形成一种"忠君爱国""不独亲其亲，不独子其子""老吾老以及人之老，幼吾幼以及人之幼""四海之内皆兄弟"的人文情怀和家国一体的社会风尚，展现了中华民族大家庭社会生活中浓烈的人情味和生活情趣。

2. "正义"是中华传统美德的伦理原则

在传统儒家看来，义就是正，就是正确的道路和原则。《礼记·中庸》："义者，宜也。"韩愈《原道》："行而宜之谓之义。"朱熹《四书章句集注·孟子集注》卷一："义者，心之制，事之宜也。"综合来看，"义"表现在内部就是对欲望的控制，表现在外就是对言行举止的严格要求。重义轻利就是要求一个有道德的人，应该重群体、国家、社会的大义，而不应该重自己的私利。

如《孟子·告子上》说："生亦我所欲也，义亦我所欲也，二者不可得兼，舍生而取义者也。"要做到重义轻利，强调在个人品性方面要修身养性、慎独自省。孔子曰"见善如不及，见不善如探汤"，认为修身养德，最重要的是趋善避恶，警醒为政者要常修为政之德，常思贪欲之害，常怀敬畏之心。孟子有"穷则独善其身，达则兼济天下"的善性，穷困时不失德义，得志时不失善性，告诉后人无论生活贫苦还是富足，都不应失去君子该有的道德修养。曾子有"吾日三省吾身"，多次检查和反省自身，给世人强烈的警示作用，引导世人不断提升自身修养行为和道德境界，摒弃荣华富贵带来的虚荣。刘安有"非淡泊无以明志，非宁静无以致远"，认为不恬静寡欲就无法明确志向，不排除外来干扰就无法达到远大目标，注重从根本上加强自身品德的培养。

3."克己奉公"是中华传统美德最基本的精神

"克己奉公"体现为个体服从于集体，并为集体舍弃自身利益。《后汉书·祭遵传》记载："遵为人廉约小心，克己奉公。赏赐辄尽与士卒，家无私财。"祭遵可以做到严格要求自己，当时刘秀赏赐给他的东西，他会分给手下的人，自己家里没有一点儿多余的财产。敬爱的周恩来总理是克己奉公、严于律己、鞠躬尽瘁的光辉典范。精忠报国是中华民族自强不息精神的有力彰显，历史上涌现出许多的民族英雄和仁人志士，他们在国家民族危亡之际不惜牺牲自己的生命。自古以来有屈原、苏武、卫青、霍去病、岳飞、文天祥，近代有林则徐、谭嗣同、詹天佑等民族英雄及现当代有刘胡兰、董存瑞、黄继光、王伟等革命英雄，还有新时代寸土不让、为国牺牲的边防军人陈祥榕、肖思远、王焯冉、陈红军等戍边英雄。他们都是克己奉公、精忠报国、保家卫国的典型代表，他们所体现的捍卫民族尊严、维护祖国利益的崇高品德是中华民族千年历史中的宝贵精神财富，也是推动民族发展的巨大力量源泉。

在实现中华民族伟大复兴中国梦的进程中，红色基因代代传，依靠的是一代代优秀中华儿女把理想信念、光荣传统与优良作风、精神谱系承继下来。

第三章　新时代大学生红色基因教育的理论基础与思想资源

中国共产党不同历史时期所彰显的红色基因对提升大学生的境界、涵养大学生的气概、激励大学生的担当有重大作用。新时代高校推动大学生传承和发展红色基因具有历史和时代双重意义，有助于激励他们像革命先辈一样坚守、像英雄模范一样执着、像"时代楷模"一样奋斗。新时代大学生红色基因教育运用马克思主义唯物史观对传统的家国情怀、民本思想、传统美德进行扬弃和超越，赋予中华优秀传统文化以新时代的价值，由此真正彰显中国共产党红色基因的鲜亮底色，为推动新时代大学生红色基因教育提供重要思想借鉴。

第四章 新时代大学生红色基因教育现状考察

大学生红色基因教育是培养大学生成为堪当民族复兴大任的时代新人的重要途径，具有深厚的思想根源与理论基础，习近平总书记关于传承红色基因的重要论述为新时代大学生红色基因教育提供了根本遵循和行动指南。当前，多元复杂因素影响着大学生红色基因教育，红色基因教育效果的乏力也会带来一系列消极影响。因此，对红色基因教育的困境进行分析、阐释，对于进一步汇聚进行伟大斗争、建设伟大工程、推进伟大事业、实现伟大梦想的磅礴伟力具有重要的理论意义和实践价值。本章将在对新时代大学生红色基因素养及大学生红色基因教育的状况进行问卷调查和深度访谈等实证分析的基础上，查找问题、分析成因，为进一步建构新时代大学生红色基因教育的目标、原则、内容和方法及实现路径提供现实依据。

一、问卷调查与访谈概况

为了更加全面地了解和掌握新时代大学生红色基因教育现状，分析新时代大学生红色基因教育存在的问题，挖掘问题背后深层次原因，探寻有效的应对方法，本书主要针对高校学生、高校教师两个群体开展实践调查：一是针对高校学生的问卷调查；二是针对高校教师的深度访谈。在面向学生的问卷调查部分，本书面向教育部直属高校、部委直属高校、省属重点高校、省属一般院校及民办院校在校大学生群体发放"新时代大学生红色基因教育"

第四章 新时代大学生红色基因教育现状考察

调查问卷 2654 份、回收 2654 份。设计问卷时做到充分考虑高校地理区位、性质类型和办学层次，充分考虑学生群体的学历层次、专业类别等的多样性，按照整群随机抽样的调研方式进行问卷调查。在获得调查数据后，本书运用图表分析、卡方分析等统计分析方法对数据进行描述分析和比较研究。本书针对高校专任教师、教辅人员、教育管理者等（以下统称高校教师），围绕新时代大学生红色基因教育问题，运用半结构化访谈的方式，选取 15 名教师代表进行了深度访谈。具体情况如下。

（一）问卷调查基本信息

1. 问卷调查的目的

选择不同区域、不同学历层次和不同专业类别的新时代大学生，对其传承和弘扬红色基因的现状进行调研，以进一步把握新时代大学生红色基因教育的现实情况和发展态势。

2. 调查问卷的设计

为全面了解新时代大学生红色基因教育的现状，问卷设计主要从新时代大学生自我传承现状、高校教育情况、问题及建议等方面展开。首先，为便于分析不同学科背景、政治面貌、学习年限等因素对大学生红色基因教育的影响，问卷对调查对象的基本情况进行调查。其次，问卷从大学生红色基因教育的多元角度展开调查，了解其红色基因教育现状，围绕大学生了解其对红色基因的认知认同及传承对自我评价等，围绕大学生红色基因教育的现状，了解高校如何教育大学生传承红色基因等方面的情况。最后，问卷为了解调查对象对于当前大学生红色基因教育存在问题的深层原因和举措建议，从调查对象自我传承困境及原因，红色基因教育中大学生、红色基因的外显存在形式、环境体系路径方面进行问题设置。按照由浅入深、由共性到个性的问题设计思路，本书围绕新时代大学生红色基因教育设计问卷，涵盖调查对象基本情况、自我传承现状、高校教育现状和问题分析及建言献策五部分内容。调查问卷共设计问题24道，题型包含单选题、多选题、量表题、排序题、简答题等。具体见表4-1。

表4-1　问卷调查的题型框架及内容设计

主要内容	问题中心点	题型
基本情况	性别	单选题
	家乡	单选题
	年龄段	单选题
	在读年级	单选题
	所在院校性质	单选题
	专业类别	单选题
	政治面貌	单选题
教育现状	红色基因概念认知度	量表题
	红色基因价值认同度	量表题
	红色基因内涵认可度	多选题
自我现状	自我传承价值体现	多选题
	自我传承途径	多选题
	红色基因教育宣传引导力度	量表题
	红色基因教育活动开展	量表题
高校现状	红色基因教育相关课程	多选题
	相关课程建设评价	排序题
	相关活动开展评价	多选题
问题分析	自我传承面临的困境	多选题
	困境原因分析	多选题
建言献策	外部支撑建议	简答题
	高校教育建议	简答题
	自我传承建议	简答题

3.问卷调查的样本选定

调查方式：采用网络不记名填写的形式进行整群随机抽样调查，确保调查对象能够有效地反映真实情况和想法。

调查对象：高校在校大学生（包含博士研究生、硕士研究生、本科生及专科生）。

调查高校：问卷调查采用整群随机抽样方式开展，问卷调查覆盖了北京大学、中国人民大学、中国农业大学、中国矿业大学（北京）、北京林业大学、北京语言大学、北京化工大学、北京财贸职业技术学院、沈阳航空航天大学、东北师范大学、吉林农业大学、华北科技学院、渤海大学、合肥师范学院、黄山学院、亳州学院、皖南医学院、吉林动画学院、上海电子信息职业技术学院、连云港职业技术学院、三联学院等20余所学校。从高校性质类型来看，涵盖了"双一流"高校、普通本科和高职高专院校；涵盖了教育部直属高校、部委直属高校、省属重点高校、省属一般院校及民办院校；涵盖了理工类、农林类、财经类等多种类型院校。

（二）调查数据基本情况

本次调查共回收问卷2654份，有效问卷2645份、无效问卷9份，问卷有效率为99.66%。调查数据统计，调查对象样本基本信息如下（图4-1至图4-7）：性别结构上，男女比例较为均衡，男生占比47.11%、女生占比52.89%；调查对象家乡分布相对平均，北上广深占比14.33%、省会城市占比13.91%、一般地级市占比23.48%、县城占比22.87%、乡村占比25.41%；年龄结构上，主要群体为"00后"占比为77.16%、"95后"占比为13.61%、"90后"占比为9.23%，符合新时代在读本专科生以"00后"为主、在读硕士生以"95后"为主、在读博士生以"90后"为主体的特征；学习阶段分布上，大一占比34.56%、大二占比26.09%、大三占比12.85%、大四占比5.41%、大五占比 0.11%、硕士研究生占比 17.28%、博士研究生占比 3.70%；从问卷调查对象所在高校类型情况来看，综合性大学占比为 29.15%、理工类院校占比为 35.46%、农林类院校占比为 14.52%、师范类院校占比为 7.68%、语言类院校占比为 4.46%、财经类院校占比为 6.58%、艺体类院校占比为 1.51%、其他院校占比为 0.64%；从调查对象专业类型来看，人文社科类占比为 12.97%、经济管理类占比为 23.82%、理工类占比为 51.79%、艺术体育类占比为 6.58%、其他占比为 4.84%；政治面貌方面，问卷调查对象以共青团员为主，占比 70.89%，有一定比例的中共党员（17.73%）和群众（11.38%）。

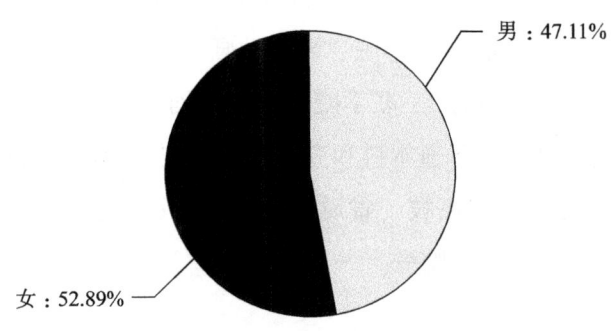

图 4-1　调查对象性别情况

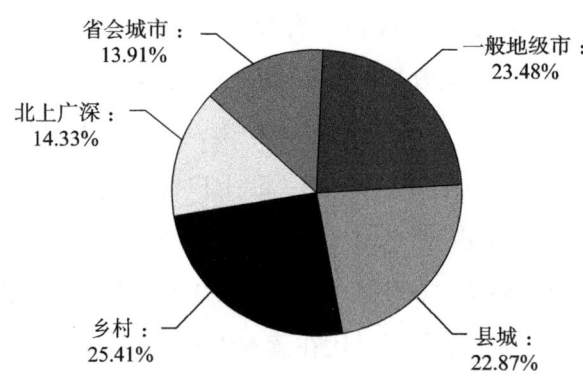

图 4-2　调查对象家乡分布情况

第四章 新时代大学生红色基因教育现状考察

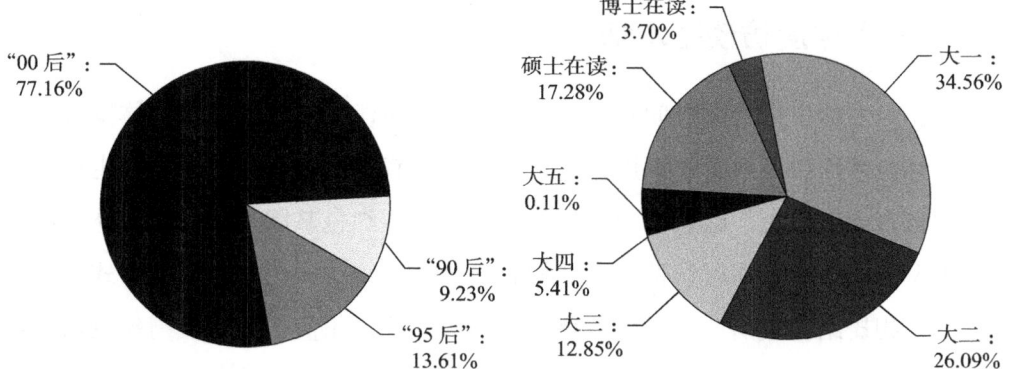

图 4-3 调查对象年龄段分布情况　　图 4-4 调查对象学业结构情况

注1）：由于调查对象的个别专业学制为五年制，因此少量"大五"年级的学生参与问卷调查。

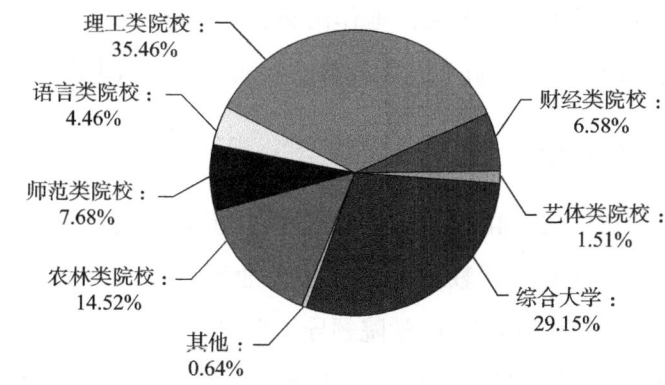

图 4-5 调查对象所在高校类型情况

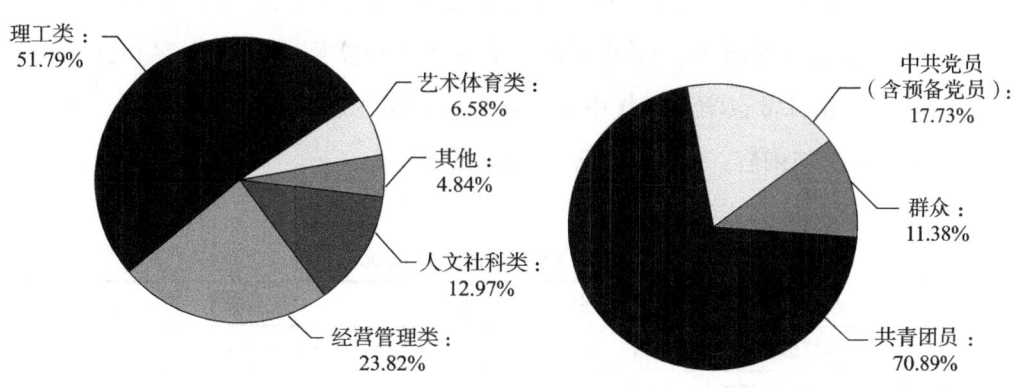

图 4-6 调查对象专业类别情况　　图 4-7 调查对象政治面貌情况

（三）深度访谈基本情况

在对大学生进行调查问卷的基础上，运用访谈法对高校教师群体围绕大学生红色基因教育进行了深度访谈，主要从教育者的角度，基于大学生红色基因教育中大学生、红色基因的外显存在形式、红色基因教育的环境体系的逻辑展开半结构式深度访谈。半结构式访谈介于结构式访谈和无结构式访谈之间，相比结构式访谈更加弹性化。因访谈期间，正值作者所在高校疫情防控期间，很多教师在疫情防控一线，所以采用半结构式访谈的形式，相对更加灵活。作者首先为访谈对象提供了一个粗线条式的访谈提纲。该方法对访谈对象的条件、所要询问的问题等只有一个粗略的基本要求，因此作者作为访谈者根据访谈时的实际情况灵活地作出必要的调整，最终获取了在高校不同岗位工作的教师对大学生红色基因教育的看法、意见和建议。

1. 访谈对象基本情况

针对本校的高校教师群体，作者选取15位访谈对象，包括高校专任教师（思政课教师、文科专业课教师、理工科专业课教师）、辅导员（本科生、硕士生、博士生的辅导员教师）、学院领导（书记、教学院长）、行政机关干部（心理中心教师、团委教师、教师工作部教师、纪委教师）、后勤保障干部、实验员和教学辅助部门人员。尽量保证受访者年龄、岗位、阅历等有所区别，使访谈成效更有说服力。作者深入访谈对象工作实际，通过观察和深入访谈，了解其在日常教学和工作中对大学生红色基因教育的认识和思考、具体工作方式方法与内容。访谈对象基本情况见表4-2。

表4-2 访谈对象基本情况

编号	岗位	性别	年龄	基本情况
1	高校思政课教师	女	39	教授、博导、教学院长，从教14年
2	高校思政课教师	男	39	副教授、硕导，从教9年

续表

编号	岗位	性别	年龄	基本情况
3	高校专任教师	女	43	教授、博导，文科专业，从教 13 年
4	高校专任教师	男	35	教授、博导，工科专业，从教 7 年
5	辅导员	男	31	中级、硕士，从事学生工作 7 年
6	辅导员	男	40	中级、博士，从事学生工作 13 年
7	辅导员	女	35	中级、硕士，从事学生工作 9 年
8	高校心理教师	女	39	中级、硕士，从事学生工作 10 年
9	高校团委教师	男	36	中级、团委书记，工作 14 年
10	高校学院领导	女	48	教授、博导、学院书记，高校工作 22 年
11	高校机关教师	女	52	中级、本科、副处长，机关工作 20 年
12	高校机关教师	男	58	高级、硕士、处长，机关工作 36 年
13	高校后勤干部	女	45	中级、副处长，工作 23 年
14	高校实验员教师	女	39	中级、硕士，从教 14 年
15	高校图书馆教师	女	48	副研究馆员，硕士，高校工作 21 年

2. 访谈提纲的设计

访谈提纲主要围绕四个方面展开。

第一，访谈对象个人基本情况，主要是具体性问题的导入，如"您的职务/职称""您在高校工作多少年""在高校主要从事什么岗位的工作"。

第二，大学生红色基因教育中大学生、红色基因外显存在形式方面，主要是直接性问题、探索性问题，如"在您接触的大学生中，您认为他们对红色基因了解多少？红色基因的认同度怎么样？""您认为在大学生红色基因教育中主体大学生应该如何有内驱力，自觉地主动接受红色基因教育？""您认为在大学生红色基因教育中怎样发挥客体——红色基因的作用？客体——红色基因的表现形式有哪些？这些形式对于大学生红色基因教育有怎样的作用？客体——红色基因以什么样的表现形式才能让大学生更加自觉地接受红色基因教育？"

第三，大学生红色基因教育中环境体系方面，主要是追踪性问题、结构性问题、间接性问题，如"高校作为育人的主阵地，您认为在大学生红色基因教育中高校应从哪几个方面着手？从哪些方面来教育大学生传承红色基因？老师应该担当什么样的角色？或者有什么样的任务？""社会是个大课堂，您认为大学生红色基因教育是否要从社会中找到切入点加强教育力度？社会应从哪几个方面加强力量增强大学生红色基因教育的效果？""您认为政府在大学生红色基因教育中担当什么角色？政府建立什么样的机制来提升大学生红色基因教育的成效？""您认为家庭在大学生红色基因教育中担当什么角色？不同家庭背景的大学生对于传承红色基因是否有不同的表现？家庭如何做才能提升大学生红色基因教育的效果？"

第四，提升大学生红色基因教育效果的意见和建议，主要是解释性问题，如"您认为当今大学生红色基因教育中最亟待解决的问题是什么？大学生红色基因教育中要注意哪些问题？"

通过访谈提纲的设计，期许在访谈中引入讨论主题，并推进讨论，在一个融洽的氛围中激励访谈对象围绕主题表达个人观点。这种半结构式访谈的访谈提纲更易引发访谈对象自发表达，适合应用于本主题开展探索性研究。

应指出的是，为了全面了解新时代大学生红色基因教育的现状，在问卷调查和访谈中分别从大学生、高校教师角度对同一问题进行了访谈，比如针对大学生对红色基因内涵的认知、价值认同，大学生主动接受红色基因教育的内驱力等。对此，本书针对具体访谈综合进行分析。

二、新时代大学生红色基因教育取得的成绩

当前，新时代大学生红色基因教育的整体效果良好，结合调查结果和已有研究的理论分析，本书认为新时代大学生红色基因教育取得以下成绩。

（一）大学生红色基因教育中传承红色基因的意识普遍形成

面向高校学生和教师的问卷调查和访谈结果表明，新时代大学生对于红色基因的概念认知度较高、内涵认可度高、价值认同度高。总体来说，在新时代大学生群体中已经普遍形成了传承红色基因的意识。

一是普遍对红色基因概念具有基本认知。新时代大学生普遍认为自己了解"红色基因"概念，不过教师们认为大学生的了解程度为中等。在学生调查方面，如图 4-8 所示，有近 3/4 的调查对象认为自己比较了解或非常了解红色基因的概念。特别是其中的学生党员、高年级学生和人文社科类专业的学生对红色基因概念更为了解。针对 15 位代表性教师的访谈资料显示，大学生对红色基因概念有一定了解，但总体上了解程度不深。如一位从教 14 年的思政课教师（编号 1）认为："大学生对红色基因的了解多是通过载体的呈现，比如红色革命根据地、红色博物馆、红色展览馆等。"一位高校专任教师（编号 4）在访谈中谈到"在同他们交流和合作的时候，认为他们对红色基因了解程度中等、整体偏弱，停留在宏观认识上，仔细询问了解的并不多。不过党员，或者入党积极分子相对较好"。三名辅导员（编号 5、6、7）都表示学生对此"有一定了解"，一位高校学院领导（编号 10）也认为"多数学生有一定程度的了解，但有相当一部分学生对其内涵、内容了解不深入、不具体"。

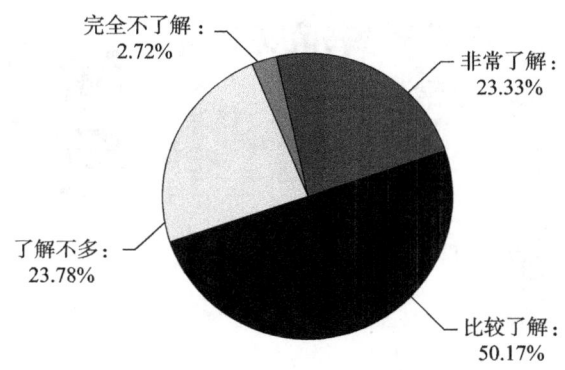

图 4-8　调查对象对红色基因概念的了解程度

二是在红色基因内涵认可上，新时代大学生完全认可红色基因具有理想信念、光荣传统与优良作风、精神谱系三方面内涵。在调查数据中（图4-9），选择这三方面内涵的调查对象占比超过95%。具体来说，对这一内涵完全认同的有80.23%、基本认同的有15.95%。另外，有部分调查对象主动提出了自己对红色基因内涵的见解（图4-10），认为红色基因除具备上述内涵外，还包括爱党爱国、艰苦奋斗、自强不息、忠诚奉献等内涵，体现出新时代大学生对红色基因内涵的深入关注和深刻思考。

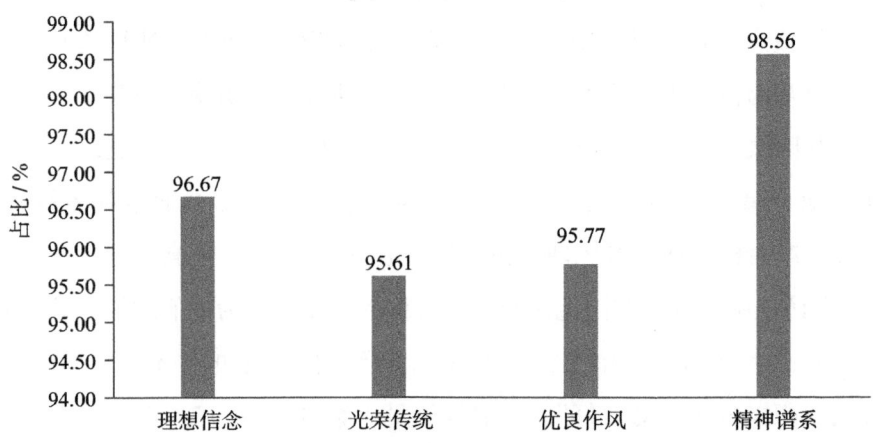

图4-9　调查对象对红色基因内涵的认可情况

图4-10　调查对象对红色基因内涵的其他阐释

三是认同红色基因的教育价值。有超过八成的调查对象完全认同红色基因教育具有教育新时代大学生坚定理想信念、弘扬光荣传统与优良作风、承继精神谱系的价值体现，还有接近16%的调研对象基本认同红色基因教育的上述价值。说明问卷调查对象整体上对红色基因价值的认可度处于完全认同水平，普遍认同红色基因教育是新时代大学生成长为堪当民族复兴重任的时代新人的必然要求。红色基因教育也将为新时代大学生服务国家、服务社会注入内生动力。访谈资料显示，高校教师普遍认为大学生对红色基因认同度高。如一位从教14年的思政课教师（编号1）认为："大学生通过家庭、学校和社会等各方面的爱国主义教育，对红色基因认同度较高，普遍有着非常正统的家国情怀。"一位高校工科专业专任教师（编号4）认为："大学生对红色基因的认同度相对较高，比如思想认同度和情感认同度较高，行为认同度需要进一步加强。"一位高校心理教师（编号8）认为："学生对红色基因认同度较高，有较强的民族自豪感。"一位高校团委教师（编号9）也认为："大学生对红色基因认同度比较高。红船精神、井冈山精神、延安精神、红旗渠精神、抗洪精神等，激励着一代代青年学生，坚定理想、奋发向前。"

（二）大学生红色基因教育中强化铸魂育人的价值愈发凸显

首先，红色基因教育有效地激发了大学生的爱党爱国情怀。爱国是人世间最深层、最持久的情感，是一个人的立德之源、立功之本。新时代大学生红色基因教育的过程中，不断学习和弘扬中国共产党的革命精神，增强爱国情怀。如图4-11所示，近乎全部（96.79%）的调查对象都认同传承红色基因有助于大学生增强爱国情怀。因而，红色基因教育能够更好地发挥红色资源的思想引领价值，有助于引领大学生树立正确的"三观"。传承红色基因，就是要将一代代中国共产党人的理想信念、光荣传统与优良作风、精神谱系继承下去，为新时代实现中华民族伟大复兴注入不竭的精神力量。问卷调查显示，持此观点的大学生比例占到 89.41%。

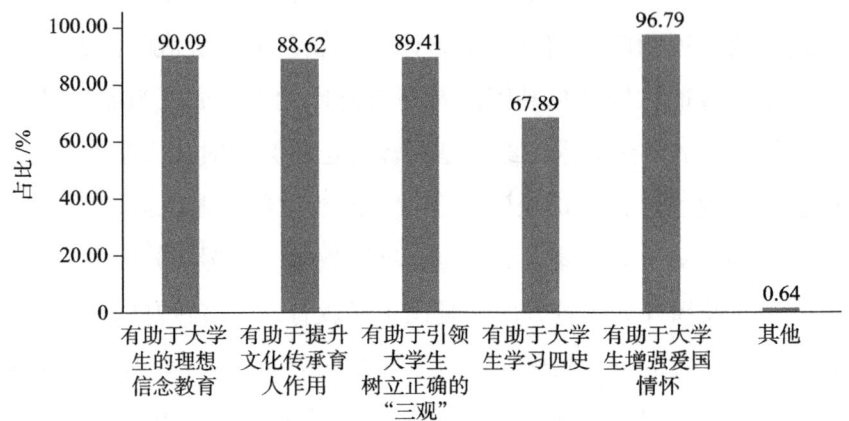

图 4-11　调查对象认为的红色基因教育的价值表现

其次，红色基因教育有助于提升文化传承育人作用。在红色基因教育的过程中，其内涵深深地融入我国革命文化和社会主义先进文化中，传承红色基因，就是传承革命文化、弘扬社会主义先进文化。问卷调查显示，持此观点的大学生比例占到 88.62%。

最后，超过九成的调查对象认为红色基因教育有助于大学生坚定理想信念。新时代大学生作为社会主义事业的接班人和建设者，必须要有坚定的理想信念。此外，红色基因教育还在一定程度上有助于大学生学习党史、新中国史、改革开放史、社会主义发展史。

（三）大学生红色基因教育中内容形式越来越趋向多样化

党的十八大以来，高校围绕"立德树人"根本任务开展了一系列卓有成效、凝心聚力的工作。以北京高校为例，每年大学一年级的"新生引航"工程，从思想、价值、实践等多个环节为大学生红色基因教育丰富了内容形式，铸牢新生"四个自信"。大学生红色基因教育在高校主要包括课堂教学和社会实践两个环节。

　　一方面，在课堂教学中。近年来，思政课程与课程思政同向同行协同育人，两类课程共同发挥思想政治教育的功能。不断将大量具有思政元素的内容融入课堂教学中，更是将红色基因教育巧妙自然地切入课堂教学中。如北京高校从2020年开始在大学一年级新生中开设"习近平新时代中国特色社会主义思想概论"思政课，用蕴含红色基因的伟大建党精神启润学生，用习近平新时代中国特色社会主义思想引领青年学生成长成才。在思政课堂运用蕴含红色基因的各类素材、载体丰富课堂内容，可以帮助大学生在有限的课堂时间内更加有效地学习新思想、新观点、新理念。正如一位思政课教师（编号2）认为的，"习近平新时代中国特色社会主义思想概论"的开设为大学生进一步了解当下社会，感知百年未有之大变局，提供了理论依据和现实支撑。一位思政课教师（编号1）也表示，目前很多高校在思政课中开设了以党史学习教育为重点的"四史"教育课程，结合各高校特点融入红色基因教育中，充分发挥思政课的主渠道作用。

　　另一方面，在社会实践中，红色基因教育也以不同的形式得以开展，如首都高校师生服务北京"四个中心"建设开展的"双百行动计划"，从文史哲社科专业到理工科专业，辐射范围越来越广，参与的师生越来越多，主要旨在引导学生参与社会调查研究，在接触社会、接触人民的过程中，增强使命意识，提升本领才干，立志报效祖国。正如一位辅导员（编号6）表示，学生通过参加像"双百行动计划"这样的活动，进一步增强了对红色基因等光荣传统的了解，进而促使大学生将红色基因融入自身的学习和生活中。一位学院领导（编号10）表示，近年来，学生在社会实践中较前几年有了更丰富多样的红色基因教育，而且形式越来越多样化，特别是疫情防控期间很多线上的红色主题社会实践也是很有特色的。

（四）大学生红色基因教育中科学创新手段的运用日趋丰富

近年来，随着社会主流价值观的形成，传承红色基因逐渐成为全体人民的共识，政府和社会也在不断鼓励、支持和引导人民群众传承红色基因。大学生红色基因教育具有多渠道途径和多元化平台。

一方面，大学生红色基因教育已构建多渠道途径。通过调查数据中各类渠道途径生成以下词云（见图 4-12，词云中文字字号越大，说明该项传承途径占比越高），其中热门词语包括"影视作品""展览馆""革命纪念馆""微信""微博""微视""报刊"等。其一，通过影视作品进行红色基因教育。从国家和市场的影视事业来看，越来越多的高质量影视作品开始呈现在大众眼前，受到群众喜爱，如电影《长津湖》《战狼 2》《红海行动》等影视作品极

图 4-12　调查对象进行红色基因教育的渠道途径

大地激发了观众的国家自豪感和民族自信心。其二，通过参观红色展馆开展红色基因教育。政府和社会十分注重对红色场馆的建设与运营，越来越多的展馆与时俱进，加快展馆的信息化建设，如中国人民革命军事博物馆、中国人民抗日战争纪念馆等推出数字展厅、VR实景展厅。展馆的纪实性、直观性使得更多的团体和个人选择到红色展馆参与学习，接受革命精神洗礼，传承红色基因。此外，新时代大学生还积极通过运营微博、微信公众号、短视频平台等新兴媒体传承红色基因。可见，影视作品、红色展馆、"三微一端"已成为新时代大学生红色基因教育的前沿阵地。

大地激发了观众的国家自豪感和民族自信心。其二，通过参观红色展馆开展红色基因教育。政府和社会十分注重对红色场馆的建设与运营，越来越多的展馆与时俱进，加快展馆的信息化建设，如中国人民革命军事博物馆、中国人民抗日战争纪念馆等推出数字展厅、VR实景展厅。展馆的纪实性、直观性使得更多的团体和个人选择到红色展馆参与学习，接受革命精神洗礼，传承红色基因。此外，新时代大学生还积极通过运营微博、微信公众号、短视频平台等新兴媒体传承红色基因。可见，影视作品、红色展馆、"三微一端"已成为新时代大学生红色基因教育的前沿阵地。另一方面，大学生红色基因教育已具有多元化平台。大学生作为新时代最具生机活力和思想创造力的群体，无论是政府、社会还是高校都注重对大学生红色基因教育。如图4-13所示，红色展馆（92.44%）、红色影视作品（85.75%）和革命文物（85.63%）成为新时代大学生红色基因教育的热门表现形式。另外，红色档案（82.65%）、红色书籍（77.28%）、红色地标（76.07%）也成为新时代大学生认同的红色基因表现形式。可见，政府和社会应加强对红色影视和红色展馆的利用，充分注重实现红色档案、红色文物、红色艺术等资源的价值。图4-14表明，高校也注重构建多元的红色基因育人课程，通过思想政治教育理论课、课程思政、党课、团课、社团课程和网络课程等，促使大学生红色基因教育贯彻于高校立德树人的全过程。

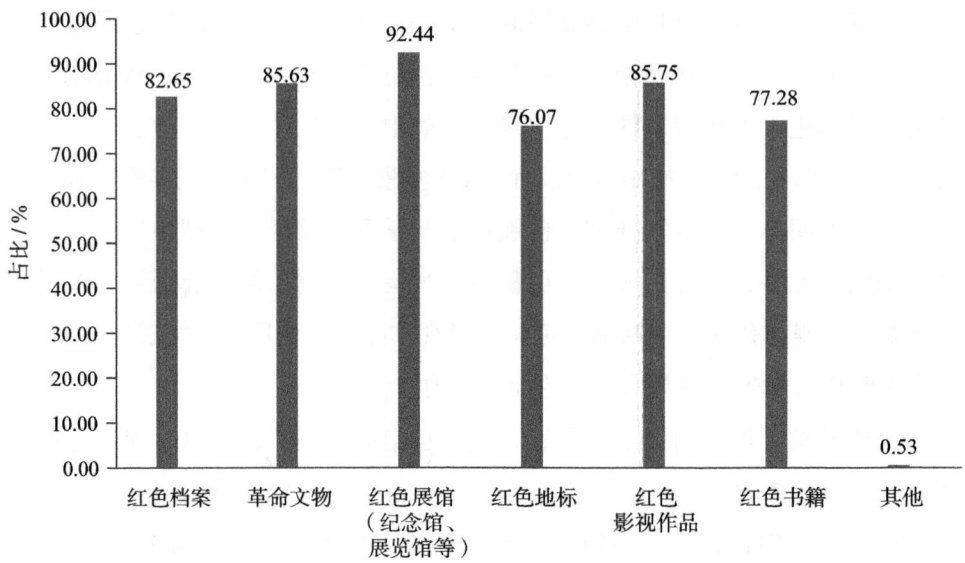

图 4-13　调查对象认为的红色基因表现形式的情况

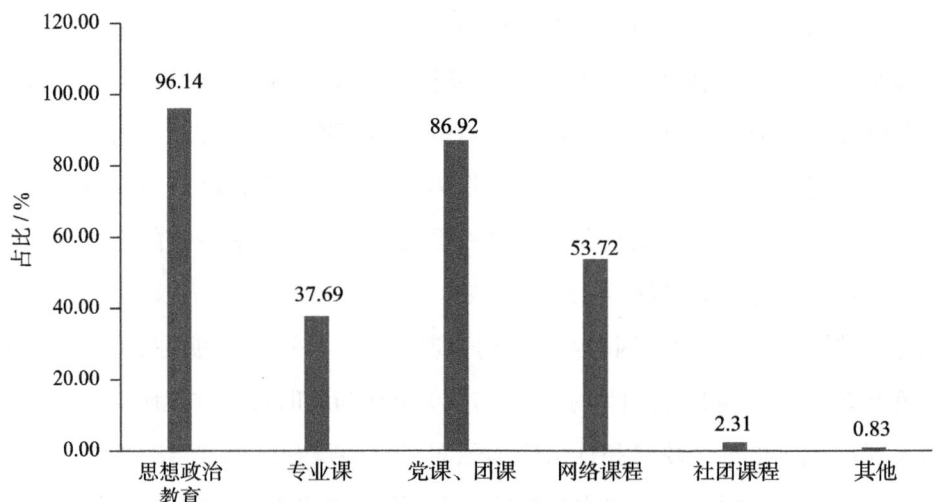

图 4-14　调查对象在校接受红色基因教育的课程情况

三、新时代大学生红色基因教育存在的问题

新时代大学生红色基因教育已经取得不菲成绩，同时也面临着各种各样问题，这些问题是亟待解决的，并且通过我们的教育方式手段能够解决的。从实证分析中得出的在大学生红色基因教育中大学生的认知践行、作用的现实发挥、内容形式、资源的调动运用等方面需要进一步加强提升。

（一）新时代大学生红色基因教育中大学生认知践行不全面

1. 新时代大学生红色基因认知教育不够全面

通过对问卷调查数据进行交叉分析发现，不同年级、专业类型、政治面貌、性别的大学生对红色基因概念了解程度存在差异，部分学生对红色基因认知还有不足。访谈资料也表明，部分学生红色基因认知程度不够深入。如一位辅导员（编号6）表示，在13年的辅导员岗位工作中发现，学生对红色基因认知程度会和教育程度有一定关系。同时党员同学认知更深，非党员同学在认知上会有所欠缺。调查问卷也反映，一是中共党员（含预备党员）对于红色基因概念的认知度较高，共青团员其次，群众对于红色基因的认知相对匮乏，如图4-15所示。卡方分析结果也显示，不同政治面貌的大学生对红色基因的认知程度存在显著差异（$P < 0.001$）。访谈结果也显示，高校教师特别是从事思想政治教育工作的教师，认为政治面貌与认知程度间存在相关性。正如一位思政课教师（编号2）认为的，"大部分的发展对象、党员对红色基因的认同度是很高的，部分积极分子和大部分团员在学习帮扶、心理辅导过程中引入红色基因概念时，触动不大"。二是不同专业类别的学生通过课堂教育教学了解红色基因的程度也存在差异，人文社科类专业的大学生对于红色基因概念的认知度高，艺术体育类专业的大学生对于红色基因的认知较为匮乏（图4-16）。卡方分析结果显示，不同专业类别间的认知程度差异显著

（$P < 0.001$）。三是研究生群体对红色基因概念的认知度要低于部分本科生，博士研究生对红色基因概念的认知度低于硕士研究生（图4-17）。一方面，由于硕博研究生对于概念认知的自我评价更为理性且细致；另一方面，硕博研究生因其专业研究方向的细化，思政课程及第二课堂的参与度较低，对于红色基因等方面缺少必要关注。

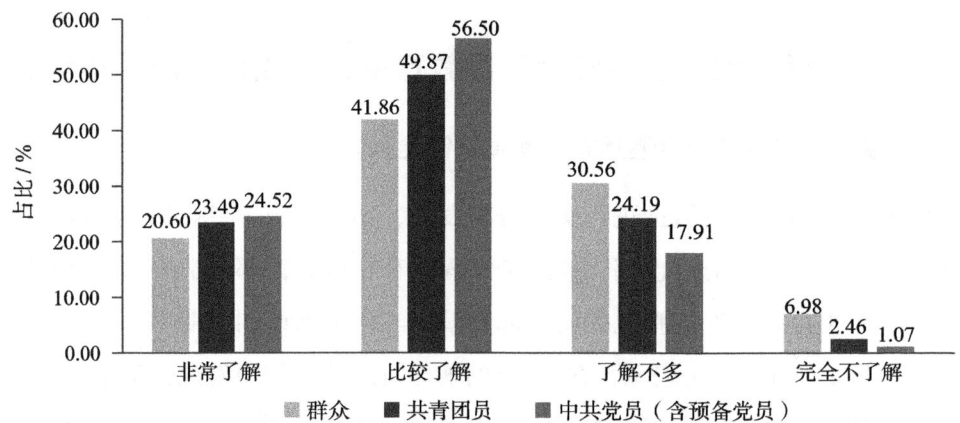

图 4-15　不同政治面貌的调查对象对于红色基因概念的了解程度

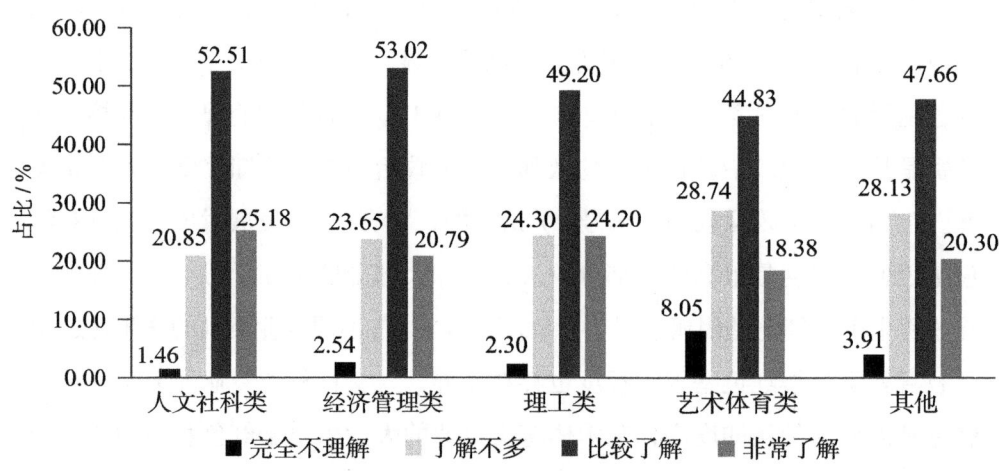

图 4-16　不同专业类别的学生通过课堂教育教学了解红色基因的程度

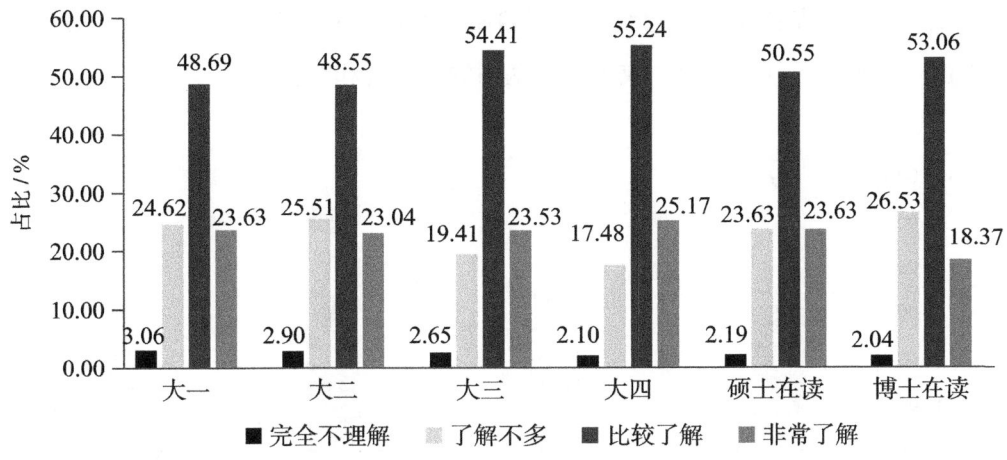

图 4-17 不同年级的调查对象对于红色基因概念的了解程度

2. 新时代大学生传承红色基因的主动践行不够

尽管调查对象对于红色基因及红色基因教育普遍有着正确的思想认知，但其自身行动却存在不同程度的缺失，特别是主动践行方面还有待提高。如图 4-18 所示，仅有 33.04% 的调查对象认为其自身在接受红色基因教育方面表现良好，缺少传承红色基因的实践活动成为大部分调查对象普遍面临的问题。另外，问卷调查还显示，有 45.33% 的调查对象（图 4-23）认为"大学生自我传承红色基因意识不足"，是新时代大学生红色基因教育存在的问题之一。访谈结果也显示，高校教师认为主体大学生在红色基因教育中应该增强内驱力，自觉地主动接受红色基因教育。比如，一位高校机关教师（编号 11）认为，"要想传承好红色基因，就需要提高大学生的思想高度与主观能动性，可以通过课堂宣讲、切身实践、行为习惯等多方面齐头并进，让学生清楚认识到传承红色基因对自身发展有着重要作用"。一位高校实验员教师（编号 14）认为，大学生在红色基因教育中要发挥主观能动性，主动去学习了解红色文化，为自己的价值取向提供厚重的精神支撑，是滋养青年奋进的重要源泉。因此，新时代大学生红色基因教育只有在行动上进一步参与实践活动，树立传承红色基因的主观意识,加强自身参与红色基因教育的兴趣度,才能更加主动地践行红色基因,成为红色基因的传承者和践行者。

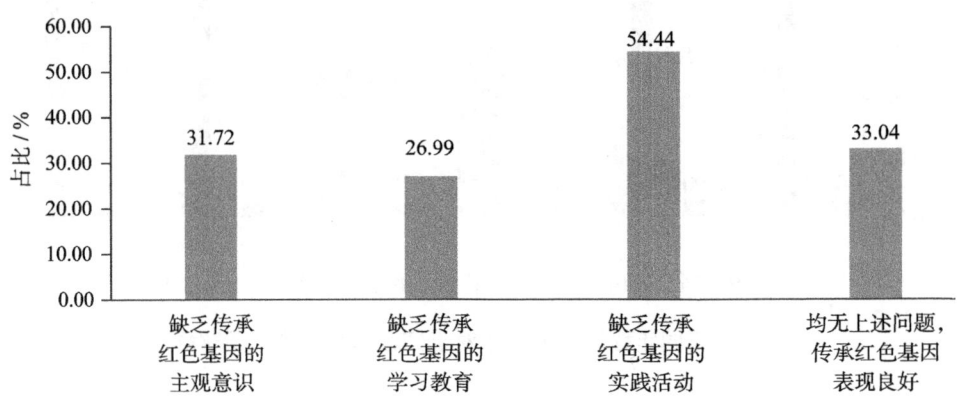

图 4-18　调查对象认为传承红色基因自我教育方面的现状

（二）新时代大学生红色基因教育中高校作用发挥不彻底

从调查结果看,目前的大学生红色基因教育在使红色基因入脑入心方面,还需进一步加强对学生特点和需求的分析,从而以学生喜闻乐见的形式切实提高效果,充分发挥红色基因教育的铸魂育人的价值作用。正如一位高校教师所说,"亟待解决的问题是红色基因教育与时代融合还不够深入"。大学生红色基因教育活动开展的形式单一,难以激发学生内驱力。如图 4-19 所示,在高校开展红色基因教育活动不足方面,"活动的宣传形式较为单一"是调查对象普遍认为目前高校开展红色基因教育活动中存在的最为突出的问题,有超过半数的调查对象认同此选项。访谈资料显示,一位高校辅导员也表示,"教育方式形式单一,效果欠深刻"是当前存在的最为突出的问题之一,也是如何发挥红色基因教育的价值作用的问题。

第四章 新时代大学生红色基因教育现状考察

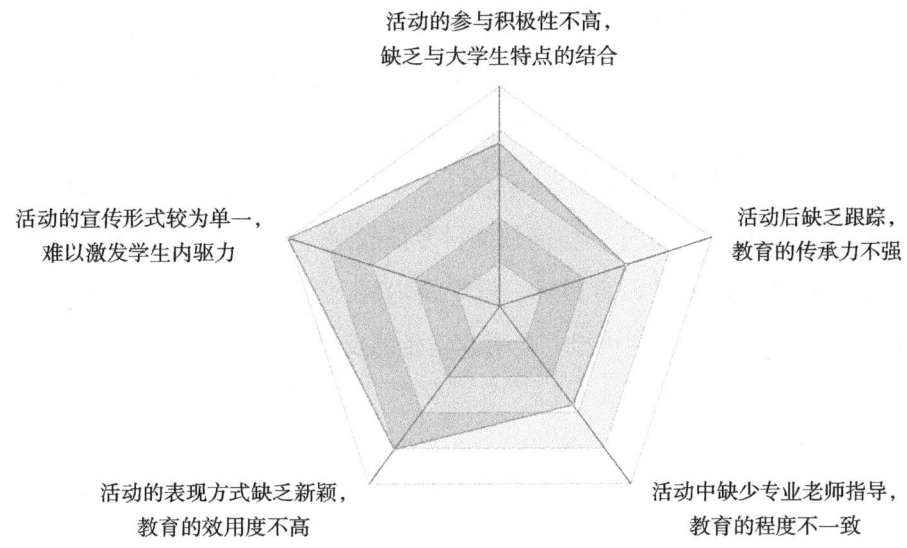

图 4-19　问卷调查对象所在高校红色基因活动开展现状

大学生红色基因教育活动的表现方式缺乏新颖性，教育的效用度不高。从高校相关的课程教育来看，大学生红色基因教育的相关课程未能开发校本教材，并且红色基因的深层次内涵尚未被挖掘。有近半数的调查对象认为大学生红色基因教育的课程建设存在的最大问题就是"教学环节中教学设计单一"。"以宏大叙事为主的教育方式，其传播是单向的，无法引起大学生灵魂深处情感的共鸣"，访谈资料中一位高校机关教师（编号 11）如是分析存在的问题。可见，大学生红色基因教育的方式仍需不断创新，目前，缺乏"亲度"和"深度"，不能调动学生学习兴趣。那么如何让思政课和第二课堂的红色基因教育"活"起来将是大学生红色基因教育的创新方向。

大学生红色基因教育中高校开展红色基因教育活动的针对性不足。调查对象普遍认为其所在高校对红色基因的宣传引导力度较大，经常组织开展红色基因教育活动，但仍存在部分大学生红色基因自我教育不足。调查数据显示，部分调查对象认为校园活动的开展存在流于表面、效用不足、缺乏巩固、收获不多等问题。在样本数据中，占总数的 54.44% 的调查对象认为其缺少红色基因教育的实践活动。从调查对象对大学生红色基因教育的途径建议也可以佐证此点，如图4-20所示。超过三分之二的调查对象建议高校应丰富红色基因相关的社会实践活动，以此教育新时代大学生传承红色基因。访谈资料显示，一位高校辅导员（编号5）认为，"当前的突出问题是宣传式教育较多，而体验式教育相对较少"；一位高校文科专任教师（编号3）则认为，"在红色基因教育中要有明确的教育目标、框架及内容；合理引导，而不是强加性的教育，让学生觉得是一种负担，会引起学生的反感"。

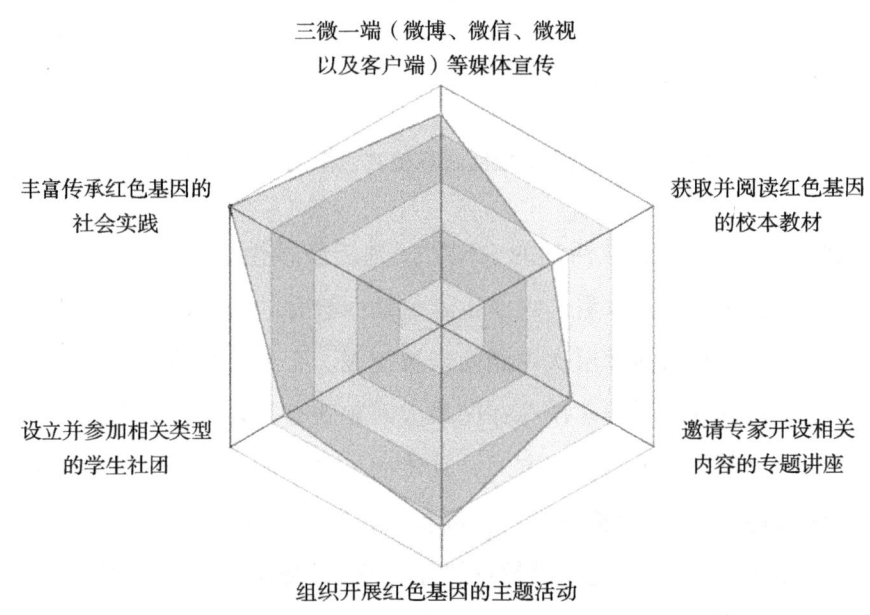

图4-20 问卷调查对象对高校大学生红色基因教育的途径建议

大学生红色基因教育中高校开展教育的内容和形式挖掘不够。调查显示，部分学生在接受红色基因教育的认识、实践、再认识的环节中脱节，或是缺乏接受红色基因教育的主观意识，或是缺失接受红色基因教育的学习教育，再或是缺少接受红色基因教育的实践行动。红色基因教育存在的这些问题与教育内容形式挖掘不够有着密切联系。问卷调查显示，有过半数的调查对象认为"高校红色基因教育体系建设有待改善"（占比51.15%）、"高校课程体系对红色基因缺乏深度挖掘"（占比51.12%）。另外，通过将调查对象存在的上述问题同各高校组织开展传承红色基因方面的活动力度进行交叉分析发现（图4-21），经常组织开展此类活动的高校大学生在接受红色基因教育中的自我教育表现相对良好，在各方面自我教育缺失占比均低于偶尔开展此类活动的高校学生。可见，高校开展红色基因教育活动的力度与大学生红色基因自我教育的效能呈正相关。但在经常开展此类活动的高校中，还存在半数以上的调查对象认为其在红色基因教育方面有所缺失，充分说明了高校在开展红色基因教育时，不仅需要有力度，而且还要有深度，要让红色基因教育切实发挥作用，特别是相关教育活动的实践性有待进一步加强。

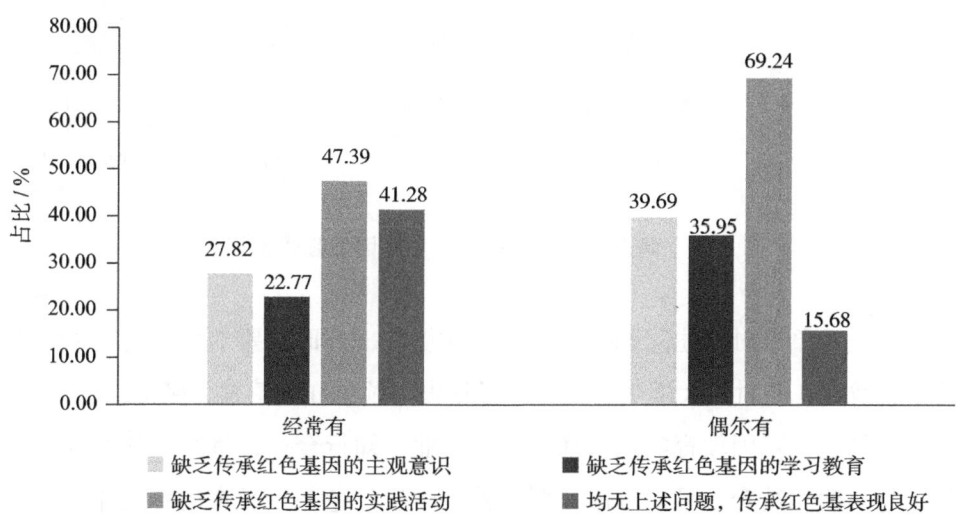

图4-21 调查对象传承红色基因自我教育现状和所在高校开展活动频率的交叉分析

从大学生红色基因教育的课程建设来看，如图4-22所示，调查对象认为其所在高校主要存在以下三方面不足：一是教学环节中教学设计单一、形式呆板，与大学生贴合度不高；二是思政课程涉及较多，其他课程涉及较少；三是红色基因课程深度不够，课堂教育仅停留在较浅的层次讲授红色基因，且浅度也未和大学生特点相结合。比如，一位高校团委教师（编号9）认为，"目前大学生自主接受红色基因教育，主要还是要靠思政课教育的学分约束"。

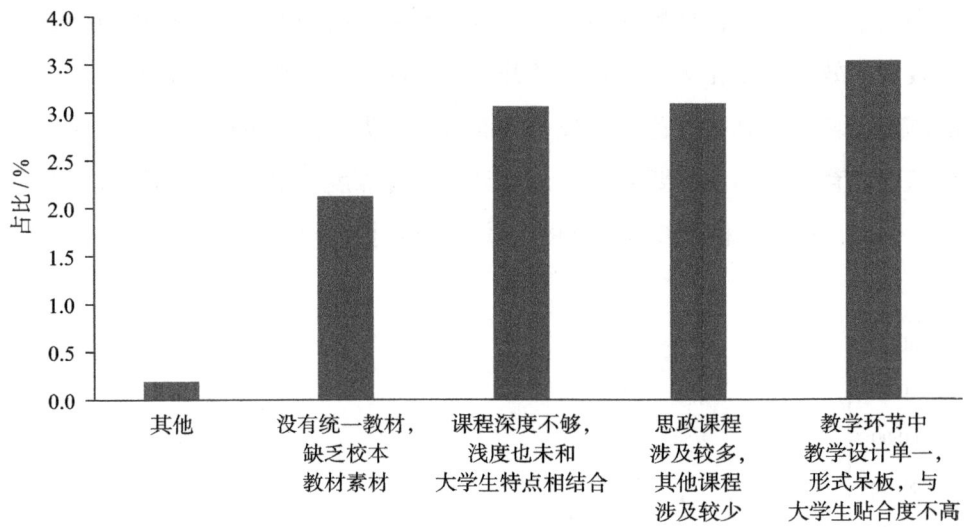

图 4-22　调查对象所在高校红色基因课程建设短板

调查对象也对上述问题提出一系列建议，一方面，要加强红色基因教育的自我教育，新时代大学生要主动学习党史、领悟红色精神、接受红色教育，主动参与红色基因教育实践活动，立足专业、知行合一，将红色基因教育的理论与实践相结合。另一方面，要完善大学生红色基因教育的育人体系，通过丰富大学生红色基因教育的活动形式，创新思政课的课程形式，发挥第二课堂育人价值等形式引导大学生传承红色基因。

高校的 15 位教师代表也对如何开展大学生红色基因教育提出了一些切实可行的措施。一位从教 14 年的思政课教师（编号1）提出，"大学生可

第四章　新时代大学生红色基因教育现状考察

以通过课堂教学，教师对红色基因进行讲解，潜移默化地给予大学生无穷的力量，激发大学生爱国热情和为实现中华民族伟大复兴中国梦的坚定意志""高校应当从校园文化、课堂教育、社团建设等多维度多形式开展红色基因教育；着眼于从红色基因产生、发展、继承来对学生进行红色基因教育；教师应当担任红色基因继承者和传播者，使学生对红色基因内化于心、外化于行"；一位辅导员（编号 5）以问题为导向，提出高校应当"加强思政课程和课程思政建设，改变以前枯燥地讲 PPT，严肃地讨论国内外时事热点，以寓教于乐、能够吸引现代大学生的自媒体形式讲授红色基因的精神谱系"的建议；另一位辅导员（编号 7）认为，"在大学生红色基因教育中加强对客体红色基因的挖掘和宣传。其表现形式有人物模范、校风、班风、舍风等，影响学生世界观、人生观、价值观的形成。身边的人物、事件等更利于大学生认识和理解红色基因"；一位从事学生工作 13 年的辅导员（编号 6）认为，"红色基因教育内容要体系化、机制要常态化"；一位高校后勤干部（编号 13）认为，"教育方式要结合当前大学生的发展特点，丰富载体形式，创新红色基因教育新模式。系统整合，避免大水漫灌；因材施教，避免千篇一律；润物无声，避免生搬硬套"；一位高校实验员教师（编号 14）认为，"大学生红色文化活动开展方式过于形式主义和过多的重复建设和方式单一，让学生感到乏味，无法吸引学生的注意。这是最亟待解决的问题。高校红色文化教育不是一次活动，而是一项长期的系统的育人工程。要形成常态化、长效性机制，将红色文化教育融入大学生经常性教育活动之中。这需要从政策扶持、经费投入、师资力量、教学条件、文化环境等各方面统筹协调，订立制度和规矩，还要扫除一切主客观障碍和束缚，极大地释放校园红色文化生产力，为长期科学实施红色文化教育提供源源不断的动力。一个民族的觉醒，首先是文化的觉醒。大学生是民族的希望和未来，如果大学生树立起高度的红色文化自觉和红色文化自信，民族的未来就会实现红色文化的自强"；一位高校图书馆教师（编号 15）提到，"当今大学生红色基因教育中最亟待解决的问题是探索出国家、社会、家庭多方协同的红色基因教育体系，保障红色基因教育的效果。红色基因教育对于当前正处于青年阶段的大学生学习、生活等各方面都具有极大的指导与引领作用，大学生红色基因教育要注意对大学生的世界观、人生观、价值观和坚定马克思主义信仰的正确引领"。

（三）新时代大学生红色基因教育中资源的调动运用不充分

新时代大学生红色基因教育中红色基因表现形式丰富多样，包含红色档案、革命文物、红色展馆、红色地标、红色影视作品、红色书籍等。思想政治教育理论课、党课、团课是高校开展大学生红色基因教育的主要途径，但红色基因教育在思想政治理论课、课程思政、第二课堂等教育阵地的融入程度仍有待加强，以课堂教学形式开展红色基因教育难以充分利用社会面丰富的红色资源，也就是在资源的调动运用方面还不充分。如图 4-23 所示，超过半数调查对象认为目前校园文化中红色基因元素融入度不广、课程体系中红色基因元素效度应用不深、红色基因元素在学习生活的方式有待转变及社会实践中红色基因元素吸引力不强等。导致这些问题的一个原因是，高校开展大学生红色基因教育的系统性不够，缺乏对红色基因教育中红色基因表现形式的全方位运用。红色影视作品、红色展馆是新时代大学生接受红色基因教育喜闻乐见的表现形式，高校组织学生观看红色影视、参观红色展馆的活动还很少，高校和社会媒体通过新媒体对红色档案和红色文物内蕴中的红色基因进行宣传的活动也较为欠缺。因此，新时代大学生红色基因教育不仅要调动大学生群体的主动行为，还需要高校和社会充分利用红色基因表现形式，通过多元化途径开展红色基因教育。

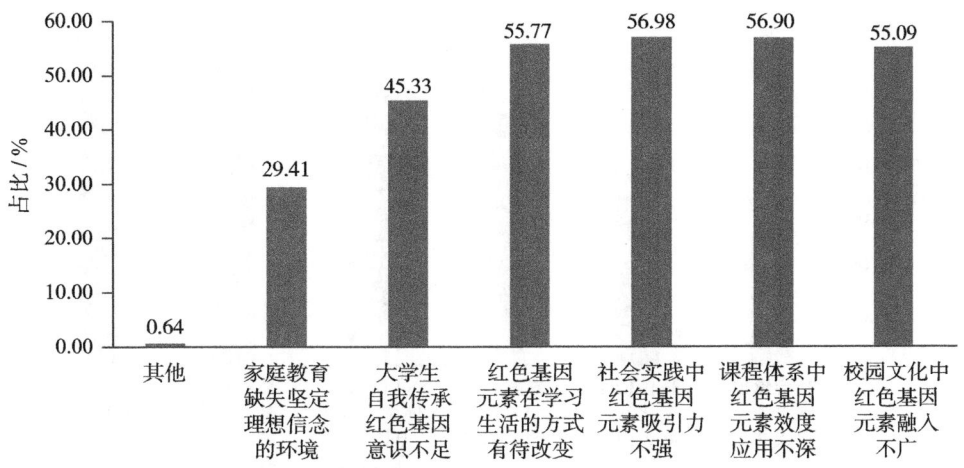

图 4-23　问卷调查对象传承红色基因过程中存在的问题

四、新时代大学生红色基因教育存在问题的原因分析

问题是时代的声音。习近平总书记指出:"每个时代总有属于它自己的问题,只要科学地认识、准确地把握、正确地解决这些问题,就能够把我们的社会不断推向前进。"如图 4-24 所示,调查对象认为,当前红色基因教育存在上述问题的原因主要包括"错误社会思潮的影响"(62.57%)、"家庭教育和自我教育缺乏力度"(51.34%)等。在 1698 份有效建议中,大学生针对存在的问题,建议从加强自我教育、完善高校育人体系、营造家庭教育氛围三个方面加以解决。基于马克思主义理论、中华优秀传统文化,结合访谈结果,本书认为问题成因主要存在高等学校、外部环境(包括家庭、社会、政府)和大学生主体三个方面。

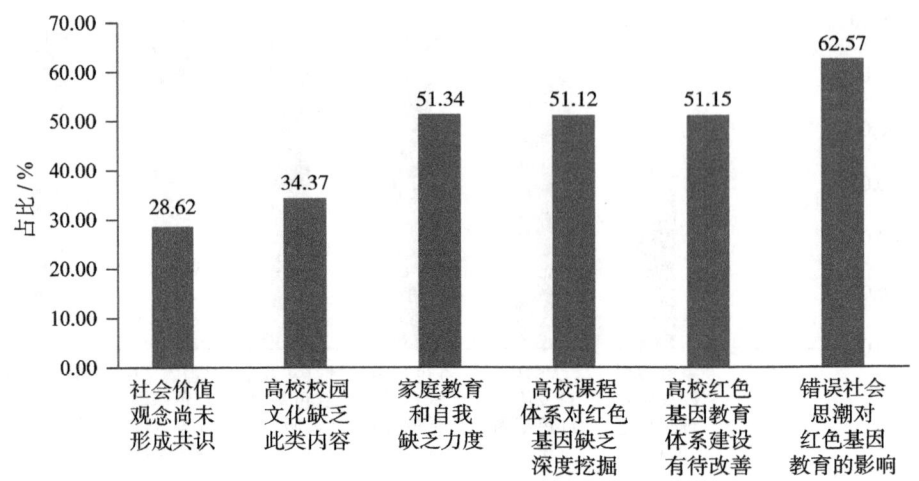

图 4-24　问卷调查对象传承红色基因过程存在问题的原因分析

（一）新时代大学生红色基因教育中的学生思想发展水平各异

新时代大学生多为"95 后"，他们成长背景为社会主义市场经济快速发展时期，大多数为独生子女，在家中受到祖父辈两代人的呵护与关爱，物质生活较为丰富，精神生活层面对中国共产党百年来带领中国人民进行的艰辛历程的共鸣需要进一步引导。新时代大学生主体的成长环境中社会转型的复杂性、差异性、异质性决定了他们的素质的不均衡。城市环境成长起来的"95 后"大学生，多为独生子女，从小生活的环境缺少兄弟姐妹的朋辈关系，自我意识较强、唯我独尊、缺乏集体意识，但大多数见多识广；农村环境成长起来的"95 后"大学生，多在父辈外出打工、自我独立的条件下成长，父辈的辛苦劳作为他们成长提供了更多的勇毅，但缺少亲情关怀，导致他们情感表达和社会交往能力相对较弱。因此，大学生红色基因教育的效果受到主体原生家庭和个体思想差异的影响，高校应有针对性地开展大学生红色基因教育的相关实践活动。

（二）新时代大学生红色基因教育中的高校组织力度有待提高

新时代大学生具有传承红色基因的意识，有热情、有追求，但高校所开展的红色基因活动教育和红色基因课程教育没有发挥其应有的效能。有时流于表面，有时只注重有没有而不在乎好不好，有时不能以学生喜闻乐见的形式开展红色基因教育。高校红色基因教育效能不足，归根结底是高校对红色基因教育的组织力度不够。高校组织开展红色基因教育，应该坚持学生主体、响应学生期待、坚持结果导向、注重优化过程。新时代大学生乐于接受新鲜事物，特别是在新媒体发达的今天，新媒体的发展也潜在地影响着大学生的思维方式、价值取向和行为方式。

一是高校要善于运用新媒体为红色基因教育提供平台，把红色基因表现形式的影响力、感染力发挥到极致。高校思政课堂可以将红色基因表现形式中的红色档案、红色文物通过数字人文技术加以拓展，以数据化、可视化、叙事化、故事化的手段来形成高效的传承红色基因模式。二是高校要善于将红色资源中的红色地标、红色展馆、红色艺术的挖掘与大学生的成长环境紧密结合，抓住大学生群体的内在需求，加强人文关怀。习近平总书记在全国思想政治工作会议上明确指出："要坚持不懈促进高校和谐稳定，培育理性平和的健康心态，加强人文关怀和心理疏导，把高校建设成为安定团结的模范之地。"❶三是高校在对大学生红色基因教育的引导中要牢牢把握住人文关怀，有效地利用丰富的红色基因表现形式中的红色地标、红色展馆、红色艺术所蕴含的红色元素。特别是在新冠疫情防控常态化的情况下，很多展馆开设了线上浏览和 AR 观展渠道，由线下转为线上，为大学生提供了更广阔的空间，有助于增强大学生红色基因教育的高度自觉，从而实现人的全面发展。

---

❶ 习近平在全国高校思想政治工作会议上强调　把思想政治工作贯穿教育教学全过程　开创我国高等教育事业发展新局面[N]. 人民日报，2016-12-09（001）.

（三）新时代大学生红色基因教育中的外部环境体系亟待建立

大学生自身的特点，决定了其是意识形态斗争的主要对象。多元文化的侵蚀影响着大学生的认知、思维，威胁着主流意识形态的话语权。在全球化快速发展的今天，多样化的社会思潮不断碰撞与融合，为不良思潮的滋生与蔓延提供了可乘之机，威胁着大学生的思想观念。需要运用马克思主义引领多元化的社会思潮，积极引导和挖掘积极向上向善的思想、价值、精神。同时，伴随着互联网的快速发展，西方国家借助网络传媒，大力宣扬西方资本主义的政治主张和价值观念，大学生对新鲜事物充满好奇感，容易对自身的世界观、价值观、人生观造成扭曲和错位，这种渗透使红色基因教育受到强烈冲击。因此，面对复杂多元的社会，高校要通过教育引导将红色基因所形成的理想信念、光荣传统与优良作风、精神谱系深植于大学生的思维方式、思想观念、价值取向，使其在心灵上得到净化、情操上得以陶冶，进而凝心聚魂，利用红色基因抵御复杂多元的社会思潮，让红色基因成为激励大学生追求理想、坚定信仰、指引行动、敢于担当的动力和源泉。

在此背景下，大学生红色基因教育的教育引导不仅是高校的责任，更需要建立社会、政府、家庭和高校多方协同的教育机制。如果缺乏相应的激励机制和培育机制作为保障，会导致红色基因教育发展机制运用力度不足。见表 4-3，从 1698 份大学生关于加强红色基因教育的建议看，聚焦存在的痛点问题，加快建立高校、学生和外部环境的综合教育体系，是新时代提升大学生红色基因教育的有效路径之一。

表 4-3 新时代大学生红色基因教育的建议

建议类别	建议	频数	百分比/%
加强红色基因教育的自我教育	1. 树立自觉传承、主动传承红色基因的意识	266	15.67
	2. 主动学习党史、领悟红色精神、接受红色教育	621	36.57
	3. 主动参与红色基因教育实践活动	424	24.97

续表

建议类别	建议	频数	百分比
加强红色基因教育的自我教育	4. 拓宽红色基因教育路径，看红色影剧、观红色展馆等	192	11.31
	5. 坚持党的领导，坚定理想信念，弘扬爱党爱国精神	235	13.84
	6. 注重红色基因教育的理论与实践相结合，立足专业、知行合一	189	11.13
高校完善红色基因教育育人体系	7. 丰富大学生红色基因教育活动形式，提升活动质量	192	11.31
	8. 创新思政课课程形式，加强课程思政、网络课程建设	58	3.42
	9. 发挥第二课堂育人价值，开设讲座、开展主题参观活动、倡导学生实践、设立相关社团等	49	2.89
	10. 加大红色基因教育宣传力度	152	8.95
家庭营造红色基因教育氛围	11. 家长言传身教，树立红色基因教育榜样	23	1.35
	12. 从娃娃抓起，从生活小事做起	53	3.12

1. 社会在红色基因教育中的支持作用有待强化

社会经历可以使大学生最大限度地接受红色文化的熏陶。对于社会在红色基因教育中的作用，高校教师普遍认为"非常重要"。大多数人认为学生的思想政治教育职责理应属于学校和教育部门，与社会其他部门关系不大，这也就直接导致红色教育缺乏社会层面的关心和支持。比如像革命圣地、博物馆、纪念馆等红色文化教育基地是学校进行红色教育的主要形式之一，但是随着市场经济和旅游业的不断发展，红色旅游游客逐年增加，大多数红色景点实行收费制度，票价越来越高，这就导致红色教育成本提高。学校与社会力量结合较少，在红色教育过程中与社会其他组织没有达成共识，导致红色教育的社会支持度低。大学生红色基因教育需要从社会中找到切入点，尤其是学校和社会应当结合共同寻找角度和思路，包括大学生主动进入社会或者社会进入校园等活动，如大学生社会实践（主动）、红色精神讲座（被动）等。在红色历史教育方面，以抗战纪念馆、红色抗战实物展览馆、感恩文化主题公园、文化博物馆等红色资源丰富、红色精神突出的景点和村寨为依托，让学生在研学旅行活动中体验艰苦奋斗的创业精神，以及不屈不挠的爱国报国精神。在对 15 位高校教师的访谈中，作者了解到高校教师认为大学生红色基因教育要从社会方面加大教育力度。比如，一位高校学院领导（编号 10）认为，"大学生红色基因教育非常需要从社会中找到切入点加大教育力度。红色基因教育应更多地融入专业教育、社会实践、行业及国家社会经济发展中，就红色基因教育谈红色基因教育，就是走马观花和入眼入耳，很难入脑入心。一方面，博物馆、传统文化教育基地、科普基地、革命圣地、纪念馆、展览馆等资源，应提升内涵，发挥互动性和育人成效；另一方面，学生走进文化厚重的企业，将专业认知、企业文化、党和国家发展历程有机融合，更能起到协同育人成效；此外，还可设立基金等，专项用于相关领域研究及支持项目实践落地"。一位高校图书馆教师（编号 15）认为，"社会为大学生红色基因教育提供了广阔平台，大学生开展社会实践，是红色基因教育的有效手段，也是大学生将知识转化为能力的重要方式。通过社会实践使大学生可以将课堂中学到的理论知识转化为实践力量，在实践中加深对理论知识的理解与运用。高校鼓励学生积极开展红色文化主题实践活动，并以此作为大学生社会实践活动的重要形式之一，能够不断提升大学生参与红色基因教育主题实践活动的自觉性与主动性"。

2. 政府统筹指导力度有待加强

对于蕴含红色基因的红色资源要全国一盘棋来统筹规划，目前处于自发点状分布，不利于红色资源的科学有效整合。关于政府在红色基因教育中扮演的角色，高校教师认为应扮演"总掌舵人""领路人""政策制定者、学校考评者、学生监督者"的角色，需要政策引导和资金支持。但是，由于政府对高校所具有的红色资源运行缺乏相应的协调共享机制，缺乏制度性与政策性保障，各项制度缺乏连续性与稳定性，各项机制间相互协调配合力度显得不足。正如访谈中，一位高校机关教师（编号 11）认为，"政府部门应围绕红色基因开展各式各样的专题会、交流会，深入研究总结红色资源的历史地位和时代价值,从更高层面、更宽视野全面加深大学生对红色基因的全面理解和深刻认识"。一位高校从教 14 年的思政课教师兼教学院长(编号 1)也提到,应充分落实政府的文化职能,从组织机制、政策法规、文化活动等方面提升大学生红色基因教育的成效。2018 年 6 月,中央军委印发《传承红色基因实施纲要》,明确以红色基因推进新时代强军事业,这对做好新时代大学生红色基因教育具有借鉴意义。在对 15 位高校教师的访谈中,高校教师认为政府是大学生红色基因教育的重要角色之一,政府应建立机制着力提升大学生红色基因教育的成效。正如一位辅导员(编号 5)认为的,"政府是传承红色基因的组织者,加强红色资源的保护与开发,创新红色基因传承方式,充分利用红色展馆、红色景区、红色文物等'活'的红色载体,积极开展'传承红色基因'主题教育活动,推动红色旅游";一位高校实验员教师(编号 14)认为,"政府是红色教育的领路人。红色基因融于基层社会治理中,发挥价值引领功能、道德陶冶功能、规范约束功能等,来提升大学生红色基因教育的成效"。

3. 家庭在红色基因教育中的作用尚未有效发挥

家庭教育对大学生成长成才而言,发挥着至关重要的作用,是红色基因教育的重要一环。访谈中,一位高校机关教师(编号 12)认为,"家庭教育对人的思想政治品德影响最早、最直接、最持久,家庭教育中的红色文化基因传承是社会主义先进文化建设的一个不可忽略的内容"。但是,绝大多数家庭对于子女的教育,大都体现在道德教育、法治教育、学业教育和常识教育等适用子女在社会生存发展的基础性教育上。受父母个人思想认知的制约,家庭具备红色基因教育的育人能力有限,特别是子女在具备独立思考和完成基础性教育后,家庭的思想教育便不再显著。如图 4-25 所示,大部分调查对象都建议强调家庭应注重对子女的思想教育和价值观引领,政府应重视红色资源的开发与保护,社会应创设更利于传承红色基因的良好生态。因此,新时代大学生红色基因教育既需要依靠高校的思想政治教育，还需要政府的资源保障、家庭的思想引导及全社会营造出坚定理想信念、弘扬光荣传统与优良作风、继承精神谱系的社会新气象。因此，家庭对于红色基因教育的主动性、主体性还不够，要与高校、社会、政府联动，共同为大学生红色基因教育提供适宜的环境养料。在对15位高校教师的访谈中，我们了解到教师们认为家庭在红色基因教育中的作用也是不容小觑的。比如，一位高校思政课教师（编号1）认为，"学生作为从未成年人向成年人跨越的群体，家庭对他们的教育是第一位的，良好家风为大学生红色基因教育提供环境支撑，家庭教育为大学生红色基因教育提供精神滋养"；一位高校思政课教师（编号2）认为，"良好的家风，对个人的成长成才，意义重大；反之亦然。因此，要十分注重良好家风的建设。红色家风建设更是影响深远。一要立家风树新风。家长自身要厚德载物，言传身教。二要做好红色参观。在家庭聚会、家庭活动时，增加一些红色参观、红色游览，让孩子有一个切身的体会、具体的感知。三要择邻而居。如果家庭条件允许，家庭可以适当做到将小孩带到一个更好的红色的成长环境中生活"；一位高校工科专业专任教师（编号4）认为，"家庭在大学生红色基因教育中扮演重要角色，往往在家里更容易敞开心扉，进行深入交流。不同家庭背景的大学生对于传承红色基因有着不同的表现，甚至大相径庭。父母的言传教育是以最直接的形式来影响孩子，构筑孩子的价值观。父母更应以身作则，言传身教，提升大学生红色基因教育的效果"；一位从事学生工作13年的辅导员（编号6）认为，"家庭对学生的成长尤其是青少年价值观的形成具有不可替代的耳濡目染作用。特别是具有红色革命经历的家庭成员，其子女后代对于红色基因教育具有天然的亲和力和接受力，同时家长的爱国主义观念也强烈影响着子女的爱国主义教育成果。家庭与学校之间的家校联动可以同步爱国主义教育内容，使得学生受到的内外一致的爱国主义教育，更利于其爱国主义情怀的培养"。

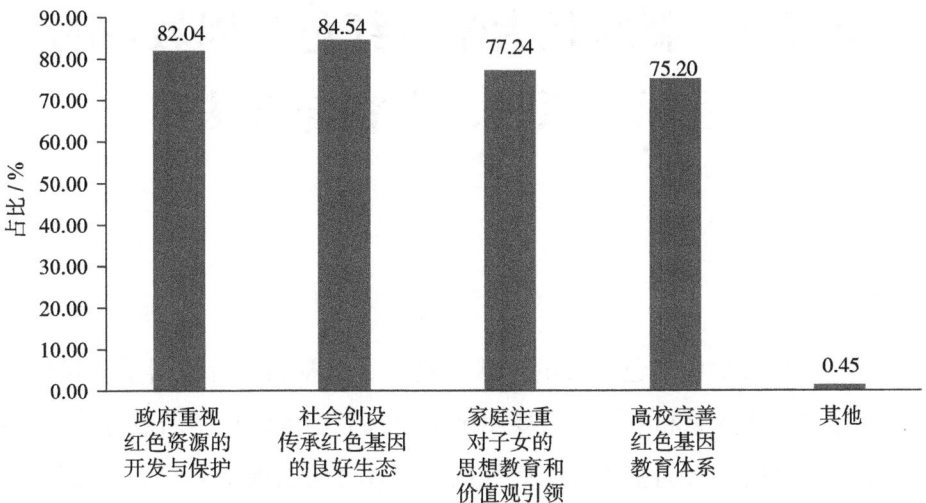

图 4-25　问卷调查对象认为其传承红色基因所需的外部支撑

第五章 新时代大学生红色基因教育的目标、原则、内容与方法

从新时代大学生红色基因的现状来看，红色基因教育取得了一定成效，同时也存在一些问题和不足。需要明确新时代大学生红色基因教育的目标是大学生红色基因教育的基础，明确红色基因教育的原则是大学生红色基因教育的保障，明确红色基因教育的内容是大学生红色基因教育的前提条件，明确红色基因的教育方法是确保大学生红色基因教育有成效的重要手段。因此，新时代大学生红色基因教育有必要对其目标、原则、内容与方法进行分析和总结。

一、新时代大学生红色基因教育的目标

红色基因是见证中国共产党由小变大、由弱到强、不断走向胜利的精神内核因子，为保障红色基因注入新时代大学生的精神血脉从而代代相传，就要为红色基因教育设定目标。新时代大学生红色基因教育的目标是新时代大学生红色基因教育的出发点和落脚点。新时代大学生作为时代新人培育工作的对象，也是进行红色基因教育的重要对象，肩负着实现中华民族伟大复兴的时代使命。新时代大学生红色基因教育必须与时俱进，结合时代特征，设定科学合理的新时代大学生红色基因教育目标。

第五章 新时代大学生红色基因教育的目标、原则、内容与方法

（一）培养大学生成为堪当民族复兴大任的时代新人

习近平总书记指出，"教育是国之大计、党之大计"，要"培养担当民族复兴大任的时代新人"。❶大学生红色基因教育的总体目标就是使大学生在红色基因中汲取崇高的理想信念，发挥示范作用，勇做堪当民族复兴大任的时代新人。百年来一代代中国共产党人凝聚在党的旗帜下，为理想信念前仆后继、接续奋斗。培养大学生成为堪当民族复兴大任的时代新人就要引导大学生树立蕴含红色基因的理想信念。

1. 坚定对马克思主义的信仰

随着历史的演变和社会的进步，马克思主义不断丰富发展，要始终以坚定的马克思主义立场、观点、方法为红色基因教育提供行动指南。红色基因是中国共产党以马克思主义为总纲，彰显共产主义信仰的特质——"人类解放的情怀、人生进取的境界、道德奉献的情操、社会历史的视野"的最鲜亮体现。❷大学生红色基因教育就是要用科学高尚的马克思主义指导人生，赓续红色血脉，增强大学生对马克思主义的信仰。

一是进一步夯实大学生的马克思主义信仰。红色基因的政治性浸润着大学生心灵，启迪大学生对马克思主义的继承与发扬，激励大学生信仰马克思主义，树立正确的马克思主义观。二是进一步坚定大学生对共产主义的理想信心。大学生红色基因教育有助于引导大学生运用马克思主义世界观和方法论武装头脑，提升个人共产主义修养，形成共产主义世界观，以坚定的辩证唯物主义和历史唯物主义立场，提升大学生共产主义信念，增强大学生坚定共产主义远大理想的信心和决心。三是进一步助力大学生成为践行马克思主义者。新时代大学生是与新时代同向同行、共同前进的一代，处在中华民族伟大复兴历史进程中的新发展阶段，拥有广阔的成长空间，有着施展抱负、

---

❶ 习近平. 在教育文化卫生体育领域专家代表座谈会上的讲话 [M]. 北京：人民出版社，2020：2.

❷ 刘建军. 论共产主义信仰的崇高境界 [J]. 思想理论教育导刊，2013（3）：50-54.

实现理想的难得机遇。新时代大学生要自觉践行马克思主义,要成为知行合一、勇于担当的马克思主义实干家。

2. 坚定对中国特色社会主义的信念

红色基因孕育在中国共产党的创立、革命、建设、发展中。中国共产党的思想路线、执政理念、宗旨制度凝结在红色基因中,中国共产党是红色基因发展的领航者。因此,树立牢固的蕴含红色基因的理想信念必然包含着对中国特色社会主义的信念。

一是用信念之光照亮前行之路。大学生红色基因教育是对中国共产党百年来所形成的理想信念的继承与发扬,大学生要深知新时代所肩负的使命担当,从理想信念中汲取前进力量,用坚如磐石的信念践行奋斗的青春。二是用人民至上情怀汇聚青春力量。中国共产党一切工作都是以人民为中心,新时代大学生是朝气蓬勃的一代、是大有作为的一代、是开放自信的一代。党和人民对新时代大学生充分信任、寄予厚望,大学生红色基因教育就是引导大学生树立以人民为中心的情怀,增强为民意识,为大学生走上工作岗位奠定基础。三是深刻体会社会主义制度的优越性。制度优势是一个国家的最大优势,制度竞争是国与国之间最根本的竞争。制度稳则国家稳。❶古人说:"凡将立国,制度不可不察也。"大学生红色基因教育的过程是对红色基因所体现的鲜明政治导向和丰富时代内涵的继承和发扬的过程,让大学生深刻体会社会主义制度的优越性,激发大学生潜能,在实践中彰显青春力量,为"中国之治"贡献青春力量。

3. 坚定对实现中华民族伟大复兴中国梦的信心

红色基因具有鲜明的时代性,蕴含着爱国主义、艰苦奋斗、自强不息、

---

❶ 习近平. 坚持和完善中国特色社会主义制度推进国家治理体系和治理能力现代化[J]. 求是,2020(01).

第五章 新时代大学生红色基因教育的目标、原则、内容与方法

求真务实、改革创新等理想信念。结合时代目标、聚焦现实问题、融入具体实践，才是新时代大学生接受红色基因教育的应有之义。

一是提升大学生的责任感和使命感。习近平总书记提出了"实现中华民族伟大复兴的中国梦"的奋斗目标。红色基因与中国梦紧密联系在一起，红色基因教育与实现中国梦的进程是同步推进、同频共振的。高校学生大多是"95后""00后"，接受红色基因教育是把"小我"融入"大我"的过程，开展大学生红色基因教育有助于为实现中华民族伟大复兴中国梦提供力量之源。二是树立大学生正确的国家观、历史观。通过形成正确的国家观和历史观，帮助大学生在接受红色基因教育的过程中知深、走稳、行远。新时代大学生红色基因教育在"我们都是追梦人"的过程中，感悟崇高理想信念，化思想自觉为行动自觉，树立正确的国家观，以国为荣，为国而勇；树立正确的历史观，放眼五千年中华文明，着眼于近代中国奋斗史，汲取历史智慧，摒弃历史虚无主义，坚定历史自信。三是凝聚大学生的青春力量。青春是用来奋斗的，中国梦也是奋斗出来的。大学生用青春的力量在实现中国梦的生动实践中不断书写属于青年学子的奋斗篇章，将无数股青春力量的涓涓细流汇聚成中华民族伟大复兴的浩瀚大海，激励大学生自觉地为实现中华民族伟大复兴中国梦而不懈努力。

（二）培养大学生成为红色基因的传承者

大学生红色基因教育的具体目标之一就是培养大学生成为红色基因的传承者，继承中国共产党的光荣传统与优良作风，将光荣传统与优良作风融入实际学习和生活中。大学生以高度的思想自觉接受红色基因教育，用党的光荣传统与优良作风涵养、感染大学生传承红色基因，学习鲜活的红色史料并砥砺前行，书写新时代的青春之歌，进而使大学生成为红色基因的接续人和传承者。

1. 涵养大学生继承光荣传统

光荣传统与优良作风作为中国共产党的传家宝，在新时代大学生红色基

因教育中具有思想引领的作用，有助于新时代大学生从中汲取前行的力量，达到涵养自身的目的。

一是从光荣传统与优良作风中汲取党性的力量。党性是对党的意志的高度贯彻和集中体现，新时代大学生是党培养人才、发展党员的重要来源，对大学生开展党性教育的重要性不言而喻。让大学生继承和学习党的光荣传统与优良作风，就要在实践中不断加深大学生对党的性质的认识，坚定大学生对党的宗旨的信仰。新时代大学生要学会自我反省、对党忠诚，讲党性、有底线，将党的优良品质刻在基因里、流进血脉里，真正将红色血脉延续下去。二是从光荣传统与优良作风中锻造高尚的人格魅力。没有高尚的人格，就无法勇担时代大任。新时代大学生要在实践中锻造自己健康人格，言行一致、勇于担当、对党忠诚。万善"德"为先，高尚的人格、优良的品德是大学生走向社会、安身立命的首要品质。空有理想、不求实干；空有学识，德不配位，都不能称得上是合格的新时代青年。三是始终保持昂扬的精神状态。新时代大学生应始终以昂扬的精神状态将光荣传统与优良作风作为思想洗礼，把自己的人生和理想与祖国、时代紧紧联系在一起，在困难面前不退缩，在挫折面前积极面对。

2. 感染大学生发扬优良作风

大学生红色基因教育是一项长期的系统工程，不仅要在课堂上讲道理、谈理论，更需要在实践中不断将光荣传统与优良作风内化于心，感染大学生传承红色基因。

一是用党的优良作风发挥价值引领作用。党的百年奋斗史是一部与时俱进的作风建设史。新时代大学生要从百年党史的光荣传统与优良作风中汲取价值追求，在继承和发展中弘扬新时代作风并形成思想自觉、政治自觉、行动自觉，担负起"强国一代"的历史使命。二是用党的光荣传统与优良作风坚定信念、凝聚力量。在百年征程中，中国共产党始终坚持以马克思主义为指导，形成理论联系实际、紧密联系人民群众、批评和自我批评的光荣传统与优良作风,并凝结成红色基因蕴藏在中国共产党人的血脉传承之中。新时代大学生要从光荣传统与优良作风中汲取弘扬赓续红色血脉的动力源泉。三是将光荣传统与优良作风在新时代予以弘扬。习近平总书记强调,把好传统带进新征程,将好作风弘扬在新时代。❶ 奋进新时代、启航新征程,必须以光荣传统与优良作风为政治保障。大学生红色基因教育最基本的就是要学习和践行党的光荣传统与优良作风,把党历来坚持的理论联系实际、调查研究、学习之风等光荣传统与优良作风发扬好,持续提升大学生个人修养,激发其担当精神。

3. 激励大学生践行时代使命

新时代大学生在日常学习中要继承党的光荣传统与优良作风,就要学习、理解、掌握党的光荣传统与优良作风的内涵、本质和要求。通过凝结着党的光荣传统与优良作风的鲜活史料激励大学生传承红色基因。

一是让"理论和实践相结合的作风,密切联系人民群众的作风,批评和自我批评的作风"(以下简称"三大作风")的荣光激励新时代大学生向前奋进。这"三大作风"是我们党区别于其他政党的显著标志。新时代大学生要深刻领悟"三大作风"的精神实质,用"三大作风"涵养品德、践行党的"三大作风",将其接力传承下去。二是用调查研究的作风建功新时代。党的十八大以来,习近平总书记调研的足迹遍及大江南北,遍及乡村、社区、学校、企业。新时代大学生要把论文写在祖国的大地上,大力发扬调查研究的作风,走出象牙塔,多到实地现场调查研究,深入实际、深入基层、深入群众,不断增强发现问题、解决问题的能力。三是大兴学习之风。中国共产党百余年的历史,是一部党的创业发展史,更是一部党的思想学习史。中国共产党在学习制度上不断完善,把学习作为一项行动自觉。特别是党的十八大以来,

---

❶ 习近平在十九届中央纪委五次全会上发表重要讲话强调充分发挥全面从严治党引领保障作用确保"十四五"时期目标任务落到实处 [EB/OL].(2021-01-22)[2022-02-20].http://jhsjk.people.cn/article/32009280.

以习近平同志为核心的党中央带头将集体学习制度化、长期化，以身作则，始终将学习贯穿于执政理念中。新时代大学生最重要的任务就是学习，要将学习作为终身任务，除在校园课堂学习外，还要在社会大课堂中学习、向朋辈榜样学习、向人民群众学习。

（三）培养大学生成为红色基因的践行者

大学生红色基因教育的具体目标之二就是要让大学生成为红色基因的践行者，使红色基因内化为践行初心使命的动力源泉。大学生在践行红色基因的过程中需要发挥好红色基因的爱国导向价值、激励价值、凝聚价值来引导大学生倡导蕴含红色基因的精神价值，进而使大学生成为红色基因的推动人与践行者。

1. 培育大学生深厚的爱国情怀

红色基因教育主要价值是导向价值，根本的导向价值是爱国主义。习近平总书记在党的二十大报告中指出，"用好红色资源，深入开展社会主义核心价值观宣传教育，深化爱国主义、集体主义、社会主义教育"❶。爱国是红色基因教育的重要范畴，因而弘扬爱国主义对于红色基因教育有着重要作用。红色基因本身就是爱国主义精神的内在核心，爱国主义精神贯穿于红色基因的生成、发展、壮大、创新的整个过程。爱国主义精神深深根植于中国共产党的百余年历史中，是中国共产党宝贵的精神财富。当代中国爱国主义精神最主要的是大力弘扬中国精神，为实现伟大梦想提供强大精神动力。作为新时代大学生，爱国是第一位的，也是最根本的。中国特色社会主义进入新时代，要充分将红色基因教育中的爱国主义贯穿于高校立德树人的全过程。

一是用爱国主义激扬青春。用爱国主义精神观照大学生的成长、成才全

---

❶ 习近平. 高举中国特色社会主义伟大旗帜　为全面建设社会主义现代化国家而团结奋斗——在中国共产党第二十次全国代表大会上的报告 [M]. 北京：人民出版社，2022：44.

第五章 新时代大学生红色基因教育的目标、原则、内容与方法

过程。激发大学生爱国热情,将爱国之情和报国之志凝聚在学业中、融汇在生活中,争当复兴栋梁、强国先锋。二是用爱国主义赓续红色血脉。爱国主义作为中华民族精神的核心,汲取了中华民族爱国主义的思想精髓,深刻彰显红色基因的历史性与时代性。大学生红色基因教育必须以爱国主义为出发点,爱国主义为红色基因教育铺就了精神土壤。三是用爱国主义汇聚青春力量。只有把爱国主义作为红色基因教育的重要所在,才能强化大学生对传承红色基因的内心认同并付诸行动。因此,爱国主义在大学生红色基因教育中是红色基因政治导向性最根本的体现。

2. 精神激励大学生明德力行

红色基因在中国革命、建设和改革开放、新时代的实践中能够得到传承,就是其所蕴含着强大的精神内核因子,激励着无数的中国共产党人前赴后继、顽强拼搏,战胜了一个又一个困难,取得了一次又一次的胜利。新时代大学生要用党在百年奋斗中形成的伟大精神滋养自己、激励自己。

一是用以爱国主义为核心的民族精神引领大学生。爱国主义激励着一代又一代中华儿女为民族复兴而不懈奋斗。对大学生进行红色基因教育能够激发大学生投身中华民族伟大复兴的伟大事业中,在人生的道路上心有所向、行稳致远。民族精神的核心是爱国主义,是永恒的话题,新时代大学生在民族精神的激励下回望中国共产党人走过的艰难历程,方知伟大事业的成功得来不易,更能珍惜今日来之不易的和平与幸福。二是用以改革创新为核心的时代精神引领大学生。作为成长于新时代的大学生,见证了改革实践中的伟大事业,时代召唤大学生要善于创新、勇于创新、培养创新思维。国家为大学生创新提供了更多机会和平台,大学生在创新精神的鞭策下能够产生更多创新成果,为攻克"卡脖子"技术难题贡献青春力量。在新时代的伟大征程上,时代精神必然成为鞭策大学生与时俱进的精神力量。三是引导大学生在伟大精神的感召下聚力前行。用蕴含红色基因的精神激励大学生,让大学生从伟

大精神中汲取担当使命的行动力量。红色基因育新人的过程就是大学生听党话、感党恩、跟党走，让精神永续传承的过程。伟大精神鼓励大学生不管面临怎样的困难逆境，都能攻坚克难、奋勇向前。

3. 凝聚大学生奋进的思想力量

凝聚力是指全体成员为实现共同利益和奋斗目标而产生的内聚力和向心力。中国共产党自诞生之日起，始终把可以团结的力量紧紧团结在一起、凝聚在一起，使全国人民保持着激昂的精神状态向着共同的理想目标前进。新时代大学生是新征程中的重要力量之一，是党和国家事业的接班人。红色基因教育对大学生在感悟思想伟力、凝心聚力方面具有不可替代的作用。

一是帮助大学生辨析社会思潮。大学生接受红色基因教育的过程也是自身价值得到升华、精神得到洗涤的过程。因此，紧扣大学生的价值追求和精神需求，着力解决大学生的精神困惑和思想迷茫十分重要。如通过红色档案这种具有原始记录性的表现形式可以揭穿历史虚无主义等思潮的虚伪面纱，为大学生认清西方错误思潮提供历史依据。二是增强大学生国家主权意识。在大学生中进行红色基因教育，能够增强大学生对实现祖国统一的高度认同感。中华民族大家庭有着源远流长的历史，在经受了帝国主义侵略后，中国共产党领导中国人民建立了中华人民共和国，实行改革开放，在新发展阶段，全面建设社会主义现代化国家的新征程中，实现祖国统一是几代中国人的共同的夙愿。三是凝聚大学生民族意识。大学生红色基因教育凝聚的是向上向善的力量，汇聚的是底色鲜明的精神，促进大学生紧紧团结在一起，强化中华民族大家庭一家亲的强烈民族意识，不断加强民族团结。

二、新时代大学生红色基因教育的原则

新时代大学生红色基因教育的过程也是一个从认识到实践再到认识，螺

第五章　新时代大学生红色基因教育的目标、原则、内容与方法

旋式上升的思想提升过程。大学生思想处于动态发展过程，在这个过程中要准确把握红色基因形成和发展的客观规律及新时代大学生这个教育主体的成长规律。运用党性与人民性、继承性与创新性、科学性与实效性相统一的原则能够助推提升新时代大学生红色基因教育的实效。

（一）党性与人民性相统一原则

新时代大学生在红色基因教育的过程就是坚定党性与人民性原则的有机统一的过程。所谓党性，是党所代表的根本利益的集中体现，由党的意志的形式加以表现。所谓人民性，是人民根本利益的集中体现，以人民的意志和愿望的形式得以体现。一方面，红色基因教育根植于中国共产党的血脉中，大学生红色基因教育是让大学生坚定共产主义的理想信念，坚持党的性质和宗旨，以习近平新时代中国特色社会主义思想为科学指引和基本遵循，坚定自觉地同以习近平同志为核心的党中央保持高度一致，旗帜鲜明地宣扬党的光荣传统和光辉历史，用青春守护好"共产党人的精神家园"。另一方面，红色基因是在"为中国人民谋幸福、为中华民族谋复兴"的伟大历程中不断发展起来的。大学生在接受红色基因教育过程中要深刻体会中国共产党始终坚守把人民放在心中最高位置精神坐标上的初心使命。历史证明，无产阶级政党如果违背了代表广大人民群众根本利益的宗旨，不仅会导致党的思想和组织的涣散，严重的话还会导致党的执政地位的丧失，苏联解体已经提供了惨痛的教训。习近平总书记指出："党的路线、方针、政策，党对每一件事情的看法和主张。应该说就是人民愿望、要求的充分体现，就是人民的看法和主张。"❶ 党性与人民性是一致的、统一的，二者统一于中国特色社会主义伟大实践中。新时代大学生要担当民族复兴大任，必须坚持爱党、爱国、爱社会主义，懂得党的命运、祖国的命运、社会主义的命运是密不可分的。

---

❶ 习近平. 摆脱贫困 [M]. 福州：福建人民出版社，1992：63.

1. 坚持党性原则

红色基因是中国共产党百余年来理想信念、光荣传统与优良作风、伟大精神谱系的内在核心，充分体现了党的性质宗旨、政治本色、精神特征等，诠释了共产党人的初心与使命，彰显着鲜明的党性。红色基因是党和人民共同创造的精神财富，红色基因教育是新时代大学生坚定理想信念、弘扬光荣传统与优良作风、继承精神谱系的有效途径。在我国进入全面建设社会主义现代化国家、向第二个百年奋斗目标进军的新征程上，教育新时代大学生传承红色基因、赓续红色血脉、坚持党性原则要从以下三个方面做起。

一是以坚定的理想信念为思想引领。大学生红色基因教育是高校围绕立德树人根本任务开展的铸魂育人工程。理想信念作为中国共产党红色基因的重要部分，有助于为大学生红色基因教育提供信仰滋养和精神追求。大学生接受红色基因教育的过程，就是对理想信念的升华，引领着大学生在思想上、精神上得以洗礼。二是以红色精神为价值引领。大学生红色基因教育就是要紧紧抓牢精神支柱，通过马克思主义的强大生命力，以蕴含红色基因的精神为价值引领，传播正能量，增强大学生的时代使命感。在百年未有之大变局中，面对千载难逢的历史大机遇，大学生应当坚持正确的价值观、大局观、历史观，自觉发扬伟大精神，在道路、方向、立场等重大原则问题上守住守好底线红线，坚持党性，以红色精神作为价值取向。三是以优良学风作为行动引领。大学生红色基因教育落脚点在行动、在实践。大学生的根本任务是学习本领、掌握知识，无论是在思政课、专业课或是在第二课堂，通过多方面、多途径的学习，了解中国共产党的光荣传统与优良作风、伟大精神和伟大成就，是新时代大学生牢记初心使命的重要途径。通过优良的学风带动红色基因教育，增强理解红色基因的深刻内涵和精神实质，有助于不断提升红色基因教育中大学生传承红色基因的行动自觉。

2. 坚持人民性原则

人民性是马克思主义政党最本质的特征取向和最鲜明的价值表达。《中国共产党第十九届中央委员会第六次全体会议公报》中有56处提到"人民"二字；《中共中央关于党的百年奋斗重大成就和历史经验的决议》中有249处提到"人民"二字。中国共产党自1921年成立以来，人民的根本利益是中国共产党终身矢志不渝的奋斗追求，以人民为中心，坚持一切为了人民、一切服务人民的党性原则。百年来，中国共产党坚持革命为了人民、建设为了人民、改革为了人民、新时代为了人民的宗旨，彰显了中国共产党深厚的人民性。

一是人民性是马克思主义中国化的充分运用。党的百年奋斗深刻影响了世界历史进程，党领导人民创造了人类文明新形态，拓展了发展中国家走向现代化的途径。红色基因是由人民创造的，也由人民来传播。大学生红色基因教育中需要传承的是人民造就的智慧和力量。二是人民性是中国共产党的最根本特征。党的百年奋斗铸就了走在时代前列的中国共产党，人民至上是百年大党带领人民取得重大成就的宝贵经验之一。大学生红色基因教育是为了让大学生从红色基因中汲取力量，有更多的红色基因获得感、满足感和幸福感，这样红色基因才能代代相传下去。三是人民性是习近平新时代中国特色社会主义思想的鲜明底色。党的十八大以来，以习近平同志为核心的党中央始终把人民放在第一位。为人民谋幸福、为人民创造美好生活的初心为百年大党提供了执政根基和坚强保障。实践证明，离开了人民性，红色基因就会失去根基。在一定程度上，大学生红色基因教育的过程即是见证中华民族伟大复兴的过程。

（二）继承性与创新性相统一的原则

红色基因作为中华优秀传统文化、革命文化、社会主义先进文化在中国共产党长期革命、社会主义建设、改革开放和新时代建设实践中所形成的理想信念、光荣传统和优良作风、精神谱系，新时代大学生红色基因教育要在继承中学习，在创新发展中知其所以然并发扬之，做到守正创新、守正为基、创新为要。继承传统与开拓创新是一脉相承的，是不可割裂的两个方面。一方面，新时代大学生是中华民族伟大复兴路上的一支重要力量，是国家的未来、民族的希望。在红色基因教育的过程中，传承是基础。红色基因是中国共产党的优秀基因，是涵养大学生的重要源泉，是要根植于内心并影响思想行为的一种伟大基因。作为新时代大学生要在传承上下功夫，不能丢掉根本，不能割断精神命脉，红色基因是前行的坚实根基；另一方面，创新是有意识、富于智慧的实践活动。在马克思看来，创新是人类特有的一种活动。在新时代大学生红色基因教育过程中应当做到薪火相传、代代守护，更需要结合时代特点，与时俱进。只有在传承中创新，红色基因的传承才有生机和活力。

1. 坚持继承性原则

新时代大学生红色基因教育强调原汁原味地将蕴含红色基因的红色资源利用好、继承好。红色基因教育为新时代大学生实现人生目标提供永不枯竭的精神动力。大学期间，广大青年学子面临着一系列人生选题，如掌握专业知识、提升综合素质、明确发展方向等。青年学子只有把个人的成长发展与国家富强民族复兴联系起来，把个人的奋斗目标与国家和民族的前途命运联系起来，也就是将小我融入大我中，才能使个人的理想之花开出丰硕的成果。而只有激活和传承红色基因，青年学子才能选择正确的方向去追求高尚的人生目标，进而确立积极进取的人生态度，最终新时代大学生的个体人生价值得到最大体现。

一是做好继承性体现在对中华优秀传统文化的时代内涵和价值的阐释上。在理念上，坚决反对历史虚无主义倾向；在内容上，将民族精神与时代精神紧密结合在一起，由此使大学生认识和了解红色基因作为见证中国共产党百年来成长、成熟的文化形态精髓有着丰富的历史积淀。二是做好继承性体现在做好红色资源的深度挖掘整理与保护工作。习近平总书记多次强调要用心用情用力保护好、管理好、运用好红色资源。利用保护好红色资源，对分布广泛、形态各异的红色资源进行充分挖掘、整合、保护，使之系统化、条理化、知识化地呈现在受众面前，形成红色资源数据库。运用数字人文赋能红色资源建设，合理开发利用好红色资源，为大学生红色基因教育发挥好红色资源价值内蕴。三是做好继承性体现在把红色基因教育与培养堪当中华民族伟大复兴大任的时代新人有机结合起来。新时代大学生是时代新人培育的主体，将红色基因进教材、进课堂、进日常，引导大学生树立正确的历史观、民族观、国家观、大局观，不断提升大学生的理想信念、光荣传统与优良作风、精神谱系，激发大学生内在的向上向好力量，增强大学生堂堂正正做中国人的志气、骨气、底气。

2. 坚持创新性原则

新时代大学生红色基因教育过程就是在继承红色基因的基础上，通过红色基因教育的形式上、内容上、技术上的创新，让大学生在"沉浸式、嵌入式、滴灌式"的教育形式中，运用数字人文技术在"参与式、体验式、互动式"的方式中体验红色基因教育带来的不竭动力和永恒魅力。

一是红色基因教育形式上的创新。主要强调通过对红色资源情境化、本体化组织，从红色资源挖掘者与红色资源利用主体两个层次形成双重叙事驱动，同时把握好双重驱动之间的平衡点，用红色资源中的史实说话，用历史事件来抵御西方错误思潮，用事实来引导大学生红色基因教育。红色资源中从时间跨度上勾勒出了红色精神脉络。从建党精神到西柏坡精神，到抗美援朝精神、"两弹一星"精神，再到改革开放精神、脱贫攻坚精神、抗疫精神，每一种精神都为大学生红色基因教育提供了动力源泉。红色资源本体为不同领域红色基因表现形式提供具体应用情境资源，既是对红色资源的本体保护，也是对红色资源的叙事内容的丰富，从而达到引导大学生坚定理想信念、传承红色基因的育人目标。二是红色基因教育内容上的创新。主要是通过打造红色叙事多元维度，基于红色资源本身所蕴含的人物、时间、地点、事件、物体等，将红色资源情境化。特别是红色资源中存在大量以人物为叙事中心的素材，通过时间轴可清晰展示红色资源，从纵向内容上帮助大学生更准确地把握红色基因脉络。全国各地有大量的红色资源，基于红色资源中蕴含的信息可以揭示革命历史真相，有利于研究机构梳理红色主题，引导大学生走进红色资源，感受红色力量。运用红色档案、红色文物是当下档案馆、博物馆和文物机构实现红色资源开发利用的常见方式之一。三是红色基因教育技术上的创新。主要是通过数字人文技术对红色资源进行开发利用，以5G为支撑，引入VR、AR和AI等技术来实现沉浸式的多维叙事体验。这些红色资源通过数字人文技术，有助于丰富传承红色基因的形式、内容。具体来说，积极通过在展览、纪录片和音频播客中运用数字人文技术，以互联网交互的方式使得红色资源作为红色记忆的锚，深深固定在大学生的红色记忆之中。

翻开厚重的中国共产党百年历史，从取得革命的伟大胜利到迈向民族的伟大复兴，一件件饱经沧桑的红色档案和红色文物，记录了一段段直抵人心的红色故事；一处处继往开来的红色地标和红色展馆、一幅幅感人至深的红色文艺作品，是中国共产党披荆斩棘、砥砺奋进最好的见证。这些都是对新时代大学生在继承性与创新性相统一原则基础上进行红色基因教育最有力的表现形式。

（三）科学性与实效性相统一原则

红色基因教育本身是进行马克思主义再实践的教育，更是对马克思主义再实践的发展和创新。红色基因蕴含着先进的、科学的理论，是科学性与实

第五章 新时代大学生红色基因教育的目标、原则、内容与方法

效性相统一的。一方面，中国共产党以马克思主义为指导，党的百年发展史是在探索中国特色的革命道路、建设道路和改革道路，在吸收马克思、恩格斯等思想精华的同时，结合中国具体实际进行创造性转化。另一方面，新时代红色基因的发展丰富了红色基因的内涵，体现了鲜明的中国特色。此外，新时代新元素的吸收使红色基因实现了对马克思主义中国化时代化的丰富和发展。新时代大学生红色基因教育必须结合时代要求，引导大学生坚定理想信念，继承光荣传统与优良作风，弘扬精神价值，不断彰显中国力量。

1. 坚持科学性原则

红色基因的发展历程是一个内涵不断丰富和发展的历程，要充分理解和把握红色基因的特点，并在其发展规律的基础上，指导实践工作，从而实现红色基因教育工作的科学发展。中国特色社会主义进入新时代，中国特色社会主义理论实现了时代化发展。源远流长、博大精深的中华优秀传统文化，为红色基因提供了思想源泉。中国共产党百年凝结而成的红色血脉，奠定了红色基因世代相传的精神底蕴。蕴含红色基因的革命文化和社会主义先进文化是经过实践检验的科学文化，焕发出无穷无尽的力量，为实现第二个百年奋斗目标提供强大伟力。

一是坚持以马克思主义为总纲，指引中国特色社会主义道路。中国共产党的百年奋斗历史展现了马克思主义的科学性和真理性在中国的充分检验。思想建党、理论建党是中国共产党取得一个又一个胜利的强大思想武器。红色基因教育必须始终坚持以马克思主义特别是习近平新时代中国特色社会主义思想为引领，以习近平总书记关于传承红色基因的重要论述为指导，坚持党对红色基因教育工作的全面指导，筑牢红色基因的政治底色。二是准确把握红色基因教育的规律性。红色基因教育具体表现为"知信行相统一"，即对红色基因内涵有科学的认知，对红色基因教育有信念的认同，进而增强通过红色基因教育传承红色基因的行动自觉。三是坚持解放思想、实事求是、与

时俱进。红色基因教育要坚持解放思想、实事求是、与时俱进，特别是党的十八大以来，中国共产党人以奋斗前行的姿态，将红色基因内化于心、外化于行，在新时代开创了党和国家事业的新发展阶段，为新征程提供了坚强的思想文化保障和强大的精神力量。红色基因应顺应时代发展，做到"因事而化、因时而进、因势而新"，使红色基因教育工作更好地体现时代性、科学性，在服务大局中推进自身的科学发展。

2. 坚持实效性原则

实效性是红色基因教育效果在实践中的检验。红色基因教育的实效性是指红色基因的现实功能实现情况，红色基因教育的好不好，不仅要将红色基因内在的、实质的精神挖掘出来，还要将这些精神融入外在的实践中，并加以表现，运用到现实中。那么对于新时代大学生而言，如何传承红色基因，必须解决好实效性问题，可以从以下三个方面入手。

一是坚持以人为本、因材施教。新时代大学生红色基因教育过程受主客观条件的影响，或多或少地导致红色基因教育效果呈现不一致。提升传承的实效性，对于大学生而言，就是要促进人的全面发展，在价值实现、精神需求与物质表现等方面全面提高其整体素质，促进大学生身心健康、和谐发展。二是优化红色基因教育的传播方式。新时代新征程上，随着网络信息技术不断发展，网络已成为大学生了解世界的重要途径之一。因此，有必要利用好新媒体，运用好多媒体、互联网等现代教育技术手段与红色基因教育的融合，提升红色基因教育的传播力、吸引力、接受力，让大学生在红色基因教育的过程中充分体验到科技的力量，满足其求新求异的心理需求，感悟红色基因带来的无穷力量。三是多方发力、提升传承效果。大学生红色基因教育的主体是大学生，客体是红色基因表现形式，联系主客体的是高校、社会、政府、家庭等环境，有必要形成多方联动，为大学生红色基因教育提供支撑保障。

三、新时代大学生红色基因教育的内容

红色基因的价值和意义在于传承，红色基因教育旨在让党的事业永续发展。新时代大学生红色基因教育既是落实立德树人根本任务的内在要求，又是大学生勇担时代重任的必然选择。红色基因教育主要是指大学生通过自身的践行让红色基因永葆生机活力、彰显时代魅力。新时代大学生红色基因教育的内容是新时代大学生红色基因教育目标的具体化。基于大学生红色基因教育的目标、原则及大学生自身的特点，本书认为：首先，理想信念的确立立足于对马克思主义的信仰基础，决定了红色基因发展的性质与方向，培养对中国共产党的拥护及对国家和民族的归属感和认同感，蕴含红色基因的理想信念教育是新时代大学生红色基因教育的内容之一；其次，蕴含红色基因的光荣传统与优良作风教育是大学生红色基因教育的内容之二，大学生处在人生的"拔节孕穗期"，是最富有朝气、最富有梦想的群体，只有继承中国共产党的光荣传统与优良作风才能成为党的事业的接班人；最后，蕴含红色基因的中国共产党精神谱系教育是大学生红色基因教育的内容之三，大学生红色基因教育不仅要使大学生系统掌握红色基因的理论知识，还要增进大学生对红色基因的精神认同和价值信念，养成大学生接受红色基因教育的实践自觉。

（一）蕴含红色基因的理想信念教育

理想信念是人们的思想向导，有助于人们树立正确的世界观、人生观和价值观。红色基因是蕴含着爱国主义、集体主义与无私奉献、艰苦奋斗、自强不息、为人民服务等理想信念的内在核心。习近平总书记指出，"新时代贯彻党的教育方针，要坚持马克思主义指导地位，贯彻新时代中国特色社会主义思想，坚持社会主义办学方向，落实立德树人的根本任务，坚持教育为人民服务、为中国共产党治国理政服务、为巩固和发展中国特色社会主义制度

服务、为改革开放和社会主义现代化建设服务"。❶在中国特色社会主义新时代，大学生红色基因教育的核心就是要坚定理想信念，使其坚定对马克思主义的信仰，始终自觉以马克思主义世界观、方法论指导自身实践，始终坚持共产主义理想和社会主义信念，在实现中华民族伟大复兴中国梦的新征程上贡献青春力量。理想信念教育包含以下三方面。

1. 坚持马克思主义指导思想

中国共产党红色基因之所以能够代代相传，是一代代中国共产党人在始终以马克思主义为指引，坚定地运用马克思主义世界观、方法论指导中国实践中接续奋斗的结果。大学生红色基因教育中就是要运用马克思主义世界观、方法论指导大学生如何传承红色基因。理想信念是大学生红色基因教育的"魂"，要坚定这个"魂"，就要以马克思主义世界观、方法论为指导。

一是马克思主义世界观、方法论是指导大学生红色基因教育的根本方法。在大学生红色基因教育中，大学生作为教育的主体，是国家的未来、民族的希望，在堪当民族复兴大任的新征程中，要从入学时的新生引航开始引导大学生自觉以马克思主义世界观、方法论来传承红色基因。在大学的学习生活中，只有真正掌握和运用其立场、观点和方法，才能树立正确的人生观、价值观，才能从中获得思想指引、精神支柱和奋进动力。二是大学生红色基因教育贯穿于高等教育全过程。马克思主义世界观、方法论是辩证唯物主义和历史唯物主义的世界观和方法论，是大学立德树人根本任务的有效方法。大学的过程在于通过传道授业解惑，实现大学生的全面发展。这与马克思主义所强调的实现人的全面发展是一致的。大学生红色基因教育的实质是马克思主义世界观、方法论在中国的具体实践中所形成的理想信念内核。大学生接受红色基因教育，旨在通过坚定理想信念，领悟马克思主义的深刻意蕴，从而推动自身的全面发展。三是大学生红色基因教育为大学生走

---

❶ 习近平.思政课是落实立德树人根本任务的关键课程[M].北京：人民出版社，2020：9-10.

向社会提供思想根基。马克思主义世界观、方法论在大学生红色基因教育中发挥了指导思想的作用,大学期间大学生接受红色基因教育时以马克思主义世界观、方法论为指导,深刻认识到人类社会发展规律,共产主义必然代替资本主义,有助于为其走向、参与全面建设社会主义现代化国家提供强大思想根基。

2. 学习习近平新时代中国特色社会主义思想

新时代是我们一代又一代中华儿女奋斗而成的伟大时代,大学生要在这样一个伟大时代接过前辈的接力棒,一棒接着一棒干,为实现全面建成社会主义现代化强国贡献力量。习近平新时代中国特色社会主义思想是指引大学生红色基因教育的根本遵循。新时代大学生要在习近平新时代中国特色社会主义思想的指引下,接受红色基因教育,特别是以习近平总书记关于传承红色基因的重要论述为行动指南。新时代的大学生要将理想信念深深植根于心中,在伟大的时代中成就伟大的事业,以青春之心向爱国之情、以青春之力筑爱国之墙,向着实现中华民族伟大复兴的中国梦继续奋勇前进。

一是教育大学生牢记习近平总书记的谆谆教导。每逢五四青年节,习近平总书记都会在百忙之中抽出时间,同大学生们谈理想、谈奋斗、谈创新。习近平总书记的谆谆教诲,指引新时代大学生劈波斩浪,推动其不断向前。在新征程上,大学生要用青春行动来传承红色基因、书写奋斗的青春。二是教育大学生人生的价值不在于索取,而在于奉献。随着经济社会的发展,各类社会思潮竞相迸发,大学生的世界观、人生观、价值观受到冲击,在日常生活和学习中,大学生要将无私奉献作为一种生活准则和利益观念。从疫情防控一线的青春担当,到脱贫攻坚战场上的青春奉献,再到勇于开拓创新的青春智慧,无不彰显着青春的力量。青春的底色是奉献,奉献张扬着青春。大学生要从中找到道德成长的标杆,以良好道德品质塑造品格、传承红色基因。三是教育大学生树立远大理想,坚定崇高信念。习近平总书记指出,"追求进步,是青年最宝贵的特质,也是党和人民最殷切的希望"❶。作为新时代的大学生只有强化理想信念,树立远大理想,才能在践行红色基因的路上不动摇、不彷徨。大学生要正确看待理想实现过程中的顺境和逆境,不怕困难、直面挫折、钻研学习,用青春的汗水和辛勤的拼搏架起一座通往理想的桥梁。

3. 投身中华民族伟大复兴的中国梦新征程

大学生传承红色基因教育的最终目的是使其成为堪当民族复兴大任的时代新人,成为党和国家事业接班人。大学生在传承红色基因的过程中,应实现"小我"融入"大我",用理想信念驱动将个人目标与党的事业国家的事业紧密结合,付之以实际行动,从中国共产党百余年的红色基因发展历程中汲取前行的动力和能量。

一是引领大学生将青春播撒在中华民族筚路蓝缕的征程上。自中国共产党成立以来,红色基因是刻在中国共产党人骨子里的强大精神基因,其蕴含的价值内蕴是中国共产党区别于一切政党的鲜明内核因子。中国共产党的早期革命中,北京大学等高校学子广泛传播马克思主义,利用先进思想启迪人们觉醒。早期的大学生为中国革命胜利贡献的青春力量是新时代大学生红色基因教育的光辉榜样。二是鼓励大学生用青春之力扛起建设中国之任。中华人民共和国成立后国家需要大量像大学生这样的知识分子投入祖国的建设中,无数青年学子在毕业后,勇挑重担,祖国哪里需要就到哪里去。例如,扎根大漠56年的北大学子樊锦诗,她作为老一代大学生,以"择一事、终一生"的精神不断激励着一代代青年学子用知识守护文化、用科技带动发展。三是引导大学生筑牢理想信念根基,在新时代留下无悔的青春足迹。大学生作为青年中重要群体,有着"请党放心、强国有我"的豪言壮语,有着"青春献给祖国"实际行动。引导大学生接受红色基因教育,要贯穿于高校工作的方

---

❶ 习近平. 在庆祝中国共产主义青年团成立100周年大会上的讲话[M].北京:人民出版社,2022:11.

方面面，推动红色基因教育走进大学生的课堂学习、第二课堂活动、日常生活，进而促进大学生自觉成为红色基因传承的主力军。

（二）蕴含红色基因的传统作风教育

中国共产党自诞生之日起，在领导中国革命和建设的伟大事业中，进行了不屈不挠的斗争和探索。无论在革命、建设、改革开放、新时代，我们党始终重视光荣传统与优良作风建设，形成了一系列区别于其他政党的传统作风，蕴含着丰富的红色基因。习近平总书记在2021年春季学期中央党校（国家行政学院）中青年干部培训班开班式上的讲话深刻阐释了发扬党的光荣传统和优良作风的丰富内涵和实践要求。新时代大学生作为国家未来中青年干部的后备军，要从大学时期树立传承红色基因的自觉意识和自我驱动力，要从党的光荣传统和优良作风中吸纳力量，完成一代代的接力、传承。大学生作为党和国家事业的接班人，要立志成为党的光荣传统和优良作风的忠诚传人。在中国共产党众多的光荣传统与优良作风中，新时代大学生要将对党忠诚、理论联系实际、调查研究、学习之风、艰苦奋斗等光荣传统与优良作风加以传承发扬。

1. 彰显对党忠诚的政治本色

千千万万党员的忠诚铸就了中国共产党百余年来的辉煌与不朽。在大学生红色基因教育中弘扬光荣传统与优良作风首要的就是要有对党忠诚之心，用党的光辉照耀青春前行之路。

一是坚决做到"两个维护"。新时代大学生是党和国家事业的接班人，高校要牢牢引领大学生"坚决维护习近平总书记党中央的核心、全党的核心地位，坚决维护党中央权威和集中统一领导"❶。在教育大学生传承红色基因的

---

❶ 十九大以来重要文献选编（中）[M]. 北京：中央文献出版社，2021：313.

过程中要将对党忠诚的教育贯穿全过程，教育大学生在任何时候都要有一颗对党的忠诚之心。二是在忠烈的事迹中体悟忠诚担当。中国共产党百余年的历史，也是一部千千万万忠烈用鲜血和青春换来的保家卫国史，为后辈们留下了舍身为国、民族大义的精神传承与荣光。忠烈的事迹有待于大学生在红色基因教育中通过持之以恒的学习、传承并加以发扬光大。三是从学习新时代的楷模中践行忠诚。"时代楷模"黄文秀短暂的一生始终保持一以贯之的赤胆忠心，是新时代大学生学习的楷模。新时代大学生既是追梦者，也是圆梦者，应志存高远，从像黄文秀一样的"时代楷模"身上学习对党的忠诚，汲取前行力量，从点滴小事做起，成就伟大事业，用绵薄之力凝聚时代伟力、用忠诚之光照亮奋斗前程、用信仰之力开创美好未来，努力书写青春无悔的新篇章。

2. 继承理论联系实际的优良作风

理论联系实际的传统作风是中国共产党百余年来，一直坚守并持之以恒贯彻的重要原则。开展新时代大学生红色基因教育，有必要继承理论联系实际的作风。

一是以教育引导大学生对传承红色基因的学思悟行。红色基因教育的落脚点在于传承红色基因，重在发挥红色基因内涵的育人价值。习近平总书记指出："不论过去、现在还是将来，党的光荣传统和优良作风都是激励我们不畏艰难、勇往直前的宝贵精神财富。"❶因此，高校相关课程和活动的开展既要帮助大学生学习红色基因的相关理论知识，注重红色基因教育的过程性，也要引导大学生在日常生活中践行党的优良传统和光荣作风，注重红色基因教育的导向性，以红色基因育人化人。二是将红色基因教育融入大学生第二课堂与社会实践。第二课堂与大学生社会实践是开展思想政治教育的重

---

❶ 立志做党光荣传统和优良作风的忠实传人 在新时代新征程中奋勇争先建功立业[N]. 人民日报，2021-03-02（001）.

第五章 新时代大学生红色基因教育的目标、原则、内容与方法

要阵地,亦是进行红色基因教育的前沿阵地。大学生在实践活动中通过现场教学、沉浸式教学、体验式教育等形式,能够强化红色基因教育的效果,使大学生在实践中感悟红色基因,提升红色基因教育的思想性、目的性和实效性。三是以红色基因教育增强对马克思主义中国化最新理论的学习感悟。新时代伟大成就的取得离不开马克思主义中国化、时代化最新成果——习近平新时代中国特色社会主义思想的指引,离不开红色基因对中国人民、对中国共产党人的教育和激励。传承红色基因是学习贯彻习近平新时代中国特色社会主义思想的应有之义,要在红色基因教育中感悟中华优秀传统文化和中国精神的精华,深入领会习近平新时代中国特色社会主义思想的深刻内涵。

3. 练好调查研究的基本功

调查研究是人们认识社会、改造社会的科学方法,是马克思主义的实践源泉,是马克思主义普遍真理与实践工作相结合的基本方法。百余年来,中国共产党一直将调查研究作为开展科学决策、民主决策的一项基本工作制度,也一项重要的工作方法,特别是党的十八大以来,习近平总书记高度重视红色资源保护工作,就红色基因教育开展了大量的调查研究工作,其调研的足迹遍及大江南北,从城市到乡村,从大中小学到企事业单位。习近平总书记每次到全国的红色地标、红色展馆考察调研时,都反复强调要铭记党的历史、发扬光荣传统、赓续红色血脉,确保红色江山永不变色。习近平总书记指出:"要把调查研究作为基本功,深入基层、深入群众、深入实际。"❶ 新时代大学生红色基因教育,要坚持调查研究的光荣传统与优良作风。

一是红色基因教育应做到知行合一。新时代大学生除了在课堂上学习,更重要的是要到社会大课堂中去。每年寒暑假时间较长,有助于大学生进行社会实践,在社会实践中锻炼自己成为红色基因的传播者、践行者。二是红

---

❶ 习近平谈治国理政(第二卷)[M].北京:外文出版社,2017:144.

色基因教育是高校思政课程的绝佳帮手。新时代高校思政课程是铸魂育人的一门重要课程。大学生红色基因教育是提升理想信念、光荣传统与优良作风、精神价值的最有力途径。因此，在大学生红色基因教育中运用好调查研究这个光荣传统与优良作风，对于提高大学生思政课效果具有良好的推动作用。三是将新时代大学生红色基因教育要运用到实践中。遍布中华大地的红色资源为大学生红色基因教育提供了丰富的调研，通过对红色资源的挖掘，能够为大学生红色基因教育提供更为鲜活的调查研究平台。

4. 大兴学习之风的光荣传统

回顾中国共产党走过的百年征程，重视学习、勤于学习、善于学习是党不断走向成熟的重要保证，在不断的学习中，中国共产党形成了独有的特色。2021年开展的党史学习教育扎实有效，体现了中国共产党重视学习、善于学习的光荣传统与优良作风及政治优势。习近平总书记曾指出："必须大兴学习之风，坚持学习、学习、再学习，坚持实践、实践、再实践。"❶新时代大学生红色基因教育是实践的过程，更是学习的过程。

一是新时代大学生围绕自身学习、增长本领。新时代大学生的主要任务是学习。学习的范围很广，学什么、为什么学、怎样学，是一个现实问题，强调在新时代大学生红色基因教育中要大兴学习的光荣传统与优良作风，只有真学、真懂才能达到实际真用。二是教育大学生在传承红色基因的过程中学习党的光荣传统和优良作风。中国共产党之所以能够战胜各种艰难险阻，取得革命、建设和改革开放的一系列胜利和成就，就是我们党有着重视学习、善于学习的优良传统和制度优势。大学生要在新时代背景下，加强自身学习能力，为传承红色基因提升自身学习能力。三是用榜样的力量开展红色基因教育。新时代大学生有必要通过学习革命前辈、英雄人物、先进模范榜样来

---

❶ 习近平.在中央党校建校80周年庆祝大会暨2013年春季学期开学典礼上的讲话[N].人民日报，2013-03-03（002）.

进一步传承红色基因。具体应根据新时代大学生自身特点和需求，学习党的光荣传统和优良作风、实践创造和历史经验。

5. 发扬艰苦奋斗的传统作风

习近平总书记指出："节俭朴素、力戒奢靡，是我们党的传家宝。"艰苦奋斗是中国共产党人的鲜明品格，也是中华民族赓续发展的精神密码。大学生接受红色基因教育的过程就是要接过前辈艰苦奋斗的接力棒的过程，以青春之热血、实干之精神，勇担重担、吃苦耐劳，在新时代新征程中留下青春奋斗足迹。

一是保持艰苦奋斗的光荣传统。新时代的大学生出生在21世纪初前后，成长于21世纪10年代，其物质生活较为充裕。当大学生物质生活得以满足时，更需要的是信念上的追求、理想上的实现。艰苦奋斗承载了中国共产党的百年历程，也铸就了中国共产党的百年辉煌，更书写了中国共产党的百年奋斗。作为新时代的大学生要在实践中发扬艰苦奋斗的光荣传统，激励自己顽强进取，在各种困难和考验面前巍然屹立、取得胜利。二是在艰苦的实践中砥砺前行。从中华民族的历史到中国共产党的历史，无不显示着凡有成就者，都是从艰苦奋斗中得来的。大学生要适应社会、适应艰苦环境，在实践中汲取营养，丰富阅历、砥砺品格、增强本领，用实际行动去传承红色基因。三是始终保持艰苦奋斗的光荣传统。当今社会正经历着以数字化、智能化为特征的新一轮科技革命和产业革命，大学生身在其中，成为时代的弄潮儿。在这样科技发达的时代，如何以艰苦奋斗之本走好国家创新之路，需要大学生用所学之识在科技攻关的路上继承老一代科技工作者艰苦奋斗的科学家精神，以"纸上得来终觉浅，绝知此事要躬行"的定力、以艰苦奋斗的前进姿态，争做国家创新的参与者、见证者、践行者。

---

❶ 习近平在中央党校（国家行政学院）中青年干部培训班开班式上发表重要讲话强调　立志做党光荣传统和优良作风的忠实传人　在新时代新征程中奋勇争先建功立业[N].人民日报，2021-03-02（001）.

新时代大学生要继承、弘扬党的光荣传统与优良作风，对其进行红色基因教育是重要途径。大学生从党的百余年历史中，能够汲取积极力量、传承红色基因，达到自我教育、自我成长、自我践行的目的，在中华民族伟大复兴的新征程中贡献青春之力。

（三）蕴含红色基因的精神谱系教育

2021年9月29日，中共中央宣传部发布了第一批中国共产党人精神谱系中的46个伟大精神。这些精神集中构成中华民族和中国人民长期以来形成的精神谱系，见证了一代又一代中国共产党人"为有牺牲多壮志，敢教日月换新天"的精神品质。精神需要传承，薪火相传，方能驰而不息。当拜金主义和历史虚无主义袭来，唯有精神崇高，才能使人多一份力量、少一些浮躁。新时代大学生生逢这样一个伟大的时代，需要用伟大精神激励伟大实践、用伟大实践成就伟大事业。在伟大的时代以伟大建党精神为源头的精神谱系教育中，红色基因是凝心聚力的兴国之魂、强国之魄。新时代大学生要从伟大建党精神中汲取开创力量、从革命精神中提炼不朽源泉、从时代精神中凝聚无上荣光。

1. 从伟大建党精神中汲取前行力量

伟大建党精神是中国共产党精神谱系中的源头，其内涵丰富而深邃，鲜明体现了中国共产党的性质宗旨、初心使命、理想信念。因此，新时代大学生应当自觉弘扬伟大建党精神，无愧今天的使命担当、不负明天的伟大梦想，以坚定的理想信念、昂扬的青春姿态，为祖国的建设和社会的发展贡献青春力量。

一是以真理之光坚定信念。新时代大学生亲历了中华民族从富起来到强起来的伟大历程，见证了强大祖国创造的无数荣光时刻和人类奇迹。大学生有必要从伟大建党精神中升华理想信念，把革命先烈流血牺牲打下的红色江山守护好、建设好。大学生要用信仰之力、理想之光照亮奋斗之路，将真理

第五章 新时代大学生红色基因教育的目标、原则、内容与方法

和理想的思想伟力转化为砥砺奋进的强大动力。二是以使命担当胸怀家国。新时代大学生要将实现个人理想与胸怀国家命运结合起来,将实现个人价值与服务国家、民族和人民结合起来,以勇于担当的精神把爱国情、强国志、报国行自觉融入全面建成社会主义现代化强国的使命中。三是以坚韧品格排除万难。面对"百年未有之大变局",留给新时代大学生的奋斗路,不是一帆风顺的,披荆斩棘、破浪前行的大学生要以过硬的本领、坚韧的品格、战无不胜之力向中华民族伟大复兴的中国梦前进。四是以忠诚之心永远向党。没有忠诚就没有所谓的信仰。在我们迈向第二个百年奋斗目标的新征程上,新时代大学生在内心深处激起精神共鸣火花的同时,要不断增强使命担当意识,接续中华民族伟大复兴新征程。新时代大学生应当不辜负前辈的期望,以新时代的主人翁姿态,接过前辈肩上的重担,高扬伟大建党精神,争做中华民族伟大复兴的一代创业者。

2. 从革命精神中提炼不朽源泉

据中央党史和文献研究院不完全统计,党在不同历史时期的革命精神有90多种。革命精神承载着中国共产党人的初心和使命,革命精神跨越时空、永不过时,是砥砺前行的不竭精神动力。从井冈山精神到张思德精神,每一个革命精神都体现了中国共产党人的责任意识和历史担当。新时代大学生作为新时代的见证者必须坚定执着地传承红色基因,以坚韧不拔的意志和无私无畏的勇气努力在向第二个百年奋进的道路上战胜一切艰难险阻,在伟大的事业中更好地弘扬革命精神。

一是革命精神具有革命文化的内核。随着革命斗争的发展而不断发展形成的革命精神,是在中国共产党领导新民主主义革命的伟大实践中形成的宝贵财富。革命精神是坚定理想信念和革命意志的精神、充满大无畏的革命英雄主义的精神、歌颂英勇顽强战斗作风的精神。在革命精神引领下,无数共产党人和革命先烈,用鲜血与生命谱写出中国革命波澜壮阔的伟大乐章,挺

起了中华民族坚强不屈的伟大精神脊梁。二是勿忘昨天的苦难艰辛。中国共产党经过艰苦卓绝的斗争建立了新中国，于革命历史形成的革命精神，世代中国人不应忘记，且要将其发扬光大。用革命精神涵养新时代大学生，其实质就是利用鲜活的史料为其成长成才提供不朽精神源泉。三是走好这代人的长征路。每一代人都有每一代人的责任和使命，每一代人都要担当好自己的责任和使命。新时代大学生要从革命精神中汲取前行力量，保持奋发有为的精神，胸怀天下、开阔眼界，坚定地听党话、跟党走。

3. 在时代精神中汇聚精神力量

从抗美援朝精神到北京冬奥精神，在跨越60余年的时间年轮中，形成的彰显不同时代特点的精神，都令人感动。新时代大学生要牢记时代精神，让感动在心底升华，从无上荣光的时代精神中传承红色基因，践行时代精神，实现伟大梦想。

一是教育大学生在彰显时代精神中书写时代新篇章。时代精神是时代强大的精神支撑，时代精神在时代洪流中不断发展并创新式升华，达到与时代同脉搏、同频率，不同时代的精神都具有强大的凝聚力。大学生所处青年时光，正是人生最应该奋斗之时，应不负前辈所托，在全面建设社会主义现代化国家的征程中，谱写新时代青春之歌。二是教育大学生在弘扬时代精神中走在时代前列。时代精神体现了在社会主义革命和建设、改革开放、新时代中的广大中国人民的一种精神自觉，引领着时代潮流。我们处于"两个一百年"奋斗目标的历史交汇期，还有很长的路要走，新时代大学生要树立良好的精神状态，始终保持蓬勃朝气、昂扬锐气和浩然正气，在时代精神的引领下为实现中华民族伟大复兴的中国梦而不懈奋斗。三是教育大学生在践行社会主义核心价值观中彰显时代精神。新时代精神谱系要实现内涵发展，在大学生范围内进行红色基因教育，将社会主义核心价值观的培育与红色基因传承发展结合起来。新时代大学生见证了国家的强盛、家乡的发展变化，要勇担重

第五章 新时代大学生红色基因教育的目标、原则、内容与方法

任,从生动实践中启迪智慧、洗涤心灵、自觉践行,坚定做红色基因的传承人、堪当时代重任的接班人。

在长期奋斗中发展起来的中国共产党人精神谱系,让精神财富穿越时空,让红色基因薪火相传。在革命战争年代,革命精神鼓舞人们的革命斗志,取得了革命的胜利;在和平建设时期,时代精神成为全国人民共创美好幸福生活的重要引领;新时代的到来使我们能够"回看走过的路、比较别人的路、远眺前行的路,弄清楚我们从哪儿来,往哪儿去"❶。新时代大学生在中国特色社会主义新时代,要用社会主义核心价值体系引领社会思潮、弘扬伟大建党精神、传承红色基因,统一思想、统一意志、统一行动,在先驱精神的鼓舞下、在时代精神的感召下、在伟大精神谱系中凝聚力量,在新的赶考路上书写青春的壮丽篇章。

四、新时代大学生红色基因教育的方法

新时代大学生红色基因教育归根结底属于思想政治教育工作范畴,立足实际具体开展工作,要用思想政治教育工作的方法来解决问题。方法是工具,是对有效支持内容的深化。为提升新时代大学生红色基因教育效果,有必要在教育方法上与时俱进。本书分别以理论教育与实践教育相结合、榜样示范与体验感染相结合、隐性教育与显性教育相结合、线上教育与线下教育相结合深入探讨新时代大学生红色基因教育的方法。

(一)理论教育与实践教育相结合

习近平总书记指出,当今世界正经历百年未有之大变局,我国发展面临

---

❶ 习近平在学习贯彻党的十九大精神研讨班开班式上发表重要讲话强调 以时不我待只争朝夕的精神投入工作 开创新时代中国特色社会主义事业新局面[N].光明日报,2018-01-06(001).

的国内外环境发生深刻复杂变化。❶时代的变化给新时代大学生红色基因教育提出了新要求、新挑战。在大学生红色基因教育的过程中,理论教育和实践教育相结合的方法是最基础的方法。

一是理论教育强调主要用好课堂教学这个主渠道。习近平总书记要求,要"不断增强思政课的思想性、理论性和亲和力、针对性"❷。在《马克思主义基本原理》的讲授中增强学生对马克思主义的信仰,强化红色基因的理论根基;在《中国近现代史纲要》的讲授中增强学生对中国近代革命精神的认知,促进大学生红色基因教育;在《毛泽东思想和中国特色社会主义理论体系概论》的讲授中加强对中国共产党光荣传统与优良作风的阐释,增强大学生通过红色基因教育传承红色基因的意识;在《形势与政策》讲授中介绍在当今国内外形势下,如何传承红色基因,采取什么样的行动去应对西方错误思潮对我国意识形态的冲击;在《习近平新时代中国特色社会主义思想概论》的讲授中对新时代中国特色社会主义进行全方位阐释,教育新时代大学生如何传承红色基因、赓续红色血脉。各高校的课程思政也是进行红色基因教育、涵养大学生思想的平台。通过对专业课学科历史的讲述,挖掘学科史上红色元素,增强大学生对本学科的热爱,进而提升爱校、爱国、爱党情怀。二是实践教育主要是通过大学生参加社会实践和校园活动的方法来进行红色基因教育。实践是检验真理的唯一标准。围绕传承红色基因这一主题,通过志愿服务、寒暑假社会实践、校内活动等方法丰富实践体验,并提高传承红色基因的意识转化为传承红色基因的行动的实效。理论教育与实践教育相辅相成,一方面,从理论上讲清楚红色基因是在实践中开展红色基因教育的前提,大学生红色基因教育中理论教育为实践教育提供思想根基,红色基因理论教育发挥着支撑性、基础性作用;另一方面,在实践中开展大学生红色基因教育能够拓展大学生对红色基因理论认知的维度,促进大学生基于覆盖面的广度、

---

❶ 习近平. 在科学家座谈会上的讲话 [M]. 北京:人民出版社,2020:2.
❷ 习近平. 思政课是落实立德树人根本任务的关键课程 [M]. 北京:人民出版社,2020:17.

学习领悟的深度、自我内化的程度，践行、传承红色基因。在针对新时代大学生开展的红色基因实践教育过程中，高校应注重教育内容、形式与受众学生需求高度契合，最大程度地提升红色基因教育实效。比如，一位高校思政课专任教师（编号4）认为，"在当今大学生红色基因教育中，最亟待解决的问题是如何从学生喜闻乐见的角度、从学生的角度考虑传播红色基因。原因在于，祖国的发展赋予个人成就，个人成就进一步促进祖国的发展，将个人的成就和祖国发展紧密结合，能更加促进红色基因的传播。高校在大学生红色基因教育中，应注重多案例融合、多方法运用、多角度切入，少教条、少僵化，多和学生需求直接相关"。

（二）榜样示范与体验感染相结合

"榜样示范"主要是指在祖国各行各业的建设中表现出为祖国、为人民不懈奋斗、爱岗敬业、甘于奉献、争创一流、勇于创新、追求卓越的先进典型人物所体现出的民族气质和时代精神的方法。功成不必在我、功成必定有我。先进典型都具有忠诚、执着、朴实的鲜明品格，这些鲜明的品格正是从千千万万英雄模范身上概括提炼出来的共性品格。

一是发挥榜样示范的道德浸润、价值引领、行动示范的作用，是新时代大学生红色基因教育的重要方法。在中国社会发展中，从自古以来的民族英雄到革命英雄模范，再到"感动中国"人物，还有奋斗在中国特色社会主义新时代事业中的'时代楷模'，他们的血脉中都流淌着爱国主义精神品格，其崇高的精神品质和内在的红色基因都在潜移默化地给予大学生无穷的力量，是红色基因教育中的榜样代表，充分体现了每个时代的思想内涵与价值取向，为新时代大学生红色基因教育提供了经典范本。通过榜样示范对大学生进行红色基因教育，有助于激发大学生为实现中华民族伟大复兴中国梦的坚定意志。二是随着时代的进步与社会的发展，人们的思维观念和行为方式都发生了深刻变化，形成了体验感染这一独特的方式方法。"体验感染"是指大学生在无意识和不自觉的情况下，受到环境的感染、影响、熏陶、感化，这一方法既有积极上进、追求真理等正面影响，也有消极浮躁、冷漠无情等负面影响。因此，在大学生红色基因教育的过程中，一方面，要关注大学生亲身的体验感受，激发大学生积极进取、奋发图强等积极热情，化解大学生浮躁焦虑、急功近利的消极心态；另一方面，要以红色基因的价值取向为引导，有意识地组织体验活动促使大学生形成红色基因教育的良好氛围。比如，带领大学生体验科学研究、技术创新等学术生活，感受追求真理、勇于创新的科学家精神，体悟忠于祖国、永葆初心的理想信念；组织大学生深入基层一线，感受劳动生活的辛勤付出与收获快乐，体悟调查研究和大兴学习之风的光荣传统和优良作风；通过参与生态文明建设、乡村振兴建设等基层一线的工作，从中真切感受智慧中国、美丽中国、健康中国的新时代精神。通过参加弘扬革命文化、歌颂伟大祖国的社会群体活动，体悟坚定信仰、勇往直前、大无畏的革命精神。总之，在大学生红色基因教育的过程中，体验感染是大学生认知红色基因并将其内化于心的有效方法，只有充分运用好此方法，才能在大学生内心厚植红色基因。

（三）隐性教育与显性教育相结合

隐性教育和显性教育都有其各自的特点和优势，对于大学生红色基因教育而言，两种教育方法既不能互相替代，又要相互促进、互相融合，才能实现传承效果的最大化。

一是红色基因教育的显性教育法是指通过直接的、有计划、有步骤的显性方式来达到丰富红色基因教育活动形式和工作方式的目标。这一方法具有鲜明的方向性、系统性等特征，其表现形式主要有红色基因教育的课堂教学、社会实践、竞赛讲座、文体活动等。在大学生红色基因教育的过程中，显性教育法发挥着思想引领、价值导向的作用，彰显了红色基因教育的重要地位，是大学生红色基因教育的根本途径。二是红色基因教育的隐性教育法是指利用红色基因的表现形式，以含蓄、隐藏的形式，从文化环境、管理形式、教育体系等多角度潜移默化地传承红色基因的活动形式和工作方法。这一方法具有自觉渗透、和谐融入、寓教于境、寓教于情、寓教于乐等特征，其表现形式主要有蕴含红色资源的环境建设、推广活动、参观教育等。通过隐性教育法使大学生从内心感触和觉悟红色基因，是推动红色基因在大学生群体中得以传承的重要方法。在大学生红色基因教育的过程中，显性教育和隐性教育是协同配合的关系，在相互深化的基础上才有助于实现红色基因教育效果的最大化。

（四）线上教育与线下教育相结合

在"互联网+"时代，互联网与大学生的日常生活联系越来越紧密，大学生的成长与互联网的发展密切相关、深度融合，网络成为大学生了解社会、交往沟通、文化娱乐的主要途径。在这样背景下，大学生红色基因教育采取线上线下相结合的方法，能够促使线上教育的便利互通优势与线下教育的直观有感优势形成良好的互补。

一是线上教育是指通过互联网、移动设备等搭建红色基因宣传教育和学习交流互动平台的一种方法。通过新兴媒体和媒介，以理论讲解和信息推荐的形式，为大学生传承红色基因营造良好的知识氛围和信息空间，再现新时代中国特色社会主义的伟大成就与生动实践，以师生之间、生生之间的对话交流的方式，加深大学生对红色基因的学思践悟。线上教育可以拓宽大学生红色基因教育的方法，实现贴合大学生特点，立足时代特色、传承红色基因、赓续红色血脉的目标。线上教育作为"人机对话"的一种模式，在教育者与被教育者之间存在差异化表现。如果要达到"入脑入心"的目标，那么需要更多的人文关怀,以及面对面的心灵互动和情感交流。二是线下教育主要是通过在现实中开展各类红色基因教育活动和实践的一种方法。线上教育具有形式多样、不受时空影响的特点。线下教育本身贴近生活、亲切感十足,但受外界影响较多,特别是疫情防控期间,线下教育几乎无法开展。线下教育与线上教育各有优势,应当互为补充。

第六章　新时代大学生红色基因教育的实践路径

新时代大学生红色基因教育是一项系统工程，包含大学生红色基因的外显存在形式、环境因素——高校的课堂教学环节、高校的校园文化、社会大课堂、政府机制、家庭教育。大学生是红色基因教育的对象，红色基因是红色基因教育的资源，课堂教学、校园文化、社会大课堂、政府机制、家庭教育是红色基因教育的外部环境支撑。本章主要从红色基因教育的主体、客体、外部环境三方面入手，深入分析并探讨大学生如何做、怎样传承红色基因，如何挖掘红色基因的外显存在形式、使其涵养大学生，如何支撑环境、如何有效发挥红色资源的作用等问题。研究大学生红色基因教育，恰当选取并合理利用正确的路径是必不可少的，原因在于正确的路径有助于促进大学生红色基因教育的价值得以全面实现。

一、增强新时代大学生红色基因教育中大学生内在驱动力

青年兴则国家兴，青年强则国家强。新时代大学生被国家寄予期盼、被民族寄予厚望，是传承红色基因的中流砥柱，肩负着传承红色基因的伟大使命。习近平总书记号召广大青年"立志做有理想、敢担当、能吃苦、肯奋斗的新时代好青年"[1]。大学生正处于世界观逐渐构建的关键时期，在当前

---

[1] 习近平.高举中国特色社会主义伟大旗帜　为全面建设社会主义现代化国家而团结奋斗——在中国共产党第二十次全国代表大会上的报告[M].北京：人民出版社，2022：71.

信息传播加速发展的时代,不同思潮交融发展对大学生世界观的形成产生了一定影响,因此对大学生予以适时正确引导至关重要。红色基因教育对于大学生思想价值的引领与世界观、人生观与价值观的塑造具有强大的教育与感化作用,加强大学生对红色基因的学习与传承,有赖于深刻体会领悟革命先辈、优秀共产党员为中华民族的兴盛与昌隆一路走来而形成的伟大精神与凝聚的宏壮力量。大学生红色基因教育的过程是自我内化于心和外化于行的过程。大学生只有在内心对传承红色基因树立坚定的认同意识,并在行动上形成自觉的践行,才能更好地提升红色基因教育的效果,保障红色基因代代相传。

(一)培养对红色基因的高度认同意识

在人的精神品格形成过程中,认同意味着主体对客体的认可、赞同、接受乃至尊崇,如果对某一种思想文化呈不认可的态度,那么主体是不会选择接受这一文化思想的,更不会试图对该文化做进一步的了解与探究,即使被外部环境强行教育与灌输,也很难改变主体的认可态度,甚至会适得其反。自我教育是大学生红色基因教育的关键因素,而是否真正在内心认同红色基因是大学生红色基因教育的关键所在,只有在大学生群体中培养坚定的红色基因认同意识,才能唤醒大学生的主体意识,积极寻求各种方式进行自我教育传承红色基因,形成"认同意识—自我教育—主动传承"的良性传承模式。大学生对红色基因的认同,是指大学生对红色基因产生心灵上的共鸣融通和情感意识上的归属感,从而在内心认可和接受,将其内化为自身精神世界的组成部分。大学生对红色基因的认同意识主要体现以下三方面。

1. 对国家和民族的归属感

当今中国,正面临着经济全球化加速演进、人类命运共同体加快构建的现实背景,其中各类社会思潮交错融入,历史虚无主义、泛娱乐主义、拜金主义等错误思想渗透,影响着大学生归属感的形成。提升人民群众尤其是大学生群体对国家与民族的归属感是历史与时代的必然要求,培养大学生厚植家国情怀是应对当前世界百年未有之大变局的内在要求。红色基因的形成建立在国家建设和民族发展的过程中,是在党领导人民追求国家富强、民族振兴、人民幸福的伟大目标中凝聚的,其核心内容与国家特征和民族特性紧密相连。因此,建立深厚的国家和民族归属感是大学生感悟与传承红色基因的前提条件与应然体现。中华民族自古就将家国情怀融入中华民族的文化与精神之中,一代代中华儿女在对国家和民族强烈的归属感之下,克服了一个又一个的困难、化解一次又一次的危机,最终铸就了中华人民共和国,坚定有力地迈入了新时代。国家与民族的荣誉始终是接续奋斗中每代人前行的动力。新时代大学生只有饱含对国家的热爱与民族的认同,才能形成对红色基因的认可,才能帮助大学生获得支撑其传承红色基因的持续性与持久性动力。对大学生红色基因教育的过程,也是大学生在多元思想碰撞交融的大熔炉中守住自己精神家园、保持清醒的国家和民族意识的过程。

2. 对弘扬伟大建党精神的认同

中国共产党从革命中走来,革命的烈火淬炼了党性与人民性。改革的春风扬起了奋斗的风帆,中国共产党在社会主义建设和改革中发展,在新时代取得了举世瞩目的成绩,形成了"坚持真理、坚守理想,践行初心、担当使命,不怕牺牲、英勇斗争,对党忠诚、不负人民"的伟大建党精神。在对大学生进行红色基因教育的过程中,要让大学生深刻领悟中国共产党人在百年奋斗征程中始终以伟大建党精神为指引,不断弘扬与传承,在各个时代中形成了具有鲜明时代特征的宝贵精神。这些宝贵精神形成的精神谱系不断地被注入新的活力,持续扩展成具有时代特征的内蕴红色基因的中国精神。伟大建党精神熔铸于红色基因中,因此要对红色基因与建党精神形成强烈的认同感,坚定对党的忠诚与拥护，自觉投身社会主义现代化强国的伟大建设之中。大学生要在继承光荣传统与优良作风中弘扬伟大建党精神，传承红色基因，赓续红色血脉。

3. 对中国共产党的思想理论、执政理念的认同

"以史为鉴，可以知兴替。"中国共产党人在马克思主义理论的指导下，形成了中国共产党的思想理论、执政理念，百余年来带领中国人民取得了一个又一个的胜利。百余年来党的执政根基越扎越深，执政理念也得到人民的认可与支持，群众基础也越来越深厚。经百余年历史见证，党的思想理论和执政理念是正确的，是经过历史选择的最优答案，是符合中国实际、贴近中国人民的伟大思想。一次次面临的风险挑战、一次次形成的变革发展、最终取得的一个个历史性成就，都是对"没有共产党就没有新中国"的最好验证。党的思想理论是在党的建设、探索及各种各样的尝试中逐渐形成的，并从马克思列宁主义的真理中找到了解救中国社会的良药，以及能够带领中华民族摆脱压迫落后走向自立自强的道路。自此，在马克思主义思想理论的指引下，中国共产党从无到有、从弱小到强大，最终赢得新民主主义革命的胜利，建立中华人民共和国。在经历社会主义革命、建设、改革开放等一系列发展变革后，我国正大步迈入实现社会主义现代化强国的新征程。进入新时代，在习近平新时代中国特色社会主义思想指导下，在实现中华民族伟大复兴的过程中，大学生对红色基因的认同，就是要将学习和贯彻习近平新时代中国特色社会主义思想作为主观意愿和实际行动，深刻把握"两个确立"、自觉践行"两个维护"，将青春力量汇聚成传承红色基因的磅礴力量，将"小我"融入"大我"，坚定听党话、跟党走。

4. 用红色基因涵养文化底气、增强文化定力

文化兴国运兴，文化强民族强。文化是民族生命力、创造力和凝聚力

第六章 新时代大学生红色基因教育的实践路径

的集中体现。❶ 千百年来，经过历代人民的创新与发展，继承中华民族优秀精神成果，汇聚人民伟大智慧，形成了独具特色的中华文化，使我国成为具有悠久历史传统和深厚文化资源的国家。而正因为这源远流长、绵延不绝的中华文化，才使得中华民族在危难时刻依旧顽强抵抗、力挽狂澜，始终自立于世界民族之林。红色基因中凝结着中华优秀传统文化，是中华优秀传统文化在中国实践的延伸和再创造。红色基因是中国共产党领导中国人民在血与火的革命战争年代、在艰苦奋斗的社会主义革命和建设年代、在改革创新的新时代形成的强大精神基因。当代大学生对红色基因的传承便是在红色基因中感悟其所蕴含的伟大力量，涵养文化底气、增强文化定力，坚定青年传承红色基因的定力，增强文化自信，以青年力量壮大其影响力和国际传播力。因而，新时代要以红色基因中始终不渝的革命信念引领大学生自强不息，以红色基因中实事求是的光荣传统与优良作风促进大学生形成脚踏实地的品格，以红色基因中为人民服务的精神追求坚定大学生忠于人民的意志。

（二）提升传承红色基因自我教育能力

从本书调查问卷结果显示，大学生认为接受红色基因教育的途径主要包括红色影视作品、展览馆、革命纪念馆三种类型，可以看出大学生对红色基因的自我教育还是积极的，但方式上过于单一、学习深度不够，且思想感悟只停留在表层。观看影视作品、参观展览馆和革命纪念馆，有助于让大学生在一定程度上受到精神和思想上的洗礼，但形成的效果持久性不强，往往让大学生"心有余而力不足"。为提升大学生红色基因教育的自我教育水平、提高大学生红色基因教育的学习持久性，应将红色基因的理想信念、光荣传统

---

❶ 习近平. 干在实处　走在前列——推进浙江新发展的思考与实践[M].北京：中共中央党校出版社，2006：292.

与优良作风、精神谱系的教育内涵与大学生主体形成感情共鸣、文化归属，不断激发大学生传承红色基因的自觉性与主动性。

1. 红色基因教育的当代话语转换

红色基因具有跨越时空的时代价值，新时代大学生红色基因教育是时代发展的必然诉求。习近平总书记曾指出："思想舆论领域存在红色地带，黑色地带，灰色地带。"❶ 面对思想舆情领域存在的红色、黑色、灰色三个地带，话语转换是当代打造风清气正的网络环境和社会环境的有效手段，通过红色基因教育在当代话语转换中不断实现红色基因教育场域与"大思政"的构建。2021年12月6日，国家语言资源监测与研究中心发布"2021年度十大网络用语"，如"觉醒年代"和"强国有我"等蕴含红色基因的词语均在其列，由此可以看出互联网上红色元素越来越引起网民的关注。青年学子作为网民的主力军，在红色基因教育的当代话语转换中发挥着重要作用。

大学生要从历史发展中挖掘红色基因的时代价值。红色基因作为历史的承载与精神的凝聚，是中华优秀传统文化成果的延续，是革命文化和社会主义先进文化的精神内核因子，其表现形式不可避免地呈现出年代感与距离感，主要以理论、抽象化的历史形态而存在，部分红色基因所依托的史实与人物对于当代来说已很久远，对于大学生来说这些都是过去式。面对快速变迁的时代发展，如果不改变红色基因的历史话语呈现形式，使其在内容表达中与时代接轨，很难在各种新潮文化思想交融发展的时代背景下吸引热衷于各类新奇事物的大学生的目光与关注，同样也会使大学生对于红色基因的接受度与认可度大打折扣。新时代大学生应发挥自身的专业特长，将红色基因与自身所学知识相衔接，利用当前年轻人热衷推崇的方式对其进行展示与传承，如通过短视频剪辑、影视内容再创作、流行歌曲改编等实际行动推进红色基

---

❶ 中共中央党史和文献研究院.习近平关于总体国家安全观论述摘编[M].北京：中央文献出版社，2018：104-105.

因当代话语转变,吸引、动员更多的大学生参与其中,在实践创作中实现红色基因的话语转变与感化深化。

2. 现场参与口述历史访谈,在有声教育中进行红色基因教育

每一所具有红色资源的高校都蕴含着丰富的红色基因,红色资源一部分以现存的旧址、旧居呈现,具有物质的不可移动性;一部分是以档案和文物等历史文献的形式呈现,可查可视;还有一部分存在于当年参与者和建设者的记忆中,随着当事人年事已高,记忆正慢慢消失,具有不可再生性,需要抢救性挖掘、收集,这就是以口述历史的形式来保存记忆,让记忆留存。口述历史是将资源优势转化为教学优势,让大学生作为参与者参与其中,在访谈老教授、老专家中受到教育、得到锻炼、深化自我教育的一种有效路径。习近平总书记多次强调"要把先辈们的英雄故事讲给大家听"❶,他们作为历史的亲历者与见证者,是最有资格讲述这些史实的人,当事人自述的亲身经历也更具真实性、说服力、感染力和号召力。尤其要将这些回忆讲给大学生听,现在的大学生距离这些史实已较远,而这些老一辈的亲历者可以成为历史与现实沟通的桥梁与纽带,可以快速拉近大学生与这些史实的距离,更易于大学生感悟伟大精神、唤醒价值认同、汲取奋进力量。面对面交流更具有真切性与便捷性,能够实时观察到交流者的表情与神态、语调与语气、体态与手势,是相比其他交流方式更能体现出丰富情感的表达;除此之外,面对面交流还便于访谈者随时对存在疑惑、不理解的地方进行交流沟通,加之亲历者的生动讲述与个人魅力的影响,更易于启发和引导访谈者产生积极的行动意向,学习先进榜样、传承红色基因。大学生通过访谈亲历者,可以感受老一辈革命家艰苦奋斗的革命历程及伟大的精神品格,以浸入式的实践教学模式唤起大学生内心的思想觉醒,坚定"四个自信"、激发精神动力。

---

❶ 习近平在河南考察时强调 坚定信心埋头苦干奋勇争先 谱写新时代中原更加出彩的绚丽篇章[N]. 人民日报,2019-09-19(001).

3. 以沉浸式体验的红色剧本杀，对大学生开展红色基因教育

剧本杀是推理社交类的演绎式娱乐项目，是当代年轻人休闲娱乐的方式之一，在大学生群体中很受欢迎。该娱乐项目中，玩家以剧本为基础，通过角色扮演还原故事场景，以各自掌握的信息为依据，同其他玩家进行交流分析，最后共同推理出真正的凶手，信息共享、复盘真相。以沉浸式体验、深入式交流、集体式互动等特点备受青年一代的欢迎。这种方式既能休闲娱乐放松心情，又能体验不同人生拉近社交距离，可谓一举多得。所谓红色剧本杀，是以中华人民共和国成立前或社会主义革命、建设时期的历史事件为题材，以爱国为主题的剧本杀。相比于参观博物馆、展览馆、旅游景点或是听取专业讲解员讲述历史故事还原历史场景等被动式感悟史实与红色基因的方式，通过还原现场的方式与沉浸式的体验红色剧本杀让年轻人在娱乐的过程中收获历史知识、接受爱国主义教育、传承伟大精神。大学生群体接受新鲜事物能力强，通过换装、演绎和推理，剧本杀游戏使得参与者身临其境地了解到当时所处的残酷环境，感受革命先辈所面临的各种危险挑战，与各种反动势力进行周旋对峙和斗智斗勇，深切体会共产党人的坚韧意志与不朽精神，跨越时空进行一场与历史的对话。近年来通过国家大力宣传与建设，越来越多的人选择"红色游"，随着游客呈现年轻化趋势，"95后""00后"已经成为红色旅游主力。为了提高旅游景点的吸引力及更好应对游客年龄结构的变化，增强游客体验感与游客黏性，不少地方增加了红色剧本杀这一体验式游戏。目前，上海、天津、湖南、四川等地区采用了剧本杀的方式为红色旅游参观增添趣味，调动大学生的积极性，促进其在游戏中感悟红色基因，并自觉转化为接受红色基因教育的实际行动。

综上，红色基因教育在当下的运用和发展，能够让大学生发挥自身主动性，以当代新话语讲述历史故事，助推历史精神与时代适时互融。通过体现新时代精神的话语来接受红色基因教育，有助于增强大学生的文化自信，在凝心聚力、生动鲜活的红色文化话语中不负青春、不负韶华、不负时

代。口述历史让青年学子在参与口述访谈的亲身经历中，在与老教授、老专家等的生动交流中感受红色基因的力量。红色剧本杀能够带领大学生回到革命年代，以沉浸式的体验方式、身临其境的角色转换，使其在寓教于乐、寓学于趣中产生更加深厚的情感，打通历史与当下的情感穿透，从而构建起时空沟通的桥梁，不断提升大学生红色基因教育的持久性，促进大学生在自我教育、自我学习、自我感悟红色基因的过程中树立起自己心中的精神丰碑。

（三）引导自觉践行红色基因担当作为

坚持在实践中发展马克思主义。早在1845年，马克思即在其著作《关于费尔巴哈的提纲》中指出："哲学家们只是用不同的方式解释世界，而问题在于改变世界。"马克思主义的强大生命力就体现在不断丰富的新内容上，根植于社会发展实践，丰富发展的思想内容又用于指导新的问题。红色基因作为一种历史实践的传承，体现的是一种实践赓续，坚定的是一种时代理想，反映的是一种时代追求，代表的是一种时代担当。❶大学生红色基因教育最终落脚点在实际行动中，形成实践自觉，主要表现为强调大学生要具有弘扬和践行红色基因的高度自觉。

1. 紧跟时代主题，争做志愿先锋

从2015年脱贫攻坚战打响到2020年全面建成小康社会，再到2021年巩固拓展脱贫攻坚成果同乡村振兴有效衔接，大学生支教团作为一支"请党放心，强国有我"的坚强队伍，在基层一线中锤炼、磨砺、锻造，在伟大的脱贫攻坚精神引领下为脱贫攻坚战留下大学生青春的身影。目前，全国高校的共青团组织每年会选派一定数量的大学生参与到支教中，正所谓"用一年的

---

❶ 张立，金新亮，等.红色基因传承机制变迁与当代建构[M].北京：人民出版社，2020：71.

时间，做一件终生难忘的事情。"在2022年北京冬奥会上，大学生志愿者作为志愿服务团队的重要力量，用真挚的热情和专业的服务书写了北京这座世界上第一个"双奥之城"的荣耀与责任，我们见证了"最美雪花"在志愿服务工作中贡献自己的青春力量，成了"最美名片"。

2. 在生动实践中，将论文"写"在祖国的大地上

理论来源于实践，实践中得出的理论又进一步指导实践活动。科教工作者要进行理论研究，首先要进行实践，通过实践获得真正的认识，形成科学客观的理论。一是在实践中能够发现存在的问题，推进理论研究。现实生活的客观需要，问题的出现引导理论的发展，助推理论的突破。只有将论文"写"在祖国的大地，才能真正发现人民亟须解决的问题。二是在实践中可以对理论研究进行验证，发现其存在的问题及时予以改正。从实践中得出的理论研究是否正确、是否真正解决了人民的问题，还需要将其运用到实践中才能得以验证，在实践中完善理论研究。因此大学生要培养实践意识，做到理论学习同实践活动相结合，将理论研究融入实践活动中，将论文"写"在祖国大地上。袁隆平院士便是将论文"写"在祖国大地上的典范，其毕生追求就是让所有人远离饥饿，为了实现这一梦想，袁隆平院士几十年如一日扎根于田间地头，为了研究水稻问题甚至在自己的住宅旁设立了一块试验田，真正成了一名"草帽院士"。

乡村振兴的建设离不开大学生的参与，在田间地头开展现场教学为青年学子打开了解农业产业发展、了解农村的实际情况、了解农民现状的一扇门，沉浸式的教学方式不仅让学生增强专业知识的认知，也为乡村振兴的实现撒下更多年轻的种子，激励青年学生刻苦研学、扎实求索，为乡村振兴的宏伟目标赋予更多青春力量。现场教学和调研访谈深入基层，聚焦巩固拓展脱贫攻坚成果、全面推进乡村振兴的现实情况，激励大学生提升专业知识、自我践行伟大精神成就伟大事业。大学生深刻地认识到乡村振兴在理论及战略上

第六章　新时代大学生红色基因教育的实践路径

的重要性，激发了大学生关注乡村振兴、参与乡村建设的热情，从而助力传承红色基因、赓续红色血脉。

3. 以青马工程为依托，践行红色基因

"青马工程"作为团中央培养青年政治干部的一项重要工程，已推行15余年。"青马工程"每一期的培养周期原则上为1年，全国班每期规模约200人。优秀的大学生代表作为"青马工程"培养对象，参训"青马工程"。这些优秀的大学生代表在校园里以榜样的力量影响着周围的同学，通过他们带动大学生红色基因传承意识、践行意识；其他层级班遵循"少而精"的原则合理安排规模。如2022年7月湖南省"青马工程"西部计划专项培训班进行线下集中培训时从理论学习、红色教育两个方面组织学习活动，其中包含红色教育实践活动和红色电影教育学习。❶同时，新疆生产建设兵团"青马工程"西部计划专项班培训时也将红色教育和实践锻炼作为重要培训内容，通过实地参观红色展馆、寻访老军垦、重走老兵路等形式加强精神教育。❷"青马工程"项目是大学生系统学习马克思主义理论及中国特色社会主义理论的优质课堂，为大学生搭建了学习马克思主义中国化理论成果的平台，为大学生红色基因教育打下了坚实的思想理论基础。

二、丰富新时代大学生红色基因教育中红色基因的外显存在形式

新时代大学生红色基因教育中红色资源作为客观存在，是进行红色基

---

❶ 湖南启动实施2022年"青马工程"西部计划专项[EB/OL].（2022-08-23）[2023-06-01].http：//xibu.youth.cn/gzdt/gddt/202208/t20220823_13941697.htm.

❷ 兵团项目办实施"青马工程"践行兵团精神[EB/OL].（2022-08-29）[2023-06-01].https：//xibu.youth.cn/gzdt/gddt/202208/t20220829_13957184.htm.

因教育的重要资源。如何将红色资源挖掘好、利用好，是当前研究的重要课题之一，也是大学生红色基因教育必须解决的问题之一。红色资源里蕴含着丰富的红色基因，"红色资源是我们党艰辛而辉煌奋斗历程的见证，是最宝贵的精神财富，一定要用心用情用力保护好、管理好、运用好"❶。让红色基因与时代同频共振，才能拥有持久的生命力。分析新时代大学生红色基因教育中红色基因的外显表现形式，可以从如下三个方面展开：围绕红色叙事主题，推动红色基因表现形式的多元化；立足数字人文理念，促进红色基因教育内容的科学化；探索多种方式运用，塑造红色基因教育手段的生动化。

（一）围绕红色叙事主题，推动红色基因外显存在形式的多元化

本书认为红色基因教育中红色基因的外显存在形式包含红色档案、红色文物、红色地标、红色展馆、红色艺术（红色文学、红色音乐、红色影视、红色美术作品）等，这些外显存在形式也是红色基因的物质载体，具有不可再生性、不可替代性的特征。2022年5月，中共中央办公厅、国务院办公厅印发《关于推进实施国家文化数字化战略的意见》，对数字化与文化产业的高度融合给出国家方案，必然带来红色基因外显存在形式的丰富化、多元化、时代化、科技化。

1. 通过数据收集实现红色基因外显存在形式资源的多样化呈现

新时代，随着5G技术的不断成熟，加快了红色基因表现形式的数字化，促进了红色资源服务方式智能化，拓展了红色基因存在形式的内容开发方式，其思维模式及研究视角均发生了转变，推动了红色基因的传承。大量的数据对

---

❶ 习近平. 用好红色资源、赓续红色血脉　努力创造无愧于历史和人民的新业绩 [J]. 求是，2021（19）：4-19.

第六章　新时代大学生红色基因教育的实践路径

红色文化传播创新具有推动作用，有助于让大学生在 5G 中沉浸式体验红色基因带来的力量，5G 技术也让红色基因教育走向智能化。展望未来，伴随着 5G 时代的来临，人们的生活也越来越智能化，VR、AR 等各类技术被广泛推广并应用。

红色基因的各类外显存在形式被数字化、数据化、可视化，能够为受众提供沉浸式的红色基因教育体验。例如，2020 年，由于疫情防控的要求，中国军视网借助 5G 技术推出了《弘扬英烈传承红色基因》网络主题展览，开设网上展馆，全景展示主题展览相关内容。人们足不出户，就可以身临其境参观展览。❶ 这些可以实现的前提是大量数据的支撑，在 5G 时代的背景下，将技术、数据与红色基因的外显存在形式进行有效结合，是对红色基因多样化呈现形式的丰富。

2. 注重对红色档案和红色文物的收集及红色基因资料的整理

推进红色档案和红色文物中的文字、图片、影像资料的有机融合，只有在丰富资源的支撑下，红色档案和红色文物的建设才能更加全面，红色基因的精神内核因子的呈现才会更加生动。很多内蕴红色基因的资料受生活环境和历史年代的限制，除了这些鲜为人知的资料外，绝大多数内蕴红色基因的资料大多留在后人手中，未能集中保存，甚至部分资料只保存在少数人的记忆里。数字人文可以为这些散落的资料提供平台、开展模块设计，通过线上征集和协助上传口述资料，让用户在参与中完成对蕴含红色基因的资料的利用，增强具有红色基因内容的红色资料的完整性。

建立红色基因数据库，对红色资料进行储存、整合与分析。如成立于 2012 年的中国传媒大学崔永元口述历史研究中心，由资深媒体人崔永元及其口述历史专业团队与中国传媒大学本着"抢救历史、持续发展、合作共赢"的原则合作成立。在中国传媒大学崔永元口述历史研究中心口述历史资料库

---

❶ 张立，金新亮，等.红色基因传承机制变迁与当代建构[M].北京：人民出版社，2020：220.

中，珍藏了 6 位 2021 年"七一勋章"获得者的采访影像。他们中有的人已经作古，有的已近百岁高龄，该中心网站公布了 5 位受访者的口述实录中的 5 个片段，这些影像资料难以再得。在中国传媒大学崔永元口述历史研究中心已完成的近百位西南联大口述史项目、400 余位抗战军人口述史项目、抗美援朝口述史项目中，抗战军人口述史和抗美援朝口述史是蕴含着大量红色基因的口述史项目，这两个口述史项目历时多年，在全国 20 余个省份和直辖市中受访老兵平均年龄超过 90 岁，他们通过口述再现了个体在战争中的独特经历。2010 年，以抗战口述史访谈为主要素材的大型历史纪录片系列《我的抗战》的播出，在央视和国内各大网站引发了收视热潮。抗美援朝口述史项目分成志愿军将军与战斗英雄、志愿军战俘和典型战例三个专题。受访者中包括了志愿军中的各类人群，上自将军、下到基层指战员和一些特殊典型群体。从当年参加战役的老前辈的记忆中挖掘、留存这份历史记忆，对新时代大学生红色基因教育具有启迪性思想政治教育意义。

3. 通过叙事化手段对红色基因外显存在形式进行维度分析

红色基因外显存在形式中存在大量具体的人、地、时、事、物等叙事维度。通过对这些叙事维度进行分析，有助于提升红色基因外显存在形式的开发利用效能，促进红色基因传承。

（1）以"人物"为中心的叙事维度。人物作为红色资源中的重要组成部分，是红色基因外显存在形式不容忽视的宝贵财富，人物故事、人物事迹等素材通常是红色基因的重要宣传窗口，如沂蒙红嫂精神。具体来说，应当塑造创新人物形象。红色人物是红色基因教育的重要载体，承担了推动故事情节发展、衬托（正衬或者反衬）红色精神品质、表现叙事的红色基因主旨等重要功能。红色资源本身具有一定的真实性和可塑性，而且一般都是围绕某个人物进行素材搜集与开发。在塑造红色人物形象时，可以借鉴《觉醒年代》等红色体裁的文艺作品，将历史的真实和人心的真实予以全面呈现，凸显不

第六章 新时代大学生红色基因教育的实践路径

同视角下的红色文化底蕴,致力于塑造的人物更加立体、鲜活和有温度。

(2)以"地点"为中心的叙事维度。中国共产党所走过的路遍布全国各地,在一个个标志性地点留下了跨区域的资源布局。如井冈山、延安、沂蒙等红色革命老区,这类素材通常集中传递着红色基因。空间作为红色人物活动的场所,可以被物化为某个具有符号价值的叙事元素,以某个革命根据地为空间线索,可以打破原先以时间为主导的传统思路,更加充分地丰富红色基因带来的画面展示能力,同时有助于促进对更多红色资源的开发利用、丰富红色历史场景化的内容。另外,讲好红色革命老区的故事,可以助力打造红色旅游品牌,提高大学生对红色旅游的关注度和兴趣度,主动将党史学习教育融合在地域旅游和文化氛围中。

(3)以"时间"为中心的叙事维度。作为历史的真实记录,红色资源中所展现的历史时期和时间坐标是把握红色基因脉络的重要坐标轴。时间叙事是选择的结果,党的伟大历史征程无法进行完整的追溯和绝对的还原,在时间维度上的叙事必须经过一定的选择、压缩。一直以来,时间线索是历史叙事的主要框架,灵活运用顺叙、倒叙、插叙等创作技巧,可以丰富红色资源的组织线索。尤其是对于红色叙事来说,通过今昔对比等手法,可以使得大学生感念革命的不易和党的光辉历程,明确党在我国发展的历史必然性和规律性。

(4)以"事件"为中心的叙事维度。历史不是一个抽象的概念,而是由一个个真实具体的历史事件所构成的整体,对历史事件的把握能够揭示革命、建设、改革和新时代的走向与变化,引导公众感受重大事件的红色基因力量,如长征精神。一方面,构建创新叙事情节。情节的创新可以使得原先的故事变得跌宕起伏,从而吸引受众愿意继续了解国家的历史与党的百年征程。当然,这离不开矛盾和冲突的设计,通过设计悬念、强化对比等手段可以推动叙事情节的展示能力和感染力。另一方面,以事为载体输出红色价值观。价值观的输出是讲好党的故事的最终目的,但是传统的权威式叙述与灌输式宣扬对于大学生而言难以达成理想的宣传效果。因此，在面向大学生开展红色基因教育、构建红色叙事的过程中，应当采取更加知识型和学理型的态度和方法，以理服人、以情动人，通过激发共鸣从而实现党的历史更加亲切和贴近大学生。

（5）以"物品"为中心的叙事维度。中国共产党在各个时期所留下的文物、文件等物品，是展览开发和档案管理的常见方式之一。例如，中共一大会址纪念馆收藏的红色和蓝色封面的《共产党宣言》首个中文全译本等红色档案和红色文物。物是故事的载体，见证了中国共产党的光辉历程，翻开厚重的中国共产党百年党史，从取得革命的伟大胜利到迈向民族的伟大复兴，一件件饱经沧桑的红色档案和红色文物，记录了一段段直抵人心的红色故事；一处处继往开来的红色地标和红色展馆，一件件感人至深的红色文艺作品，是中国共产党披荆斩棘、砥砺奋进最好的见证。

4. 秉持柔性教育，构建红色基因教育的"元宇宙"空间

一方面，"元宇宙"这一概念具有一定的突破性和开拓性，从字面上看，它是极为开放和包容的，可以作为物理世界足以以假乱真的双生子。但是实则它也有很强的封闭性和控制性。在某个"元宇宙"世界之内"生活"的话，很容易被所在世界所改造。从思想政治教育来说，有必要警惕一些不良的思想借助"元宇宙"来控制和入侵青少年的世界观和价值观，有必要运用"元宇宙"来为红色基因教育增添有力工具、抵制不良思想的入侵。

另一方面，以红色基因为专题的"元宇宙"可以更加聚焦于党的历史故事讲述，可集中用作教育资源，更加契合当代大学生的学习方式和思维模式，有助于更加直接地传递给大学生党的思想、知识文化。"元宇宙"对于红色基因的还原与继承，赋予了大学生更多的情感冲击、想象空间和沉浸式的叙事方式，可以吸引大学生主动学习和持续关注，以更加自由、快乐和开放的方式完成相关学习。

（二）立足数字人文理念，促进红色基因教育内容的科学化

数字人文不仅是一种技术，也是一种思维方式。数字人文为红色基因外显存在形式的建设不仅提供技术支撑，更是一种人文社会科学研究的新理念。数字人文的最终落脚点放在如何实现红色基因外显存在形式的精神价值内涵的深入挖掘，让受众在沉浸式体验中接受红色文化教育，从静态到动态，让人们身临其境地感受到红色基因教育的精神价值。

1. 运用数字科学技术，打造红色基因教育的精品展陈

习近平总书记曾指出："坚持政治性、思想性、艺术性相统一，把好导向、聚焦主题，用史实说话，着力打造高质量精品展陈，增强表现力、传播力、影响力，生动传播红色文化。"❶传统的精品展陈主要是向公众展示历史信息，透过对有历史信息的展陈，这种红色基因外显存在形式的建设模式往往会有重点和亮点不突出的问题，难以体现深层次的精神价值内涵，红色基因外显存在形式与受众的情感共鸣与沉浸体验并没有达到预期目标，其宣传教育效果也受到限制。数字人文技术和理念的出现为打造红色基因教育的精品展陈提供了有效路径和方法。数字人文所涉及领域的技术性、专业性，决定了其具有很强的实践性。通过音视频制作、虚拟现实体验、文艺作品创作等方式对红色基因资料进行全方位、立体化的展现是发展方向，也为提升红色基因外显存在形式的智能化水平提供基础支撑。融合数字人文赋能红色基因表现形式的数据化、可视化、故事化、全媒体、虚拟现实等先进技术，将数字人文技术和理念引入红色基因教育的开发建设过程，有助于丰富红色基因教育的呈现形式，提升红色基因教育建设水平。

---

❶ 习近平.用好红色资源　赓续红色血脉　努力创造无愧于历史和人民的新业绩[J].求是,2021（19）:4-19.

2. 应用数字人文技术，优化对红色基因外显存在形式的可视化感知

数字人文对于感知方式的改变也是颠覆式的，通过对海量红色基因外显存在形式的挖掘、分析与关联，可以从认知层面建构起还原历史的虚拟对象或者世界，将原先对红色基因的记忆变得更加外显和生动化。这个过程需要历史学家、建模专家和艺术家等的加入。

第一，将历史上分散的红色基因外显存在形式数据建立起知识关联，构建起虚拟对象的顶层叙述逻辑。收集与之相关的红色资源并推动构建全方位、体系化、高质量的精品展陈，可以很大程度上提高社会公众的探求欲，提高展品的吸引力，增加观看人数，不断提高红色基因的传播范围与影响力。第二，通过精细的模型使得模糊的人类记忆变成清晰、可感的机器记忆，这种从个体记忆外化为显性记忆的过程，也是对文字识读能力的解放。此外，红色基因教育过程中的红色资源是实现学理性叙事的关键，具有较强的说服力，可以更好地增强历史真实性和影响力。第三，传承红色基因需要兼顾主体认知的接受度与欣赏能力，尤其是在重构记忆的时候，需要充分贯彻红色基因的情感激发与记忆唤醒功能，从而通过情感的链条真正固化红色记忆。比如，陕西省文物局打造全国首个5G"互联网＋革命文物"教育平台，通过"三屏互动、同步传播"全媒体传播体系，采用VR、AR、动漫、游戏等新形式、新技术，提供革命文物全息欣赏、虚拟触摸和历史事件沉浸式体验，让全国各地的观众身临其境"实地"参观革命博物馆、纪念馆，深入感知革命文物的价值。❶

3. 吸收数字人文理念，丰富对红色基因外显存在形式的科学历史解释

数字人文的价值不仅仅在于对技术的引入，本质上不是"技术至上"主义的产物。事实上，数字人文对于红色基因外显存在形式的最大价值在于对

---

❶ 张立，金新亮，等．红色基因传承机制变迁与当代建构[M]．北京：人民出版社，2020：220．

红色基因外显存在形式话语体系的丰富。因此，必须通过技术丰富红色基因的"生命表达结构"，重构红色基因的因果关系和逻辑结构，获得一些有益于构建红色记忆的历史解释和发现，这样才可以真正通过数字人文赋能红色基因传承。具体来说，所谓的"新"解释包括克服制度变迁、环境变迁、人物转变、时代对比等方面存在的"数据瓶颈"，当红色基因外显存在形式与地理科学、社会科学、自然科学等相互交叉时，可以为红色基因表现形式提供更有趣的呈现方式。红色基因外显存在的内容是承载红色基因的不同资源的集合，如红色档案、红色文物、红色地标、红色展馆、红色艺术等存在形式中承载的事件内容等。对承载红色基因外显存在形式的资源进行细粒度挖掘，关键在于解决红色资源整合及资源内容的解构、重构的问题。

第一，红色基因外显存在形式内容的整合。红色基因外显存在形式中的红色档案、红色文物在不同馆藏机构得以保管，其资源形式呈现出异构性的特征，有助于运用不同的资源描述标准实现红色基因表现形式内容的深度整合。一方面，可通过链接、中间件等手段实现异构红色资源的逻辑整合；另一方面，可通过本体、语义互操作等方法实现红色资源的语义整合。这样可以支持后续的细粒度挖掘，进一步做好红色资源的整合再利用。第二，红色基因表现形式内容的解构与重构。利用数字人文技术将红色基因表现形式（红色地标、红色展馆、红色艺术）内容进行数据化解构，即通过分词等方法将非结构化及半结构化的载体内容转变为结构化内容，提取红色资源中的时间、地点、人物等重要事件要素，如利用语义挖掘技术实现不同要素之间的多维重构。

（三）探索运用多种方式塑造红色基因教育手段的生动化

2017年颁布的《关于加强和改进新形势下高校思想政治工作的意见》指出："要加强互联网思想政治工作载体建设，加强学生互动社区、主题教育网站、专业学术网站和'两微一端'建设,运用大学生喜欢的表达方式开展思想政治教育。"❶因此,有必要积极创新红色基因教育的手段,在对传统媒介改善创新的同时发掘利用新兴传播媒介,通过传统媒体与新媒体深度优势融合,达到相辅相成、交互性、全息化的红色基因传播目的。充分利用"微传播""网络直播"、红色文创开发等方式,将红色基因教育手段做到与时俱进,借助贴近大学生、以大学生喜闻乐见的方式日益提高大学生红色基因教育的效果。

1. 采取"红色基因教育+微传播"宣传手段

一直以来,习近平总书记对互联网催生的传播新技术、新机制、新模式都尤为关心。全媒体不断发展,信息无处不在。微传播就是借助微博、微信、移动客户端等网络微平台进行的信息传播方式。"微"作为全媒体中重要的新兴传播手段,已成为新时代大学生的一种学习方式、生活方式及思维方式。因此,适应新时代全媒体传播格局,提升红色基因的传播力、引导力、影响力,对于落实立德树人根本任务、培养担当民族复兴大任的时代新人至关重要。

新时代以来,中央媒体推出了《国家相册》《快看呐!这是我的军装照》《追寻习近平总书记的初心》《公仆之路》等一系列传播广、点击率高、口碑好的融媒体作品。2021年12月30日中央广播电视总台的百集微视频《非凡百年——中央广播电视总台百位播音员主持人讲述中国共产党人精神谱系》系列节目在全网上线播出。百集微视频《非凡百年》,采用沉浸式讲述类纪实影像的方式,全台100名播音员主持人倾情出场,每集一位播音员主持人通过每一种精神产生的时代背景、典型人物、事件发展及深远意义,讲述"中国共产党人精神谱系"的感人故事。

对于新时代大学生而言,通过"微传播"的形式传承红色基因符合大

---

❶ 中共中央、国务院印发《关于加强和改进新形势下高校思想政治工作的意见》[J]. 社会主义论坛,2017(3):4-5.

第六章 新时代大学生红色基因教育的实践路径

学生特征，能够帮助其以简短的内容和较短的时长获取尽可能多的信息，满足当前快节奏时代对于信息获取质量与效率的要求，有助于让大学生利用碎片化时间了解、观看这些作品，是时代性与历史性有机结合的一种方法手段。

2. 构建"红色基因教育 + 网络直播"宣传模式

《2020年中国网络表演（直播）行业发展报告》显示，截至2020年年底，我国直播用户规模已经达到6.17亿。2022年5月，中国互联网络信息中心（CNNIC）发布第49次《中国互联网络发展状况统计报告》，截至2021年12月，我国网民规模达10.32亿，其中年龄在20~29岁的网民占17.3%，网络直播用户占了全国网民规模的68.2%。"网络直播"作为一种新兴的网络社交方式，与互联网的快速发展不无关系，本身具有很强的代入感和时代感，利用好网络直播这种贴近大学生生活的形式，有助于提升大学生红色基因教育的实效、增强红色基因的吸引力和凝聚力。例如，2016年9月，为纪念红军长征胜利80周年，新华社推出大型主题网络直播栏目《红色追寻——三个年轻人的长征路》。该片中的三位年轻人，历时11天，跨越5省区，行程1.4万里，采用"网络直播"的方式，再现红军长征的艰难历程。本次网络直播立足于互联网，以更贴近大学生喜爱的网络直播形式，向亿万观众传达出青年一代在传承红色基因中的所思、所感、所行。基于这样的"网络直播"展现出的切身感受，远比课本和影视剧带给大学生更大的震撼。据初步统计，已经有超过5500万的网友观看了节目，并留下30多万条评论，为主流媒体开展网络直播报道摸索了成功之道。❶

时代在发展，社会在进步，让传承红色基因以更贴近时代的形式、风格走入青年学子，融入他们的生活、贴近他们的心灵，是促进大学生自觉传承

---

❶ 张笑寒. 网络直播红海的"一股清流"——解析新华社纪念红军长征胜利80周年网络直播节目《红色追寻》[J]. 军事记者，2017（3）：51-52.

红色基因的有效路径之一。

3. 实施"红色基因教育 + 红色文化创意产品开发"宣传策略

红色文化创意产品（以下简称"红色文创产品"）深受青年学子追捧。所谓红色文创产品就是在视觉表达上采用吸引人的亮色，依托丰厚内涵的党史元素达到缅怀革命先烈、开展红色基因教育的文化创意产品。在全国很多的红色展馆中，都设有文创产品店，从学习用品到生活用品等种类多样，包括笔记本、书签、T恤、帆布包、徽章、U盘和冰箱贴等。北大红楼还有"新青年"标识的雪糕，在炎炎夏日，一边吃着凉爽的雪糕，一边回味当年的新青年，舌尖上的美味更成为一种历史的传承、记忆的留存。另外，通过红色文化创意产品，有助于让年轻游客在体验和互动中学习红色文化，增加受众对红色文化的理解，加深红色基因教育的效果。国内很多高校都有着光荣的革命传统和鲜明的红色基因，特别是其校名、校徽、校训及校园代表性建筑物和景观形象等都蕴含着丰富的红色元素，代表着学校伴随着中国共产党的成立而成长、发展壮大的过程，其本身所具有的红色基因和红色文化底蕴及红色办学传统，已成为学校精神文化的宝贵财富，在社会上已形成了广泛影响力。通过对校园文化中红色元素的提取和转化，再通过二元设计将其附着在创意载体上，有助于获得美育价值和实用价值，既能助力校园文化传承，又符合新时期校园文化建设的要求。积极从校园文化中提取蕴含红色基因的各类元素文字、图案等形式，并将其发展成有声音、有图像、有温度的鲜活的文化表现形式，为校园文化本身赋予新的时代力量，对于高校文化育人建设具有重要实践意义。

以高校大学生群体为主要消费对象，为其提供喜闻乐见的红色文创产品服务内容，是传承红色基因的有效方式。具体而言，高校可以通过线上文创作品（微信表情包、平面地图、IP形象等）、学校历史元素产品（校徽、校训、特色建筑物、口述书籍等）、功能类产品（笔记本、钢笔、水杯、T恤、鼠标垫、护腕等）、文化类产品（礼盒、镇尺、钥匙扣、玩偶等）、官方用品类（信纸、信封、衣服、明信片等）形式对红色历史元素进行提炼，将红色文化创意产品转化成开展红色基因教育的生动形式。从知识管理的角度，红色文化创意产品开发的核心环节是对红色文化价值的提炼。该环节的本质是高校思想政治教育工作者将"隐性知识显性化"的过程，这一过程水平的提升要求高校思想政治教育工作者提升自身知识素养和主观能动性，充分利用党的重大历史节点、高校开学季、毕业季等时间节点，融合新媒体、新手段助力红色文化传播和红色文化创意产品开发，塑造高校红色文化氛围，融入真正具有红色基因的红色文化创意理念，进而实现红色校园文化"历史—信息—知识"的转化。红色文创产品承载着理想信念、光荣传统与优良作风、精神谱系，是红色基因教育的现实存在形式。充满红色元素的文创设计产品，能够将红色思想跨越百年，带入大学生的日常生活。对此，高校有必要注重实现红色文创产品从观赏收藏价值向红色基因展示、承载价值的转化，在价值转化的过程中推进红色基因弘扬与传承，提升红色基因教育的实质性效果。

三、营造新时代大学生红色基因教育的适宜环境体系

新时代大学生红色基因教育在提升大学生思想政治教育效果方面具有不可替代的作用，有助于适应新时代的要求，实现思想政治教育目标的时代性转化，促进思想政治教育与时俱进。马克思认为，"人创造环境，同样，环境也创造人"❶。以此为遵循，环境对大学生红色基因教育具有潜移默化的作用，红色基因所形成的理想信念、光荣传统与优良作风、精神谱系都是在校园环境、社会环境与家庭环境等因素的共同作用下形成的。围绕大学生红色

---

❶ 马克思恩格斯选集（第一卷）[M]. 北京：人民出版社，2012：172.

基因教育的外部环境支撑体系——课堂教学、校园文化、社会大课堂、政府机制、家庭教育开展路径研究，有助于进一步将红色基因教育内化为大学生的精神追求，外化为大学生的行动自觉。

（一）高校课堂教学中红色基因教育的融入

高校是大学生思想政治教育的主阵地，要充分利用好其优良的教学环境、丰富的教学资源与浓厚的学习氛围，以课堂教学为主打造全方位的高校红色基因教育体系，发挥好知、情、意、行教育教学发展规律中"知"的重要作用。高校应当围绕立德树人根本任务，做好新时代大学生红色基因教育的路径，主要是让红色基因教育融入课堂教学，使之成为红色基因教育的有效方式方法，通过蕴含红色基因的红色资源在德智体美劳教育中的运用，进一步提升思想政治教学效果，坚定大学生理想信念，促进大学生健康成长。将红色基因教育融入课堂教学，主要可以从如下四个方面展开。

1. 融入思政课教学，用好课堂主渠道

思政课是做好新时代大学生红色基因教育的主渠道。要使红色基因在思政课上有所体现，需要在整体性、专题性、研究性教学上下功夫，对思政课进行整体设计，围绕教学目标设计教学模块，既强调思政课所包含科目的整体性，又要有效避免不同科目之间的重复。具体而言，需要在不同科目之间进行红色基因专题设计、细化教学模块，并在撰写教案过程中开展研究型教学。在高校思政课方面，教师需要通过教学引导大学生把握中国共产党伟大建党精神、赓续红色血脉；在教学中引入习近平总书记关于传承红色基因的重要论述，深入认识精神谱系的概念认知、核心内涵与时代要求；让大学生深刻理解传承红色基因旨在发掘中华优秀传统文化自信的精神动力、弘扬伟大精神。比如，访谈发现，一位高校行政管理人员（编号8）认为，"高校应

做好规划,将红色基因融入'大思政'格局中,一是思政课程和课堂思政相结合,抓好党史学习教育;二是利用好校园硬文化和软文化;三是高校增加课题立项,将红色基因教育融入学术研究中;四是用好学校网络媒体"。新时代大学生在学习马克思主义的同时,还要能运用马克思主义方法论论述习近平新时代中国特色社会主义思想这个21世纪的马克思主义,实现新时代大学生对红色基因内涵的现代性继承。

在网络深度融入人们的日常生活和学习这一现实的境遇下,随着"互联网+教育"的成效显现,高校思想政治教育步入新时代,有必要发挥科技育人价值、打造智慧课堂、充分释放科技活力,实现思想政治教育的空间转向与网络话语权构建。新时代,高校应当注重培育和建立有媒介素养与网络思维的高水平思政课教师队伍,将红色基因作为网络思想政治教育的文化资源,注重思政课教学的互动式引导,用有创意、有思想、有温度的内容和形式潜移默化地感染大学生。比如,北京科技大学利用"数字马院"平台,通过VR虚拟现实系统,对采集的红色革命历史遗迹影像进行处理,形成在课堂中使用的教学资源;通过VR眼镜,教师以课堂教学的方式,大学生在智慧教室中,得以动态了解北京的红色革命历史遗址。可以说,这是新时代大学生红色基因教育融入课堂教学的有效尝试,并取得了良好效果。

2. 融入专业课,用实课程思政

新时代,习近平总书记关于课程思政的指示精神,为全面推进课程思政建设提供了根本遵循。随着2019年8月中共中央办公厅、国务院办公厅印发《关于深化新时代学校思想政治理论课改革创新的若干意见》和2020年5月教育部印发《高等学校课程思政建设指导纲要》的全面部署,各地各校纷纷出台实施方案,课程思政建设取得显著成效。习近平总书记指出,"要挖掘其他课程和教学方式中蕴含的思想政治教育资源,实现全员全程全方位育人"❶。在

---

❶ 习近平. 思政课是落实立德树人根本任务的关键课程[M]. 北京:人民出版社,2020:23.

课程思政中加强对大学生的理想信念、光荣传统与优良作风、精神谱系等红色基因教育，是新时代高校育人理念、育人模式、育人机制等在课程思政中的广泛探索与重要创新。

深入开展红色基因教育，强化红色基因在专业课程中的融入，有助于开阔大学生的视野，引导大学生塑造高尚人格、提升思想境界与育人功能。通过观看红色经典、开设红色微讲堂、参观红色展馆，有助于使红色基因不知不觉地渗透到大学生的思想观念中。红色基因教育的过程是高校思想政治教育工作不断"因事而化、因时而进、因势而新"的过程，也是吸取中华民族优秀道德传统的精华、实现质的飞跃的过程。

3. 开设红色基因教育方面的校史校本课程等特色课程

众多高校发展历史都与新中国的命运紧密联系，建校时间久远的高校无一不与新中国成立、发展同呼吸共命运，建校时间较短的高校也是在党和国家的领导下成长壮大的，都蕴含有自身丰富的红色基因。部分高校的校史俨然就是一部缩小版的红色基因文化史，其内在的精神文化熠熠生辉，因此，高校立足本身，从"根"出发，将红色基因教育与学校教学科研管理工作结合起来，有助于更高效地达到红色基因教育的育人功能。

一是需要充分发挥挖掘高校校史红色基因、开设红色校史课程的作用。具体而言，高校开展校史研究，应从道路、理论、制度、文化方面挖掘红色基因精神实质，最大限度地提升大学生对于红色基因力量的感知程度和接受精神洗礼的有效度。在各高校开发校史校本课程、推出特色课程、将红色基因教育融入课堂教学的众多课程中，每所高校都有着自己独特的历史，有待于结合校史校情教育，挖掘校史中的红色基因，从而推动思想政治教育入耳、入脑、入心，做到"认知—内化—践行"的有机统一。例如，西安电子科技大学以红色校史校情创新思想政治教学模式，立足红色校史校情，先后出版《中国革命战争时期军队通信教育史》《辉煌的历程丛书》《岁月如歌》《流金岁月》《中华文化传承与中国梦》等研究成果，建立了学校红色文化资源数据库。系统整合的资源库不仅便于教师在教学过程中的运用，也利于学生在自学时能够获取正规学习资源，既可以减少大量的信息资料收集时间，还可以避免被网络杜撰、歪曲历史的虚假资料误导。

二是从组织形式、教学方式切入开设红色校史课程。具体而言，高校可以联合当地红色革命纪念地、革命教育基地、展览馆、博物馆等开设精品课程，如实践教学课程，将红色基因教育课堂从高校拓展至这些承载红色基因的真实场所，使大学生在生动立体的场景中与历史进行对话，在课堂教学的基础上辅以实践课程，能够最大化提升大学生对于红色基因力量的感知，以及接受精神的洗礼。此外，从课程的组织形式来看，可以从教学方式为切入点开设特色课程，如通过改变传统教师讲授知识的教学模式，邀请红军烈士后代、革命基地等专业讲解人员、时代先锋模范代表、红色基因传承者等来给大学生授课、开展讲座、专题讲演等，以不同行业人的视角来解读其对于红色基因的理解与传承，更能够激发大学生的情感共鸣，提升特色课程教学效果，推进大学生思想转变，实现由"要我传承"到"我要传承"的飞跃。同时，进一步推动高校校史馆、档案馆、博物馆等机构征集与保管好学校红色基因表现形式，推进红色基因表现形式的数字化，构建并完善红色校史档案文献数据库，探索红色校史档案文献资源建设并实现资源共享利用，从而达到激发大学生的情感共鸣、提升红色校史课程教学效果的目的。

4. 开展红色基因理论研究

红色基因理论研究是红色基因实践的重要前提和基础。思想是行动的先导，做好新时代大学生红色基因教育，必然要先在理论上打好基础。只有红色基因相关理论研究做好了，才能在实践中使大学生自觉自愿地做好红色基因的传承者与守护人、做好历史的接力者，以更饱满的热情将红色基因传给下一代。高校是理论研究的集聚地，也是大学生红色基因教育的第一课堂，应充分利用好这一优势，实现二者的相辅相成、相互促进。同时，高校应不断提高对红色基因理论与实践研究的重视程度，同时辅以政策及经费等便利的研究条件，以及良好的理论研究环境，结合当地特色红色资源开设相应的校本课程，并在课外开展相关的学术研讨会、交流会、学术沙龙等系列活动，通过启动相关的课题研究及科研项目，助力形成浓厚的红色基因学术研究氛围。

推动校际红色基因理论研究深入发展。高校与高校之间、高校与科研机构之间互助协作、互相交流理论研究成果，有助于加强人才交流合作，达成资源互补、优势互鉴、提升红色基因理论研究质量与效益的目的。理论研究是一件艰巨繁杂的任务，不是轻而易举就能得出结论、取得成果，需要多数人长期坚持不懈努力与奋斗。开展大学生红色基因教育，可以让大学生更早了解红色基因相关知识及其重要价值，影响带动更多的大学生关注了解这一理论内容，吸纳更多的大学生参与到红色基因理论研究中来。

（二）校园文化建设为红色基因教育营造氛围

文化是一个国家、一个民族的灵魂，也是一所高校的精神旗帜。校园文化对于高校学风、校风具有重要的影响作用，良好的校园文化能够带动整所学校形成良好的学习、教学与科研氛围。同时，校园文化是社会主义先进文化的重要组成部分，同社会主义先进文化一脉相承，是红色基因教育的重要外部环境，因此高校校园文化有责任、有义务弘扬并传承红色基因。每所高校都有自己独特的历史底蕴和文化内涵，加强校园文化建设，营造传承红色基因浓厚氛围，发挥环境的熏陶作用，创造性地将红色基因融入校园各类文化活动，是大学生红色基因教育的有效路径。

1. 融入校园景观建设，营造红色基因教育外化氛围

高校校园景观是对大学文化的有力彰显。校园内随处可见的宣传栏、布

第六章 新时代大学生红色基因教育的实践路径

告板、雕塑、电子屏及各类展览等都可以成为传承红色基因的宣传路径。第一，注重从环境布置与功能拓展两方面着力。在学校教学区和生活区的布置上强调融入红色元素，以更直观、更便捷、更有效的方式对红色基因进行呈现，使学生进入其中，就能感受到红色文化的熏陶，有所收获、有所感悟，不断提升红色基因教育的效果，促进红色文化景观化。第二，注重校内展览的布置与功能拓展。校史馆是展现一所大学建校、发展、壮大历程的绝佳平台，在校史中发掘高校自身所传承的红色基因，让大学生在学习校史的同时感悟红色基因，一举两得。同时，高校团委、档案馆、图书馆及各学院都要利用好各自资源，挖掘红色资源，定期举办红色展览、红色读物交流会、红色文艺等活动，体现大学生的文化记忆和感情寄托，成为学校文化传统延续的有效方式，助力大学精神与红色基因的发掘和传承。第三，注重校园标识系统融合。校园标识系统是有力体现大学文化的因素之一，同时校园中的各种标识是校园文化最直观的呈现方式之一。高校在道路、楼宇的景观命名上应当加强红色基因发掘和历史传统传承，强调形式与内容一致性，将红色基因融入大学生日常生活之中，让学生在衣食住行中都受到红色基因的文化熏陶。

2. 结合重大纪念日，增强红色基因教育的仪式感

一年365天，大学生在大学校园要度过200多天。从五四纪念日、马克思诞辰，到"七一"党的生日、9·30烈士纪念日、"十一"国庆，再到长征胜利纪念日等这些时间节点，大学生几乎都是在校园里学习、生活。为此，高校应当充分利用好这些时间节点营造红色氛围，开展红色基因宣传与教育，让大学生在节日氛围中感悟红色基因。第一，结合自身特色，融合校内外资源。高校应当通过同当地红色旅游基地、革命圣地、博物馆、展览馆、纪念馆、档案馆等蕴含有红色基因的机构合作，在重大纪念日举办红色展览、演出红色经典影视巨作、开展红色书籍交流会、举行红色知识问答比赛、举办校园

红色游园会等，以高雅艺术为载体，推动红色基因的弘扬和传承，使红色基因教育入眼、入脑、入心。第二，结合高校校史中的重大历史事件，挖掘自身校史中的红色基因。博物馆、校史馆、档案馆等应当积极开展主题党日、团日、校史文化讲座等活动，拉近大学生与红色基因之间的距离，引导大学生用心用情感悟身边红色基因，在铭记历史中传承红色基因。第三，仪式感是赋予某一时间精神意义的一种方式。增强红色基因教育的仪式感可以加深大学生对于红色基因所蕴含的精神内涵的认知，提高其对传承红色基因的重视程度。通过升旗仪式、歌咏比赛、主题朗诵、默哀并敬献鲜花等形式，号召新时代大学生继承和发扬优良传统，坚定理想信念、爱党、爱国、爱社会主义、爱人民、爱集体。以不同历史时期的青年学子的革命精神和时代精神砥砺大学生为成为社会主义建设者和接班人而努力奋斗，时刻不忘红色基因，继续坚定传承红色基因的步伐。

3.融入学生社团建设，扩大传承红色基因的传播面

学生社团是高校落实立德树人根本任务、推进素质教育的重要载体，是高校学生根据成长成才需要，结合自身兴趣特长，在高校党委的领导和团委的指导下开展活动的群众性学生团体。学生社团活动作为高校校园文化建设的重要组成部分，是丰富大学生课余活动、提升综合素质的重要载体。习近平总书记曾指出："社会实践、社会活动以及校内各类学生社团活动是学生的第二课堂，对拓展学生眼界和能力、充实学生社会体验和丰富学生生活十分有益。"❶ 因此，以学生社团为载体，开展红色基因教育活动，对于大学生形成践行红色基因的自觉、实现自身全面发展具有重要意义。第一，把握大学生特征，开展红色基因教育的社团活动。新时代大学生个性特征鲜明、易于接受新鲜事物，因此，高校应当把握新时代的特征和大学生的成长特点，不断

---

❶ 中共中央文献研究室.习近平关于青少年和共青团工作论述摘编[M].北京：中央文献出版社，2017：55.

探索学生社团活动内容和形式，让大学生自己组织策划相关活动，在探寻红色基因的实践中提高自我教育与动手能力。通过对蕴含红色基因的红色档案、红色文物等实物的搜集整理，深入挖掘蕴含其中的历史记忆和高尚情操，进而增强大学生对红色基因的认知和认同。第二，通过社团活动对蕴含红色基因的资源载体进行开发利用。将红色基因蕴含的理想信念、光荣传统与优良作风、精神谱系作为社团活动的育人目标，使大学生在集思想性、文化性和趣味性的活动中，潜移默化地感受红色基因教育所带来的鼓舞和激励。如教育部直属某高校学生社团——"校史文化社"在指导教师的带领下，利用两年多的时间访谈50余位北京八大学院时期的老校友，社团大学生们参与撰写访谈提纲、访谈老校友、整理口述文字资料等工作，进行红色资源中红色基因的挖掘、收集、整理和开发，在亲身参与中感受老一辈教育工作者的初心与使命。

（三）社会大课堂为红色基因教育提供平台

大学生除了在大学校园通过课堂教学和校园文化建设来接受红色基因教育，社会也是大学生红色基因教育的有力阵地。习近平总书记曾指出："社会是个大课堂。青年要成长为国家栋梁之材，既要读万卷书，又要行万里路。"❶大学生开展社会实践，是在社会大课堂学习的有效手段，也是大学生将知识转化为能力的重要方式。因此，鼓励大学生在社会实践中开展深度调研、挖掘红色基因，依托实践项目、书写红色篇章，助力乡村振兴、传承红色基因，有助于大学生通过社会实践正确认知自己与社会现实的差距，找出问题、探寻对策，将知识应用到祖国大地上，更好地坚定理想信念，促进自身全面发展。

---

❶ 中共中央文献研究室.习近平关于青少年和共青团工作论述摘编[M].北京：中央文献出版社，2017：55.

1. 开展深度调研，挖掘红色基因

大学生挖掘家乡或大学所在地的红色基因，可以深入城市、农村、革命老区、红色教育基地，对老红军、老校友、老模范等进行实地采访，在亲身实践、切身体验中感受红色文化，在聆听与交流中体悟红色基因。开展调研是一项复杂性实践活动，需要在调研前选择合适的调研主题，选择专业的教师作为指导教师，集合几位同学组成调研小组进行调研。整个调研过程环环相扣，每一步的走向都会最终影响到调研成果，如调研主题选取是否可行、信息收集是否全面完善、指导教师是否专业契合、调研方法选用是否恰当等，这些问题都需要认真思考，在实际调研过程中不断调整改善，最终完成调研任务。深度调研有助于大学生提高思考、调查、研究、分析、整合等能力，在提出问题、探究问题、解决问题的过程中挖掘红色基因，在自我探寻与团体合作中领悟红色基因的真正内涵。比如，2015年以来，合肥工业大学宣城校区红色体验式抗战老兵寻访活动系列实践团队，前后组织20余支暑期专题实践团队，参加学生200多人次，累计寻访以叶挺将军勤务兵孙志新为代表的抗战老兵30余人，共整理出老兵口述史料17份。❶在实地调研中深化大学生对红色基因的情感认同，自觉弘扬红色精神。社会大课堂中具有丰富的红色资源，如地方纪念馆、档案馆、展览馆、博物馆等，高校应当与其共建实践教学基地；面对庞杂的资料，大学生应学会合理利用并选取适当资源为调研服务；加强高校师资力量与纪念馆、档案馆、展览馆、博物馆馆藏资源的有机融合，发挥不同类型资源的优势，实现互补；辅以现场教学的方式，强化体验式教育，在教学互动中完成调研，以历史之真映现实之力，让红色基因真正在大学生群体中入脑入心，见于其行动之中。

---

❶ 王炳林，张泰城.高校红色文化资源育人发展报告2018 [M].北京：人民出版社，2020：117.

2. 依托实践项目，书写红色篇章

社会实践是大学生同社会"对话"的有效方式之一。通过实践，大学生可以将课堂中学到的理论知识转化为实践力量，在实践中加深对理论知识的理解与运用，还可以获得课本中学不到的知识与技能。第一，社会实践活动推动大学生思想转变。社会实践活动是大学生形成正确的世界观、人生观、价值观的重要途径，也是大学生红色基因教育的重要方式之一。周末和寒暑假充裕的时间是社会实践活动的最佳开展时间，全国各地拥有许多红色资源，为大学生社会实践活动提供了广阔的平台。高校应当鼓励学生在课程之外积极开展红色文化主题实践活动，并以此作为大学生假期社会实践活动的重要形式之一。对此，高校应制定好相关的要求准则，引导实践方向、把控实践选题、提高审核要求、规范实践方式，适当给予学分成绩以资鼓励，不断提升大学生参与红色基因主题实践活动的自觉性与主动性。第二，以赛制带动社会实践规范化。已经连续举办多届的中国国际"互联网+"大学生创新创业大赛，2018年新增了一项参赛组别是"青年红色筑梦之旅"赛道。这是结合国家战略部署和高校立德树人根本任务而设计的赛道，是以红色实践为主题的大学生参与其中的比赛类型。让大学生在行走中坚定理想信念，培养使命自觉；在学习中树立正确的历史观、民族观、国家观，传承红色基因，扩大红色精神影响力。通过走进井冈山、古田、瑞金、遵义、西柏坡、沂蒙山等革命老区，有助于大学生们学习革命精神，重温革命前辈的创业史。他们用专业知识和智慧探索更好的乡村建设模式、传承红色血脉、守护革命老区生态，把青春的力量、科技的力量、时代的力量辐射到广阔的田野乡村，使之焕发出新的生命和价值，不仅激发了大学生的潜力，也带动越来越多的人从城市回到乡村，盘活了处于"休眠"状态的乡村红色资源，助力书写新时代大学生的红色篇章。

3. 助力乡村振兴，传承红色基因

乡村的发展同我国整体发展紧密相连。农村是中国共产党发展壮大的深厚基础，革命战争年代正是因为广大农民的帮助，中国共产党才能顺利扭转局势，取得建设新中国的胜利。第一，发挥大学生专业优势，助力乡村振兴。红色基因也大多深深植根于农村的辽阔大地。新时代为大学生接触社会提供了广阔的平台，同样广泛的大学生群体也为乡村振兴提供了人才支撑。因此，新时代大学生要发挥自身力量，在助力乡村振兴的同时传承红色基因。大学生走进乡村，发挥专业优势，将专业知识用到实践，在学以致用中自觉践行服务人民群众，树立为人民服务的意识，传承红色基因。第二，扎根乡村，建构大学生红色基因教育独有特点。在美丽乡村建设、乡村社会治理及乡村文化文明等方面，乡村振兴战略为高校提供了发挥智力支撑的平台。在教师带领下，大学生走进乡村，以实地调研、走访等形式全面了解乡村的红色文化，挖掘、收集、保护红色资源，通过科学技术对其进行永久保存，既可以提高大学生对于所学知识的掌握程度、锻炼其实操技能，还可以带动大学生以实际行动传承红色基因。例如，第四届中国"互联网+"大学生创新创业大赛的"青年红色筑梦之旅"赛道金奖争夺赛上，天津商业大学的2013届毕业生黄俊科回到家乡甘肃，深入挖掘黑枸杞的药用价值，研发黑枸杞深加工系列产品，其开发的"野生黑枸杞全产业链综合扶贫项目"为当地提供了150个工作岗位，人均收入突破4万元，并带动800户贫困人口增收致富；西安交通大学的"金刚模/高端热作模具——改善农村生态、带动农民再就业"项目依托西安交通大学国家重点实验室技术，拥有5项国家专利授权，以及7项国家发明专利，是将高校智力、技术和项目资源辐射到广大农村地区，助力精准扶贫和乡村振兴的重要范例。

（四）健全大学生红色基因教育的政府机制

习近平总书记十分重视党对教育工作，特别是对思想政治教育工作的领导，指示"中央教育工作领导小组要把思政课建设纳入重要议事日程，教育部、中宣部等部门要牵头抓思政课建设"❶。政府作为国家治理体系的机关，应当从国家层面为大学生红色基因教育提供坚实支撑，充分落实政府的文化职能，牢牢掌握意识形态工作领导权，引领社会主流意识和核心价值观；建设好网络空间，坚持正确的舆论导向，落实好红色基因宣传教育工作，推动在大学生群体中形成弘扬与传承红色基因的热烈氛围。例如，一位高校文科教师（编号3）认为，"政府在新时代大学生红色基因教育中扮演着领导者、引导者、培育者的角色"；一位高校教辅人员（编号15）认为，"政府在大学生红色基因教育中担当总掌舵人的角色，主导和把握红色基因教育的大方向。政府从顶层设计、政策制度和文化生活等方面，保障红色基因教育融入思想政治教育工作全过程、全方位"。因此，着眼于新时代大学生红色基因教育的环境体系构建，不仅需要大学的课堂教育和社会大课堂教育，更需要政府合理定位自身角色，从健全组织机制、完善政策法规、丰富红色文化活动三个方面协调好政府、高校与社会三者之间的关系。

1. 健全组织机制

红色基因教育的工作机制，根本在于加强组织领导、强化责任担当。比如，一位高校思政课教师兼学院领导（编号1）认为，"政府作为国家治理体系的机关，应当从国家层面对大学生红色基因教育提供坚实支撑，充分落实政府的文化职能，从组织机制、政策法规、文化活动等方面提升大学生红色基因教育的成效"。第一，坚持政府主导、社会参与相结合，形成多方参与、各司其职的工作格局。从顶层设计与制度先行的角度构建激活红色基因教育

---

❶ 习近平. 思政课是落实立德树人根本任务的关键课程[M]. 北京：人民出版社，2020：28.

的长效机制，将红色基因教育融入全员全域协同的思想政治教育全过程、全方位。切实做好新时代思想政治教育工作，把红色基因教育与培养担当民族复兴大任的时代新人有机结合起来，推动红色基因进教材、进课堂、进校园、进单位、进基层、进社区、进头脑，不断加强升华大学生的理想信念、价值理念和道德观念。第二，通过强化教育引导、舆论宣传、文化熏陶、实践养成、制度保障等，让红色基因深深融入大学生的血脉之中。不拘于形，可以与当地教育部门等相关部门联合建立人才培养机制，多方向、多目标、多类型地培养爱党爱国爱社会主义的优秀大学生。第三，广泛探索挖掘红色基因，以学生组织、院系班级为单位，让学生在探索中理解、在理解中认知，使红色基因教育真正从说教变为实践，切实提高大学生对红色基因教育的兴趣，深入认识红色基因丰富的历史进程。

2. 完善政策法规

建立健全制度保障体系，确保红色基因教育的科学有效。第一，要始终坚持和发展社会主义制度，充分认识到制度建设的重要性。政府在统筹红色基因相关政策制定、执行、修改和完善中应当发挥把控作用，制定的政策既要坚持以习近平新时代中国特色社会主义思想为指导，同时也要符合红色基因教育的现实需要。第二，要注重将传承红色基因的内在要求直接上升为具体的法律规定，充分发挥法律的规范、引导、保障作用，确保红色基因教育有法可依。第三，要制定红色基因教育和传承的相关政策法规，将红色基因教育落实到社会治理中，让红色基因教育有章可循。第四，要注重通过线上与线下相结合的方式开展红色基因教育。新媒体的到来，为红色基因的传承带来了挑战。政府在强化网络传播意识的基础上，应当把握舆论导向，以正确舆论引导人，提升红色基因教育的网络安全意识，依法加强网络空间治理，本着对社会负责、对人民负责的态度，建立网络综合治理体系，全面推进红色基因教育的网络空间法治化。

3.丰富红色文化活动

长期以来,党和政府开展了大量丰富的红色文化活动,特别是党的十八大以来,习近平总书记踏遍了不同时期具有标志性、代表性的重大历史事件发生地和革命故事、英雄人物、革命精神等红色资源所在地,生动展示了习近平总书记对红色文化的深厚情怀。全国各地注重在重要历史时间节点开展集体传承红色基因活动,如每年的国家公祭日,从中央到地方都会举办公祭活动来深切缅怀所有惨遭日本侵略者杀戮的死难同胞,缅怀为中国人民抗日战争胜利献出生命的革命先烈和民族英雄,铭记历史、珍视和平。从社区的红色基因教育活动,到红色经典的周年纪念研讨活动,再到大中小学的红色主题教育,都以丰富的红色文化活动为载体,传承红色基因。习近平总书记在中国文联十一大、中国作协十大上的讲话中指出:"文化兴则国家兴,文化强则民族强。当代中国,江山壮丽,人民豪迈,前程远大。时代为我国文艺繁荣发展提供了前所未有的广阔舞台。"❶新时代,大学生应当在历史与现实中互动,在精神与实践中传承红色基因、增强文化自觉、坚定文化自信、弘扬红色精神,在丰富的红色文化活动中做一名红色基因真正的传承者。

(五)家庭教育创设红色基因教育的内在环境

教育不仅是学校的事情,更是家庭的责任。家庭教育是贯穿一生的教育。习近平总书记多次提到要"注重家庭、注重家风、注重家教",强调"家庭的前途命运同国家和民族的前途命运紧密相连"。❷大学生作为从未成年人向成年人跨越的群体,家庭对他们的教育是第一位的。新时代大学生生活在一个互联网高度发达的社会,周边的环境纷繁复杂。家长在这样的大环境下,要

---

❶ 习近平.在中国文联十一大、中国作协十大开幕式上的讲话[N].人民日报,2021-12-15(002).
❷ 习近平.在会见第一届全国文明家庭代表时的讲话[M].北京:人民出版社,2016:3.

注重家庭教育，与学校教育互为补充、形成合力，为大学生红色基因教育提供环境支撑。通过家庭教育创设红色基因教育的内在环境，提升大学生红色基因教育的内驱力，可以从如下三方面着手。

1. 家庭教育为大学生红色基因教育提供精神滋养

教育的目标是培养建设者和接班人，家庭教育和学校教育的目标是一致的，因此在一定程度上家长要与教师建立战线关系。虽然大学校园是大学生生活学习的主要场所，但家庭始终犹如"牵着线的风筝"，风筝飞得再远，牵着线的绳子始终在那里掌握着方向。家庭教育具有亲子的特点，气氛相对轻松活跃，教育方式也相对灵活随机，所以家庭教育要与学校教育紧密结合，协调一致，才能为红色基因教育创设良好的内在环境。家长在教育孩子的过程中应当注重红色基因教育与红色文化传播相结合，培养大学生爱党爱国爱社会主义、修身齐家、建功立业、开拓进取、不畏艰难的理想信念；孝老爱亲、实事求是、团结友爱、勤俭节约、实事求是、正直友善的传统作风；勇毅前行、独立思考、创新实干、勇于挑战、积极进取的精神追求。红色基因教育的是理想信念、光荣传统与优良作风、精神价值。红色基因在滋养家庭成长方面具有重要作用。正如习近平总书记所说，"作为父母和家长，应该把美好的道德观念从小就传递给孩子，引导他们有做人的气节和骨气，帮助他们形成美好心灵，促使他们健康成长，长大后成为对国家和人民有用的人"❶。

2. 良好家教家风为大学生红色基因教育提供环境支撑

"少成若天性，习惯之为常。"家庭作为社会的基本细胞，对一个人世界观、人生观、价值观的养成有重要影响，就好比人体微观细胞，微观细胞好坏的直接结果反映就表现为整个人的健康与否。新时代迫切呼唤家庭承担

---

❶ 习近平. 在会见第一届全国文明家庭代表时的讲话[M]. 北京：人民出版社，2016：4-5.

第六章 新时代大学生红色基因教育的实践路径

起微观细胞的作用,要重视家庭建设,注重家庭、家教、家风,用好的家教家风建设,孕育美好的家庭环境,做到家庭和睦、亲人相爱,自觉破解社会发展中出现的突出问题。好的家庭家教家风既是对中华优秀传统文化的传承,又是对红色基因教育价值的淬炼。家庭教育在健全子女人格和家国情怀、个人素养等社会主义核心价值观养成上具有原生性、传承性,因此,应当注重不断深化家庭教育内涵,发扬光大中华民族传统家庭美德,为大学生红色基因教育构建家庭环境场域。比如,一位高校行政管理人员(编号8)认为,"家庭担任了启蒙教育的角色,有红色家风的家庭在传承红色基因方面表现更好、更坚定,父母长辈应言传身教作表率、坚守信念树立良好家风"。

3. 传承意识为大学生红色基因教育提供内驱力

开展大学生红色基因教育的首要任务是从思想观念上牢固树立传承红色基因意识,让红色基因在大学生的心田生根发芽。《中华人民共和国家庭教育促进法》(以下简称《家促法》)已由中华人民共和国第十三届全国人民代表大会常务委员会第三十一次会议于 2021 年 10 月 23 日通过,自 2022 年 1 月 1 日起施行。《家促法》共计六章五十五条,就家庭责任、国家支持、社会协同、法律责任等作出了明确的规定,也为家庭教育提供了法理支撑。《家促法》中明确指出,应当树立家庭是第一个课堂、家长是第一任老师的责任意识。对于大学生而言,让红色基因进家庭,有必要用活红色档案、红色文物、红色地标、红色展馆、红色艺术(红色文学、红色音乐、红色影视、红色美术作品)这些物化的表现形式,让红色基因传遍千家万户。新时代大学生应当积极通过收集红色档案、保护红色文物、寻访红色地标、参观红色展馆、阅读红色文学、歌唱红色音乐、观赏红色影视、赏析红色美术作品等方式,深刻感受思想的光芒、理想的魅力。只有让课本里的人物"活"了、课本里的事件"活"了、课本里的历史"活"了,红色基因才能让思想政治教育工作"活"起来。

附 录

附录1 "新时代大学生红色基因教育"调查问卷

亲爱的同学：

您好！感谢您在百忙之中填写此问卷，本问卷仅为了解新时代大学生红色基因教育现状。您的宝贵意见仅供学术研究使用，问卷不会涉及您的个人隐私，请放心填写。请选中您所符合或认可的选项，感谢您的支持与参与！

1. 您的性别：_____
A. 男　　　　　　B. 女

2. 您的家乡：_____
A. 北上广深　　　B. 省会城市　　　C. 一般地级市
D. 县城　　　　　E. 乡村

3. 您的年龄段：_____
A. "90后"　　　　B. "95后"　　　　C. "00后"

4. 您的年级：_____
A. 大一　　　　　B. 大二　　　　　C. 大三　　　　　D. 大四
E. 大五　　　　　F. 硕士在读　　　G. 博士在读

5. 您所在的院校性质类型属于：_____
A. 综合大学　　　　　B. 理工类院校　　　　C. 农林类院校
D. 医药类院校　　　　E. 师范类院校　　　　F. 语言类院校

G. 财经类院校　　　　　　H. 政法类院校　　　　　　I. 艺体类院校

J. 民族类院校

6. 您的专业类别：_____

A. 人文社科类　　　　　　B. 经济管理类　　　　　　C. 理工类

D. 艺术体育类　　　　　　E. 其他

7. 您的政治面貌：_____

A. 中共党员（含预备党员）　　　B. 共青团员　　　C. 群众

8. 您了解红色基因这一概念吗？_____

A. 非常了解　　　B. 比较了解　　　C. 了解不多　　　D. 完全不了解

9. 红色基因作为一种中华优秀传统文化成果的精华、革命文化和社会主义先进文化的精神内核因子，鼓舞着数以千计的中华儿女克服重重困难、勇往直前。红色基因教育是新时代大学生坚定理想信念、弘扬光荣传统与优良作风、承继精神谱系，堪当民族复兴大任的时代新人的必然要求，您对此的看法是：_____

A. 完全认同　　　　　　B. 基本认同　　　　　　C. 不一定

D. 基本不认同　　　　　E. 完全不认同

10. 您认为红色基因的内涵包括：_____（多选题）

A. 理想信念　　　　　　B. 光荣传统　　　　　　C. 优良作风

D. 精神谱系　　　　　　E. 其他

11. 您认为新时代大学生红色基因教育的途径有哪些？_____（多选题：选出 3 项）

A. 广播电视、报纸杂志等传统媒体

B. 三微一端（微博、微信、微视以及客户端）

C. 红色影视作品　　　　D. 革命纪念馆、展览馆等爱国主义教育基地

E. 课堂学习　　　　　　F. 书籍　　　　　　G. 其他

12. 您认为新时代大学生红色基因教育的价值体现在哪些方面？_____（多选题）

　　A. 有助于大学生增强爱国情怀

　　B. 有助于引领大学生树立正确的"三观"

　　C. 有助于提升文化传承育人作用

　　D. 有助于大学生的理想信念教育

　　E. 有助于大学生学习党史、新中国史、改革开放史、社会主义发展史和中华民族发展史

　　F. 其他

13. 您认为在新时代大学生红色基因教育中红色基因的外显存在形式有哪些？_____（多选题）

　　A. 红色档案　　　B. 红色文物　　C. 红色展馆（革命纪念馆、展览馆等）

　　D. 红色地标　　　E. 红色影视作品　　　F. 红色书籍　G. 其他

14. 以下哪些选项符合您当前在传承红色基因自我教育方面的现状？_____（多选题）

　　A. 缺乏传承红色基因的主观意识

　　B. 缺失传承红色基因的学习教育

　　C. 缺少传承红色基因的实践活动

　　D. 均无上述问题，传承红色基因表现良好

15. 您认为您所在的高校对大学生红色基因教育的宣传引导和传承教育力度如何？_____

　　A. 力度很大　　　B. 力度比较大　　　C. 力度一般

　　D. 力度较少　　　E. 没有这方面的宣传引导和传承教育

16. 您所在的高校是否有组织开展过大学生红色基因教育的活动？_____

　　A. 经常有　　　B. 偶尔有　　　C. 几乎没有

17. 您在高校学习过红色基因教育的相关课程有哪些？_____（多选题）

　　A. 思想政治教育理论课

　　B. 专业课　　　　C. 党课、团课　　　　D. 网络课程

　　E. 社团课程　　　F. 其他

18. 您认为您所在高校对大学生进行红色基因教育的课程建设有哪些不足？_____（根据认可度，依次选出前3项）

　　A. 教学环节中教学设计单一，形式呆板，与大学生贴合度不高

　　B. 思政课程涉及较多，其他课程涉及较少

　　C. 课程深度不够，浅度也未和大学生特点相结合

　　D. 没有统一教材，缺乏校本教材素材

　　E. 其他

19. 您认为您所在高校大学生红色基因教育的活动有哪些不足？_____（多选题）

　　A. 活动的宣传执行力度欠佳，获取渠道不清晰

　　B. 活动的参与积极性不高，缺乏与大学生特点的结合

　　C. 活动的宣传形式较为单一，难以激发学生内驱力

　　D. 活动的表现方式缺乏新颖，教育的效用度不高

　　E. 活动中缺少专业老师指导，教育的程度不一致

　　F. 活动后缺乏跟踪，教育的传承力不强

20. 您认为当前新时代大学生红色基因教育需要哪些外部支撑？_____（多选题）

　　A. 政府重视红色资源的开发与保护机制

　　B. 社会创设红色基因教育的良好生态

　　C. 家庭注重思想教育和价值观引领

　　D. 高校完善红色基因教育体系

　　E. 其他

21. 您认为高校大学生红色基因教育过程中有哪些问题？_____（多选题）

A. 校园文化中红色基因元素融入度不广

B. 课程体系中红色基因元素效度应用不深

C. 社会实践中红色基因元素吸引力不强

D. 红色基因元素在学习生活的方式有待转变

E. 大学生自我传承红色基因意识不足

F. 家庭教育缺失坚定理想信念的环境

G. 其他

22. 您觉得哪些原因造成了高校大学生红色基因教育存在上述的问题？_____（多选题）

A. 错误社会思潮对红色基因教育的影响

B. 高校红色基因教育体系建设有待改善

C. 高校课程体系对红色基因缺乏深度挖掘

D. 家庭教育和自我教育缺乏力度

E. 高校校园文化缺乏此类内容

F. 社会价值观念尚未形成共识

23. 您希望高校通过何种途径引导开展大学生红色基因教育？_____（多选题）

A. 融入课堂教学，由老师讲解传授

B. 三微一端（微博、微信、微视以及客户端）等媒体宣传

C. 丰富传承红色基因的社会实践

D. 设立并参加相关类型的学生社团

E. 组织开展红色基因的主题活动

F. 邀请专家开设相关内容的专题讲座

G. 获取并阅读红色基因的校本教材

H. 其他

24. 您认为新时代大学生应如何传承红色基因,请写下您的建议?(简答题)

_____

_____

_____

_____

附录2 "新时代大学生红色基因教育"访谈提纲

尊敬的老师：

您好！首先非常感谢您接受我们的访谈，本次访谈我们主要围绕新时代大学生红色基因教育进行展开。访谈内容仅用于学术研究，不涉及秘密或敏感信息。

本研究中的"红色基因"具体是指：中华优秀传统文化、革命文化、社会主义先进文化在中国共产党长期革命、社会主义建设、改革开放、新时代建设实践中形成的理想信念、光荣传统与优良作风、精神谱系的内在核心，是中华优秀传统文化成果的精华、革命文化和社会主义先进文化的精神内核因子。

一、基本信息

1. 您的职务/职称：
2. 您在高校工作____年
3. 您在高校的工作是_____？（专任教师、辅导员、学院领导、行政机关干部、后勤保障干部、教辅人员）

二、大学生红色基因教育中大学生、红色基因外显存在形式方面

4. 在您接触的大学生中，您认为他们对于红色基因了解程度是什么样？红色基因的认同度是什么样？

5. 您认为在大学生红色基因教育中大学生应该如何有内驱力，自觉地主动接受红色基因教育？

6. 您认为在大学生红色基因教育中怎样发挥红色基因的作用？红色基因的外显存在形式有哪些？这些形式对于大学生红色基因教育有怎样的作用。红色基因以什么样的存在形式才能让大学生更加自觉地接受红色基因教育？

三、大学生红色基因教育中环境体系方面

7. 高校作为育人的主阵地，您认为在大学生红色基因教育中高校应从哪几个方面着手？从哪些方面来教育大学生传承红色基因？老师应该担当什么样的角色？或者有什么样的任务？

8. 社会是个大课堂，您认为大学生红色基因教育是否要从社会中找到切入点加强教育力度。社会应从哪几个方面加强力量，增强大学生红色基因教育的效果？

9. 您认为政府在大学生红色基因教育中担当什么角色？政府建立什么样的机制来提升大学生红色基因教育的成效？

10. 您认为家庭在大学生红色基因教育中担当什么角色？不同家庭背景的大学生对于传承红色基因是否有着不同的表现。家庭如何做才能提升大学生红色基因教育的效果？

四、提升大学生红色基因教育效果的意见和建议

11. 您认为当今大学生红色基因教育中最亟待解决的问题是什么？大学生红色基因教育要注意哪些方面？

十分感谢您的支持！祝您工作愉快！

参考文献

一、经典著作

[1] 马克思恩格斯选集（第1—4卷）[M]. 北京：人民出版社，2012.

[2] 毛泽东选集（第1—4卷）[M]. 北京：人民出版社，1991.

[3] 邓小平文选（第一卷）[M]. 北京：人民出版社，1994.

[4] 邓小平文选（第二卷）[M]. 北京：人民出版社，1994.

[5] 邓小平文选（第三卷）[M]. 北京：人民出版社，1993.

[6] 江泽民文选（第1—3卷）[M]. 北京：人民出版社，2006.

[7] 胡锦涛文选（第1—3卷）[M]. 北京：人民出版社，2016.

[8] 习近平谈治国理政（第一卷）[M]. 北京：外文出版社，2014.

[9] 习近平谈治国理政（第二卷）[M]. 北京：外文出版社，2018.

[10] 习近平谈治国理政（第三卷）[M]. 北京：外文出版社，2020.

[11] 习近平谈治国理政（第四卷）[M]. 北京：外文出版社，2022.

[12] 习近平. 摆脱贫困[M]. 福州：福建人民出版社，1992.

[13] 习近平. 干在实处　走在前列——推进浙江新发展的思考与实践[M]. 北京：中共中央党校出版社，2006.

[14] 习近平总书记系列重要讲话读本[M]. 北京：学习出版社，2016.

[15] 习近平. 在纪念马克思诞辰200周年大会上的讲话[M]. 北京：人民出版社，2018.

[16] 习近平. 在北京大学师生座谈会上的讲话[M]. 北京：人民出版社，2018.

[17] 习近平. 在教育文化卫生体育领域专家代表座谈会上的讲话[M]. 北京：人民出版社，2020.

[18] 习近平. 思政课是落实立德树人根本任务的关键课程 [M]. 北京：人民出版社，2020.

[19] 习近平. 在庆祝中国共产党成立 100 周年大会上的讲话 [M]. 北京：人民出版社，2021.

[20] 中国共产党第十九届中央委员会第六次全体会议公报 [M]. 北京：人民出版社，2021.

[21] 中共中央关于党的百年奋斗重大成就和历史经验的决议 [M]. 北京：人民出版社，2021.

[22] 习近平. 在庆祝中国共产主义青年团成立 100 周年大会上的讲话 [M]. 北京：人民出版社，2022.

[23] 习近平. 高举中国特色社会主义伟大旗帜　为全面建设社会主义现代化国家而团结奋斗——在中国共产党第二十次全国代表大会上的报告 [M]. 北京：人民出版社，2022.

二、一般著作

[1] 张蔚萍. 新编思想政治工作概论 [M]. 北京：中央党校出版社，1996.

[2] 郑永廷. 思想政治教育方法论 [M]. 北京：高等教育出版社，1999.

[3] 邱伟光，张耀灿. 思想政治教育学原理 [M]. 北京：高等教育出版社，1999.

[4] 马永庆. 中国传统道德概论 [M]. 济南：山东大学出版社，2000.

[5] 张耀灿. 思想政治教育学原理 [M]. 北京：高等教育出版社，2001.

[6] 赵曜，王伟光，鲁从明，等. 马克思列宁主义基本问题 [M]. 北京：中共中央党校出版社，2001.

[7] 李辉. 现代思想政治教育环境研究 [M]. 广州：广东人民出版社，2005.

[8] 周从标. 全球背景下思想政治教育创新研究 [M]. 北京：中国社会科学出版社，2005.

[9] 陈秉公. 思想政治教育学原理 [M]. 北京：高等教育出版社，2006.

[10] 张耀灿，郑永廷，等. 现代思想政治教育学 [M]. 北京：人民出版社，2006.

[11] 张耀灿. 思想政治教育学前沿 [M]. 北京：人民出版社，2006.

[12] 刘建军，曹一建. 思想理论教育原理新探 [M]. 北京：高等教育出版社，2006.

[13] 埃米尔·涂尔干. 道德教育 [M]. 上海：上海人民出版社，2006.

[14] 杨柳，成媛. 思想政治教育学原理 [M]. 上海：上海中医药大学出版社，2007.

[15] 万美容. 思想政治教育方法发展研究 [M]. 北京：中国社会科学出版社，2007.

[16] 陈万柏，张耀灿．思想政治教育学原理 [M]．北京：高等教育出版社，2007．

[17] 罗洪铁．思想政治教育专题研究 [M]．北京：中央文献出版社，2007．

[18] 徐志远．现代思想政治教育学范畴研究 [M]．北京：人民出版社，2009．

[19] 张季菁．文化视野中的大学生思想政治教育 [M]．银川：宁夏人民出版社，2009．

[20] 教育部思想政治工作司．社会工作方法在大学生思想政治教育中的运用 [M]．北京：高等教育出版社，2010．

[21] 季海菊．新媒体时代高校思想政治教育的解构与重塑 [M]．南京：东南大学出版社，2014．

[22] 孙洪波．中国共产党思想政治教育特色论 [M]．北京：中国社会科学出版社，2015．

[23] 编写组．思想道德修养与法律基础 [M]．北京：高等教育出版社，2015．

[24] 原良志，陈瑞，王萍．红色基因 中国共产党光荣传统与优良作风形成与传承的经典事例 [M]．北京：中央文献出版社，2015．

[25] 丁华东．档案与社会记忆研究 [M]．北京：中国人民大学出版社，2016．

[26] 彭凤莲．社会主义核心价值体系大学生读本 [M]．北京：人民出版社，2017．

[27] 刘建军．寻找思想政治教育的独特视角 [M]．北京：中国人民大学出版社，2017．

[28] 徐东升．中国共产党革命精神研究 [M]．济南：山东人民出版社，2017．

[29] 徐拥军．档案记忆观的理论与实践 [M]．北京：中国人民大学出版社，2017．

[30] 周之良．思想政治教育探微 [M]．北京：中国人民大学出版社，2017．

[31] 王学俭．思想政治教育理论与实践问题的研究视角 [M]．北京：中国人民大学出版社，2017．

[32] 王易．传统文化与思想政治教育创新 [M]．北京：中国人民大学出版社，2018．

[33] 张光明，罗传芳．马克思传 [M]．北京：天地出版社，2018．

[34] 任仲文．不忘初心、牢记使命：红色基因代代传 [M]．北京：人民日报出版社，2018．

[35] 张开焱．中国传统文化十五讲 [M]．北京：清华大学出版社，2019．

[36] 汤一介．中国传统文化的特质 [M]．上海：上海教育出版社，2019．

[37] 刘宏达，万美容，等．高校思想政治工作前沿问题研究 [M]．北京：人民出版社，2019．

[38] 卜宪群.习近平新时代治国理政的历史观[M].北京：中国社会科学出版社，2019.

[39] 张江.实现新时代中国特色社会主义文艺的历史使命[M].北京：中国社会科学出版社，2019.

[40] 张江.建设新时代社会主义文化强国[M].北京：中国社会科学出版社，2019.

[41] 顾海良.马克思主义发展史[M].北京：中国人民大学出版社，2019.

[42] 吴海江.中国共产党与中国文化[M].上海：上海人民出版社，2019.

[43] 中共中央宣传部，中央广播电视总台.平"语"近人——习近平总书记用典[M].北京：人民出版社，2019.

[44] 齐卫平."四个伟大"与新时代中国共产党的历史使命[M].北京：人民出版社，2019.

[45] 苏进，冷海卿，潘春勇.精神的力量[M].济南：济南出版社，2019.

[46] 刘从德.因时循势：多维视域中的思想政治工作[M].北京：人民出版社，2019.

[47] 薛念文，等.新时代红色精神引领大学生思想政治教育研究[M].北京：科学出版社，2020.

[48]《中国精神》编创组.中国精神 中国共产党人的奋斗故事[M].北京：中共中央党校出版社，2020.

[49] 渠长根.红色文化研究与实践[M].北京：红旗出版社，2020.

[50] 韩玲.红色文化涵育社会主义核心价值观研究[M].北京：人民出版社，2020.

[51] 张立，金新亮，等.红色基因传承机制变迁与当代建构[M].北京：人民出版社，2020.

[52] 王炳林，张泰城.高校红色文化资源育人发展报告2018[M].北京：人民出版社，2020.

[53] 祝和军.当马克思遇见新时代[M].北京：中国人民大学出版社，2021.

[54] 冯刚.思想政治教育研究热点年度发布2020[M].北京：团结出版社，2021.

[55] 袁国柱.看万山红遍中国共产党人的精神谱系[M].北京：中共中央党校出版社，2021.

[56] 中央档案馆国家档案局.100个档案故事讲述党史故事[M].北京：党建读物出版社，2021.

[57] 张荣臣，蒋成会.力量——中国共产党的伟大精神[M].北京：红旗出版社，2021.

[58] 刘建军.马克思主义信仰研究[M].北京：中国人民大学出版社，2021.

[59] 斯国新. 党史可以这样讲 [M]. 北京：人民日报出版社，2021.

[60] 刘志新. 百年党史关键词 [M]. 北京：人民出版社，2021.

[61] 张军锋，张树军. 建党 [M]. 长沙：湖南人民出版社，2021.

[62] 欧阳辉. 鉴证大党百年风云——100个"千字文"故事 [M]. 北京：人民出版社，2021.

[63] 王学俭，等. 新时代思想政治教育基本问题研究 [M]. 北京：人民出版社，2021.

[64] 中共中央宣传部理论局. 百年大党面对面 [M]. 北京：学习出版社，人民出版社，2022.

[65] 聂文婷. 中国共产党的优良传统与作风 [M]. 北京：中共党史出版社，2023.

[66] 吴德刚. 伟大建党精神孕育与形成 [M]. 北京：中共党史出版社，2023.

三、报纸及电子文献

[1] 习近平. 胸怀大局把握大势着眼大事　努力把宣传思想工作做得更好 [N]. 人民日报，2013-08-21（001）.

[2] 张佑祥. 红色基因是思想政治教育的鲜亮底色 [N]. 中国社会科学报，2018-12-05（010）.

[3] 刘建平，王昕伟. 与时俱进传承红色基因 [N]. 光明日报，2019-06-14（005）.

[4] 陆国强. 为新时代档案事业高质量发展提供坚强法治保障 [N]. 人民日报，2020-06-24（010）.

[5] 邱水平. 传承红色基因　培育时代新人 [N]. 人民日报，2021-07-22（010）.

[6] 赵崔莉. 弘扬井冈山精神　传承红色基因 [N]. 中国社会科学报，2021-07-27（008）.

[7] 伊部. 国家档案局印发《通知》要求认真学习贯彻习近平对档案工作重要批示 [N]. 中国档案报，2021-07-29（001）.

[8] 深耕红色经典电影沃土　打造红色基因产品矩阵 [N]. 中国电影报，2021-08-11（002）.

[9] 百年党史人人讲　红色基因代代传 [N]. 中国文化报，2021-09-09（004）.

[10] 胡亮亮，咸泽寿. 《百年印迹——中国红色经典版画典藏》传承红色基因　熔铸胜利丰碑 [N]. 中国新闻出版广电报，2021-09-13（T18）.

[11] 西藏自治区文物局. 强化保护利用　传承红色基因　奋力开创新时代西藏革命文物工作新局面 [N]. 中国文物报，2021-09-21（001）.

[12] 秦毅，陈佳.用红色基因坚定青春之奋斗 [N].中国文化报，2021-09-24（002）.

[13] 习近平在中国人民大学考察时强调：坚持党的领导传承红色基因扎根中国大地 走出一条建设中国特色世界一流大学新路 [N].人民日报，2022-04-26（001）.

[14] 习近平视察新疆军区某红军师："要让红色基因代代相传" [EB/OL].（2014-04-29）[2023-01-07].http：//www.xinhuanet.com/politics/2014-04/29/c1110474231.htm.

[15] 习近平.把思想政治工作贯穿教育教学全过程 [EB/OL].（2016-12-08）[2023-01-07].http：//www.xinhuanet.com/politics/2016-12/08/c_1120082577.htm.

[16] 湖南启动实施2022年"青马工程"西部计划专项 [EB/OL].（2022-08-23）[2023-06-01].http：//xibu.youth.cn/gzdt/gddt/202208/t20220823_13941697.htm.

[17] 兵团项目办实施"青马工程"践行兵团精神 [EB/OL].（2022-08-29）[2023-06-01].https：//xibu.youth.cn/gzdt/gddt/202208/t20220829_13957184.htm.

[18] 习近平主持召开学校思想政治理论课教师座谈会强调 用新时代中国特色社会主义思想铸魂育人 贯彻党的教育方针落实立德树人根本任务 [EB/OL].（2019-03-18)[2023-01-07]. https：//baijiahao.baidu.com/s?id=1628348125926935404&wfr=spider&for=pc.

四、期刊论文

[1] 习近平.在考察浙江省档案局、馆时的讲话 [J].浙江档案，2003（6）.

[2] 徐仁立.国外红色旅游发展概况及其启示 [J].湖北经济学院学报（人文社会科学版），2009（9）.

[3] 强卫.激活红色基因，焕发生机活力：学习贯彻习近平系列重要讲话精神 [J].求是，2014（18）.

[4] 田歧瑞，黄蓉生.社会主义核心价值观的红色基因论略 [J].西南大学学报(社会科学版)，2015（3）.

[5] 时玉柱.传承"红色基因"与大学生思想政治教育 [J].胜利油田党校学报,2015,28（3）.

[6] 温金英，张爱萍.高校传承红色基因的路径探析 [J].赣南医学院学报，2015，35（5）.

[7] 张长虹.充分发挥红色文化资源的育人价值 [J].红旗文稿，2015（12）.

[8] 黄秀梅.论高校档案资源的思想政治教育功能 [J].学校党建与思想教育，2016（1）.

[9] 周晓静.习近平红色基因基本内涵论析 [J].延边党校学报，2017，33（4）.

[10] 王渊.新时期高校对红色基因的传承与创新 [J].老区建设，2018（10）.

[11] 王广波.红色基因与研究生思想政治教育研究 [J].高等教育评论，2018，6（2）.

[12] 罗丽琳,蒲清平.红色文化的思想政治教育基因及其时代价值 [J].新疆师范大学学报(哲学社会科学版)，2018，39（6）.

[13] 谭伯乐.传承红色基因做新时期合格共产党员 [J] 中共南昌市委党校学报，2018（6）.

[14] 熊文景.唯心史观指导下的历史虚无主义——兼论档案是批判历史虚无主义的利器 [J].红旗文稿，2018（5）.

[15] 张莉.大学生思想政治教育传承红色基因的现状及对策 [J].文教资料，2018（11）.

[16] 谢彪,曾建.习近平关于红色基因重要论述的思想政治教育价值 [J].福建师大福清分校学报，2019（6）.

[17] 易重华,王炜洁.共产主义理想信念是红色基因的精神内核 [J].湖北行政学院学报，2019（5）.

[18] 王炜洁,易重华.传承红色基因研究文献综述 [J].海军工程大学学报（综合版），2019，16（3）.

[19] 徐静,刘嵘.思政教育视域下高校"红色基因"传承路径探究 [J].淮南职业技术学院学报，2019（5）.

[20] 贾蕾.红色：共和国颜色的生成与保持 [J].中共山西省委党校学报，2019，42（6）.

[21] 傅琼,吴其佑.习近平关于德育的重要论述:缘起、维度、取向 [J].教育探索，2019（3）.

[22] 王娅,王向女.我国红色档案资源研究综述 [J].兰台世界，2019（2）.

[23] 陈向阳.铭记初心使命 奋力担当作为 [J].中国档案，2019（9）.

[24] 王众威.习近平红色基因论述的要义探析 [J].百色学院学报，2019，32（4）.

[25] 万新,乔湘平.红色基因融入高校思想政治理论课教学的策略研究 [J] 思想政治教育研究，2019（5）.

[26] 周琼.新时代下红色基因在高校中的传承与发展 [J].宿州学院学报，2019（10）.

[27] 熊文景.新媒体环境下历史虚无主义的传播及其应对[J].社会科学家,2019（10）.

[28] 周艳红."90后"大学生红色文化认同路径探究[J].毛泽东思想研究,2019,36（3）.

[29] 黄慧.论红色文化融入高校实践育人体系的路径[J].学校党建与思想教育,2019（18）.

[30] 黄蜆,吉皓月.红色基因传承:新时代高校立德树人的实践之维[J].老区建设,2019(14).

[31] 徐静,林森.探析"红色基因"与大学生思想政治教育关系[J].太原城市职业技术学院学报,2019（4）.

[32] 孙喆,邵奇,于春梅."红色基因":提升大学生社会主义核心价值观教育实效性策略探讨[J].齐齐哈尔大学学报（哲学社会科学版）,2019（7）.

[33] 刘晓伟,苏煜彤.红色基因融入大学生社会主义核心价值观教育的思考[J].延安大学学报（社会科学版）,2019,41（2）.

[34] 黄恩华.高校应成为红色基因传承的主阵地[J].中国高等教育,2019（Z1）.

[35] 王莎.在校大学生红色基因教育情况调查与分析[J].科教文汇（上旬刊）,2019（10）.

[36] 李英林,赵双双."红色基因"融入高校思想政治教育中的路径研究[J].太原城市职业技术学院学报,2019（1）.

[37] 许桂芳.新时代高校思想政治理论课传承红色基因的价值意蕴及其实现[J].教育理论与实践,2020,40（33）.

[38] 何尊,李少阳,黄维.高校"互联网+"红色基因教育发展对策刍议[J].菏泽学院学报,2020,42（4）.

[39] 刘建平,王昕伟,周蓓.习近平总书记关于红色基因的重要论述研究[J].湘潭大学学报（哲学社会科学版）,2020（4）.

[40] 李艺潇.当代大学生红色基因传承研究[J]石家庄学院学报,2020（4）.

[41] 黄三生,王娟,卢擎华.高校思政教育红色基因传承:内涵、意义与对策[J].郑州师范教育,2020（2）.

[42] 黄元丰,夏欢.试论传承红色基因与培养新时代青年马克思主义者[J].知与行,2020（2）.

[43] 周静,陈再生.习近平关于红色基因传承的重要论述及时代价值[J].党史研究与教学,2020（4）.

[44] 成利平，牛冬梅.习近平关于传承红色基因的论述研究[J].党史博采（下），2020（2）.

[45] 秦淑娟，庾向芳.红色基因融入高校思政课的创新路径与机制探索[J].知与行，2020（6）.

[46] 张深溪.新时代传承红色基因的时代价值和路径研究[J].学习论坛，2020（10）.

[47] 靳小勇，燕连福.自我革命精神的理论来源、实践生成及时代意蕴[J].思想理论教育导刊，2020（6）.

[48] 张士海，郭小铭.新时代中国共产党自我革命精神的生成逻辑[J].思想理论教育导刊，2020（5）.

[49] 韩喜平，张延曼.实现伟大梦想必须进行伟大斗争——《1848年至1850年的法兰西阶级斗争》的新时代解读[J].中共中央党校（国家行政学院）学报，2020，24（2）.

[50] 李祖平，程小强.弘扬革命精神是奋进新时代的强大动力——为什么新时代青年要弘扬革命精神[J].红色文化学刊，2020（1）.

[51] 陈筱莉.红色基因传承在大学生社会责任感培育中的价值与实现[J].传媒论坛，2020，3（18）.

[52] 于润艳.红色基因视阈下的大学生爱国主义精神培育[J].学校党建与思想教育，2020（20）.

[53] 陈怀平.传承红色基因 培育时代新人[J].红旗文稿，2020（16）.

[54] 王忠宝.红色文化资源对新时代大学生价值取向引领研究[J].辽宁教育行政学院学报，2020，37（6）.

[55] 赵炎.增强新时代中国青年的志气、骨气与底气[J].理论建设，2021，37（5）.

[56] 习近平.用好红色资源 赓续红色血脉 努力创造无愧于历史和人民的新业绩[J].求是，2021（19）.

[57] 习近平.用好红色资源 传承红色基因把红色江山世世代代传下去[J].求是，2021（10）.

[58] 徐拥军，熊文景.档案学专业融入"课程思政"建设的理路探析[J].档案学通讯，2021（2）.

[59] 黄细嘉，韩晶晶.中国共产党红色基因的概念、本质内涵与基本特征[J].江西社会科学，2021，41（7）.

[60] 胡杨峰.红色基因传承融入大学生思想政治教育路径探析[J].内蒙古财经大学学报,2021,19(4).

[61] 魏书亮,姜文.高校红色基因的内涵及其在新时代的传承[J].北京教育(高教),2021(7).

[62] 王晓琳.让红色基因在中央美术学院代代相传[J].艺术教育,2021(7).

[63] 习近平.用好红色资源,传承好红色基因 把红色江山世世代代传下去(一)[J].前进论坛,2021(7).

[64] 罗心欲.红色基因:科学内涵·作用机理·传承路径[J].中学政治教学参考,2021(23).

[65] 陈佳,杨晨.红色基因融入高校思想政治教育的路径探析[J].文化创新比较研究,2021,5(22).

[66] 苏燕华.大学生红色基因教育的路径研究[J].文化创新比较研究,2021,5(15).

[67] 江盼.红色文化精神内核与红色基因传承路径[J].中学政治教学参考,2021(12).

[68] 黄志兴.高校推进大学生红色基因教育的立体路径[J].学理论,2021(2).

[69] 彭勃,彭志中.推进红色基因传承的路径探讨[J].党史文苑,2021(1).

[70] 吕强,王昕.中国共产党"红色基因"研究综述(2014—2020)[J].渭南师范学院学报,2021,36(1).

[71] 潘坤,王继红.红色档案助力高校思政课教学刍议[J].学校党建与思想教育,2021(2).

[72] 林扬千.廓清与释义:解读马克思的"革命"概念[J].理论导刊,2021(7).

[73] 郝佳婧.中国共产党百年革命精神的脉络、价值及弘扬[J].中共南京市委党校学报,2021(1).

[74] 刘荣刚.论中国共产党的革命精神的基本特质[J].毛泽东邓小平理论研究,2021(5).

[75] 梅景辉.传承红色传统 弘扬革命精神[J].群众,2021(12).

[76] 王永志.红色精神的时代意涵与实践路向——学习习近平总书记关于大力弘扬红色精神的重要论述[J].中共济南市委党校学报,2021(4).

[77] 吴慧,胡凯.中国共产党革命精神与初心使命内在契合的三重维度[J].学理论,2021(9).

[78] 唐睿.中国共产党百年革命精神:脉络、内涵及价值[J].河北民族师范学院学报,2021,41(3).

[79] 叶福林.新时代强化大学生党史学习教育的若干思考[J].思想理论教育，2021（3）．

[80] 张建宝，胡占君.红色基因的丰富内涵与新时代传承[J].世界社会主义研究，2021，6（12）．

[81] 韩喜平，何柏岐.用红色基因激发新时代青年的奋进力量[J].思想政治教育研究，2021，37（4）．

[82] 颜晓峰.中国共产党人精神谱系的鲜明特质、系统逻辑和强党功能[J].思想理论教育，2021，No.507（7）．

[83] 邓艳君.红色基因融入课程思政建设的三重路向[J].思想教育研究，2021，320（2）．

[84] 彭正德，江桑榆.论红色基因及其在新时代的传承[J].湖南社会科学，2021（1）．

[85] 高敏君，何喜均.习近平关于红色基因重要论述的逻辑体系[J].党史博采（下），2021（12）．

[86] 冯雅，吴寒，李刚.论习近平红色资源观[J].图书馆论坛，2022，42（1）．

[87] 路成浩，龚超.党史学习教育融入高校"大思政课"的实践路径[J].学校党建与思想教育，2022，670（7）．

[88] 张凤莲.论红色基因的科学内涵、当代价值与弘扬路径[J].沂蒙干部学院学报，2022（1）．

[89] 王易，田雨晴.论红色基因的生成条件、核心内容及时代价值[J].南开学报（哲学社会科学版），2022（1）．

[90] 韩成.红色基因有效融入高校思政课教学之路径[J].武汉理工大学学报（社会科学版），2022，35（6）．

[91] 赵彦昌，冯嘉然.高校课程思政视域下红色档案文化传播路径研究[J].北京档案，2023，386（2）．

[92] 邢光龙.用好红色资源 传承红色基因[J].群众，2023，698（4）．

五、博士学位论文

[1] 刘红梅.红色旅游与红色文化传承研究[D].湘潭：湘潭大学，2012.

[2] 李霞. 论红色资源在思想政治教育中的应用[D]. 长沙：中南大学，2013.

[3] 聂国林. 红色资源思想政治教育价值有效实现研究[D]. 南昌：南昌大学，2013.

[3] 周宿峰. 红色文化基本问题研究[D]. 长春：吉林大学，2014.

[4] 刘琨. 红色文化研究[D]. 沈阳：辽宁大学，2015.

[5] 谭琪红. 中央苏区红色文化传播载体研究[D]. 南昌：南昌大学，2015.

[6] 陈健. 红色旅游思想政治教育功能的创新研究[D]. 武汉：华中师范大学，2016.

[7] 侯莲梅. 新时代大学生中国精神培育研究[D]. 成都：电子科技大学，2018.

[8] 李鸿凯. 新时代大学生革命文化教育研究[D]. 沈阳：辽宁大学，2020.

[9] 李滨娜. 新时代大学生爱国主义教育研究[D]. 哈尔滨：哈尔滨师范大学，2020.

[10] 胡杨. 高校红色文化资源育人研究[D]. 贵阳：贵州师范大学，2021.

[11] 张锋. 中国共产党红色文化基本理论研究[D]. 南京：南京师范大学，2021.

[12] 王昕伟. 文化自信视域下红色基因的传承研究[D]. 湘潭：湘潭大学，2021.

[13] 张珊. 思想政治教育红色文化资源研究[D]. 重庆：西南大学，2021.

六、外文文献

[1] KUZMIN N V. Model of Training of Students of Liberal Arts College for Patriotic Education of Modern Youth[C]//2nd International Conference on Advances in Education and Social Sciences，2016.

[2] RUSAKOVA T，MOROZOVA T，GABDRAKHMANOVA E. Developing Spiritual and Moral Culture of Academic Students. Case Study of the Russian Education[C]// EDULEARN17 Proceedings. IATED，2017.

[3] YUFEI L I N. Research on the Application of Red Culture in Ideological and Political Education in Colleges and Universities[J]. The Theory and Practice of Innovation and Entrepreneurship，2020，3（7）.

[4] PETROVA N S，SYROVA N V，ZIMINA E K，et al. Research on Pedagogical Design of Social，Moral and Patriotic Development of College Students[J]. Journal of Interdisciplinary

Research, 2020, 10 (1).

[5] RAJOVIC G, BALANYUK L L, VAZEROVA A G, et al. Patriotic Education of Russian Youth on the Eve of the First World War:Some Pages of History[J]. Bylye Gody,2020,56(2).

[6] XU J. How to Tell the Red Story in a New Era[C]//2021 2nd International Conference on Modern Education Management, Innovation and Entrepreneurship and Social Science (MEMIESS 2021). Atlantis Press, 2021.

[7] HU B. On Integrating Red Culture Into Blended Teaching of College English Based on "The Great Ideological & Political Education"[C]//2021 6th International Conference on Modern Management and Education Technology (MMET 2021). Atlantis Press, 2021.

[8] QIZI M D I, KOMILJONOVNA I D, AZAMATOVNA M S. The essence of educating talented and creatively minded youth in the spirit of national pride[J]. Asian Journal of Multidimensional Research, 2021, 10 (5).

[9] И. Г. МИЛОВАНОВА, Л. В. МОИСЕЕВА. Формирование Культуры Межнационального Общения У Молодежи, Посредством Игровых Форм Патриотического Воспитания [J]. Vestnik of M. Kozybayev North Kazakhstan University, 2021, 1 (38).

[10] HUIJIA S. Research on the Path of Integrating the Red Gene into the Moral Education of Translation Course[J]. Journal of Critical Studies in Language and Literature, 2022, 3 (5).

[11] FUKUOKA K, TAKITA-ISHII S. Teaching How to Love Your Country in Schools? : A Study of Japanese Youth Narratives on Patriotic Education[J]. National Identities, 2022, 24 (3).

[12] LASSILA J, SANINA A. Attitudes to Putin-Era Patriotism Amongst Russia's 'In Between' Generation[J]. Europe-Asia Studies, 2022, 74 (7).

后　记

党的二十大报告中强调，"围绕举旗帜、聚民心、育新人、兴文化、展形象建设社会主义文化强国"❶。红色基因是中华优秀传统文化、革命文化、社会主义先进文化在中国共产党长期革命、社会主义建设、改革开放、新时代建设实践中所形成的理想信念、光荣传统与优良作风、精神谱系的内在核心，是中华优秀传统文化成果的精华，是革命文化和社会主义先进文化的精神内核因子，对于当前正处于青年阶段的大学生的学习与生活等各方面发展都具有极大的指导与引领作用。同时，红色基因教育对于新时代大学生树立正确的世界观、人生观、价值观，坚定马克思主义信仰，紧紧围绕在党的光辉旗帜下具有重要的现实意义与历史意义。新时代大学生红色基因教育是高校思想政治教育工作中面临的现实问题，也是落实新时代高校立德树人根本任务需要解决好的时代课题。面对百年未有之大变局，新时代中国发展需要更具强大理想信念的青年力量，需要培养出更多勇担时代重任、争做堪当民族复兴大任的时代新人。而红色基因所具有的强大精神内涵与情感力量对于大学生思想政治教育具有重要作用，理所当然成为新时代大学生必须弘扬与传承的内在品质与价值意愿。

首先，本书对截至目前的相关研究成果进行梳理总结，对新时代大学生、红色基因的内涵、特征进行归纳概括，界定红色基因与红色文化、红色基因与红色资源，阐释中国共产党红色基因的发展历程，提出红色基因外显存在形式，探究新时代大学生红色基因教育的重要意义、时代诉求及现实挑战。

---

❶ 习近平.高举中国特色社会主义伟大旗帜　为全面建设社会主义现代化国家而团结奋斗——在中国共产党第二十次全国代表大会上的报告[M].北京：人民出版社，2022：42-43.

其次，本书从思想理论层面对新时代大学生红色基因教育进行分析，探究其背后的理论基础与思想资源。再次，本书以问卷调查和深度访谈的方式对当前大学生红色基因教育的现状与问题进行调查与探析，结合大学生实际状况阐明大学生红色基因教育的目标、原则、内容和方法。最后，本书从大学生、红色基因外显存在形式、外部环境入手指出新时代大学生红色基因教育的实践路径，三条路径协同配合助推教育大学生传承红色基因。由于本人自身能力与知识的局限，本书仍然存在需要改进与完善的地方，如文献收集与信息掌握不够全面，对于问题的研究及分析能力有待提高，这些都需要在以后的工作与学习中不断提高进步。

红色基因历经百年传承，吸收各历史阶段中的精髓，汇聚中华优秀传统文化精华，对于新时代大学生树立正确的思想品质、坚定共产主义理想信念、为实现中华民族伟大复兴中国梦而努力奋斗具有重要的价值意义，其所蕴含的伟大力量也将带动更多各行各业的人加入传承红色基因的行列中，使红色基因得以永续传承，真正做到"红色基因代代相传"。

在本书撰写中本人对红色基因有了更深的认识，其不仅是一种信念和传统、更是一种修养。在今后的学习和工作中，作者将不断加强专业理论学习，提高专业能力和专业素养，对这一领域的课题进行深入研究，以期更好地助力做好高校思想政治教育工作。关于本书中存在的问题，请大家批评指正。